GRAMMAIRE

FRANÇAISE.

ANGERS. IMPRIMERIE DE COSNIER ET LACHÈSE.

GRAMMAIRE

FRANÇAISE,

Rédigée d'après les principes de

L'ACADÉMIE,

PAR

M. ALIX,

Licencié ès lettres, Professeur de Grammaire à l'École
Nationale d'Arts et Métiers d'Angers,

ET

M. R. DAVAU,

Professeur à Angers.

DEUXIÈME ÉDITION.

PARIS,

LIBRAIRIE DE HACHETTE, RUE PIERRE-SARRAZIN, 12.

ANGERS,

LIBRAIRIE DE COSNIER ET LACHÈSE.

1849.

PRÉFACE.

———

Un ouvrage élémentaire n'est pas une œuvre aussi facile qu'on se l'imagine communément. Porter la lumière dans de jeunes intelligences sans les rebuter ni les fatiguer, enseigner tout ce qu'il faut et rien que ce qu'il faut, rendre clair ce qui par soi-même est obscur, et sensible ce qui est abstrait, unir la lucidité de la méthode à celle d'un style toujours simple, correct, et précis : tel doit être le cachet d'un livre élémentaire, et, en particulier, d'une Grammaire française.

A part tout amour-propre d'auteurs, nous ne craignons pas de dire que nous n'avons point trouvé ces qualités essentielles dans les traités qui ont paru jusqu'à ce jour, dans ceux même qui sont les plus en vogue. Ici c'est un défaut de méthode et de clarté, là un style incorrect et quelquefois barbare, une trop grande diffusion, ou des discussions trop scientifiques; ailleurs

II

des principes en opposition avec l'Académie,
l'usage, et nos bons écrivains. Tels furent les
motifs qui nous avaient déterminés, il y a quelques années, à publier, après tant d'autres, une
nouvelle Grammaire. Notre ouvrage, tiré à deux
mille exemplaires, s'est épuisé rapidement sans
qu'il ait reçu de publicité, et nous a valu des té-
moignages flatteurs, entre autres, celui d'un illustre philologue, juge aussi sévère que compé-
tent dans cette matière. Voici un extrait de la lettre que daigna nous adresser à cette époque
M. Burnouf, membre de l'Institut, Inspecteur-
général des études, bien que nous lui fussions
entièrement inconnus :

*« Je profite d'un moment de loisir pour vous
« remercier de votre précieux cadeau. Votre
« ouvrage me paraît se distinguer avec avan-
« tage de cette foule de productions du même
« genre dont nous sommes inondés, si je puis
« me servir de ce terme. La rédaction en est
« claire, les principes justes, les exemples géné-
« ralement bien choisis. La langue que vous en-
« seignez est la véritable et ancienne langue
« française, et non le langage corrompu qu'y
« substituent une foule d'écrivains trop renom-
« més aujourd'hui. »*

*« Je ne doute pas, Messieurs, que votre livre
« n'ait auprès des personnes qui se donneront*

« *la peine, ou plutôt le plaisir, de l'examiner,*
« *un véritable succès, et qu'il ne rende des ser-*
« *vices essentiels à l'enseignement de notre belle*
« *langue.* »

Signé, BURNOUF, père.

Paris, 15 novembre 1843.

Mettant à profit les observations qui nous ont été faites et celles que nous a suggérées une longue expérience dans l'enseignement, nous avons dû introduire dans cette seconde édition des modifications importantes. Pour en rendre l'étude et plus facile et plus progressive, nous adoptons une marche différente, et scindons notre livre en trois parties. La première ne contient que les principes généraux, qui sont des jalons destinés à guider l'élève dans la route qu'il a à parcourir, et, pour ainsi dire, la base de tout l'édifice grammatical. Les difficultés en sont élaguées, de sorte que ces premières pages sont à la portée de l'âge le plus tendre et des intelligences les plus rebelles. La seconde partie renferme les exceptions aux règles établies dans la première, et forme une suite de suppléments, qui développent par degrés les notions fondamentales déjà acquises. La troisième et dernière est ce que l'on est convenu d'appeler la *Syntaxe* des dix parties du discours; c'est là que nous avons abordé franchement, et aussi complétement qu'il nous a été possible, les difficultés vraiment sérieuses de la langue, et que nous nous sommes attachés à éviter avec un soin égal le trop et le trop peu.

C'est surtout dans nos bons écrivains, dans ces modèles parfaits dont le style a pour jamais fixé notre langue, que nous avons puisé les principes fondamentaux de la Grammaire française. Puis, n'oubliant pas que le premier soin de ceux qui enseignent doit être de chercher à former le cœur de la jeunesse studieuse, nous avons fait en sorte que l'on rencontrât dans la plupart des nombreux exemples cités à l'appui de nos règles, ou des maximes de cette raison saine que chacun trouve au dedans de soi-même, ou des vérités de cette autre morale évangélique qui n'est que le complément de la raison imparfaite de l'homme.

NOTA. Outre le *Questionnaire* que nous annonçons à la table des matières, nous publierons incessamment des *Exercices grammaticaux* d'un nouveau genre, qui n'auront aucun rapport avec ces *cacographies* que l'on met imprudemment sous les yeux des élèves, et qui leur sont beaucoup plus nuisibles qu'utiles. Nos *Exercices* seront entièrement composés de phrases extraites des meilleurs écrivains, et formeront ainsi le complément nécessaire des trois parties de notre Grammaire.

ON VEND SÉPARÉMENT :

Les deux premières parties, qui forment une GRAMMAIRE ÉLÉMENTAIRE *à l'usage des jeunes enfants.*

GRAMMAIRE

FRANÇAISE.

PARTIE ÉLÉMENTAIRE.

NOTIONS PRÉLIMINAIRES.

1. — La Grammaire est un art qui enseigne à parler et à écrire correctement.

2. — Pour parler et pour écrire on se sert de mots. Les mots sont composés de caractères ou lettres.

3. — On distingue deux sortes de lettres : les *voyelles* et les *consonnes*.

4. — Les voyelles sont *a*, *e*, *i*, *o*, *u*, *y* (1). On les appelle voyelles, du mot *voix*, parce que par elles-mêmes elles ont une voix ou un son.

5. — L'*y* placé après une voyelle est une lettre double équivalant à deux *i* : *Paysan, paysage, grasseyement, joyeux*, etc., se prononcent *pai-isan, pai-isage, grassei-iement, joi-ieux*. Mais il a le son d'un *i* à la fin de certains mots tels que *dey, bey* (le dey d'Alger, le bey de Tunis), et dans quelques noms propres, comme *Raymond, Raynal, Godefroy,*

***

(1) Les voyelles sont du masculin : *Un a, un e, un i*, etc. Suivant l'appellation moderne les consonnes sont aussi du masculin : *Un be, un ce, un ge*, etc. Mais suivant l'appellation ancienne les consonnes sont du féminin quand la première lettre de leur nom est une voyelle : *Une effe, une elle, une ache, une esse*, excepté *x*; on dit *un ixe*.

Bayonne (qui se prononcerait Bai-ionne, si l'on suivait la règle ordinaire) (1).

6. — Les consonnes sont *b*, *c*, *d*, *f*, *g*, *h*, *j*, *k*, *l*, *m*, *n*, *p*, *q*, *r*, *s*, *t*, *v*, *x*, *z*. Ce nom vient de deux mots latins signifiant *sonner avec*, et on les appelle ainsi parce qu'elles ne peuvent former un son qu'avec le secours des voyelles, soit qu'on prononce *be*, *ce*, *de*, *fe*, etc., suivant l'appellation moderne, soit qu'on dise *bé*, *cé*, *dé*, *effe*, etc., selon la prononciation ancienne.

7. — On distingue deux sortes d'*h :* l'h *muette* et l'h *aspirée*.

8. — L'*h* est muette quand elle ne se fait pas sentir à la prononciation, comme dans *homme*, *histoire*, *héroïsme*, etc. (2). Au contraire elle est aspirée dans *hardi*, *honte*, *héros*, etc., qu'on prononce avec aspiration, et avant lesquels on ne doit pas faire sonner les consonnes finales : *Il est hardi; c'est un héros.* L'usage seul peut faire connaître les *h* aspirées (3).

9. — Une ou plusieurs lettres qui se prononcent d'une seule émission de voix forment une *syllabe*.

---

(1) C'est pour cela qu'on doit écrire *baïonnette*, et non pas *bayonnette; païen, aïeul*, et non pas *payen, ayeul*.

(2) C'est alors une lettre purement étymologique, c'est-à-dire que cette *h* ne se trouve dans les mots français que parce qu'elle se trouve également dans les mots étrangers d'où ils dérivent.

(3) L'*h* est aspirée dans les mots suivants et leurs dérivés : *Hâbleur, hacher, hagard, haie, haillons, haine, haïr, haire, halage, hâle, haleter, halle, hallebarde, hallier, halte, hamac, hanche, hangar, hanneton, hanscrit, hanse, haquenée, harangue, haras, harasser, harceler, hardes, hardi (enhardir), harem, hareng, hargneux, haricot, haridelle, harnacher (enharnacher), harnais, harpe, harpon, hasard, hâte, hausse-col, haut, hautbois, hâve, havre,*

10. — Un mot d'une syllabe se nomme *monosyllabe*; tels sont *corps, main, pied, œil*, etc. (*Mono* vient du grec *monos* qui signifie *seul*). Celui qui en renferme plusieurs se nomme *polysyllabe;* tel est le mot *mouton* qui en contient deux, *mou ton*, et *aménité* qui en renferme quatre, *a mé ni té*. (*Poly* vient d'un autre mot grec qui signifie *plusieurs*).

DES SIGNES ORTHOGRAPHIQUES.

11. — Les principaux signes orthographiques sont : les *accents*, l'*apostrophe*, le *tréma*, la *cédille*, et le *trait d'union*.

12. — 1° ACCENTS. — On distingue trois sortes d'accents : l'accent *aigu* (*'*), l'accent *grave* (*`*), et l'accent *circonflexe* (*^*).

13. — L'accent aigu, et l'accent grave employé comme signe de prononciation, ne se placent que sur la voyelle *e*.

14. — Il y a trois sortes d'*e* : l'*e* muet, l'*é* fermé, l'*è* ouvert.

15. — L'*e* muet est celui qui ne se fait pas sentir à la prononciation, comme dans je *priE*, je *priErai*, ou dont le son est sourd, comme dans les monosyllabes *le, que, me, te, ce*, etc., et dans les mots

---

hennir, hennissement, héraut (d'armes), *hérissé, héron, héros, herse, heurter, hêtre, hibou, hideux, hiérarchie, hisser, hochequeue, homard, honni, honte, hotte, houblon, houille, houlette, houleux, houppe, houppelande, hourvari, houspiller, housse, houssine, hoyau, huche, huées, huguenot, huguenote* (vase de terre), *huit, humer, hune, huppe, hure, hurlement, huron, hutte*, etc. L'*h* est aussi aspirée dans certains noms propres, tels que les *Hollandais*, les *Hongrois*, les *Huns*, les *Hurons*, les *Harpies*, etc.

Observ. Quoique l'*h* soit aspirée dans *héros*, elle est muette dans les mots qui en dérivent : *héroïne, héroïsme, héroïque, héroïquement*.

dᴇgré, dᴇnier, grᴇnier, pᴇtiller, dangᴇreux, sᴇmestre, sᴇvrer, etc.

16. — L'*é* fermé est celui qui se prononce la bouche presque fermée, comme dans ᴇffroi, payᴇr, eafᴇ.

17. — L'*è* ouvert est celui qui a tendance à faire ouvrir la bouche, comme dans *accès*, je mᴇts, tᴇrreur.

18. — L'accent circonflexe donne à l'*e*, ainsi qu'aux autres voyelles sur lesquelles il se place, une prononciation longue et très-ouverte : *Tête, âge, gîte, côte, flûte.*

19. — 2° APOSTROPHE. — L'*apostrophe* (') est un signe qu'on emploie à la place d'une voyelle, retranchée par euphonie, c'est-à-dire pour éviter un son désagréable à l'oreille: *L'*homme, *l'*amitié, *j'*étudie, etc., pour *le* homme, *la* amitié, *je* étudie, qui offriraient des sons trop durs. Cette suppression de lettre, qui a lieu principalement avec les monosyllabes avant une voyelle ou une *h* muette, se nomme *élision.*

20. — 3° TRÉMA. — Le *tréma* (¨) est un double point qu'on met sur les trois voyelles *ë, ï, ü*, lorsqu'elles sont précédées d'une autre voyelle, et que la première doit être détachée de la seconde. Ainsi il faut un tréma dans les mots suivants: *Saül, naïf, païen, mosaïque, inouï, inouïe, ciguë*, etc., ainsi que dans les adjectifs en *gu: ambiguë, aiguë, contiguë, exiguë*, au féminin seulement, qui, sans le tréma, se prononceraient comme *figue* et *fatigue.*

21. — *Remarque.* — La plupart des grammairiens mettent un accent grave sur *poëme* et *poëte* quoique l'Académie les écrive avec un tréma. Mais elle met un accent aigu dans les dérivés *poésie, poétique, poétiquement*, etc. De même, elle écrit *Israël, Israélite.*

22. — 4° CÉDILLE. — La *cédille* (ҁ) est un signe d'orthographe qui se met sous le *ç* avant les voyelles

a, o, u, quand il faut lui donner le son d'une *s:*
Français, garçon, reçu.

23. — 5° TRAIT D'UNION. — Le *trait d'union* (-)
est un petit tiret qui sert à unir deux ou plusieurs
mots, comme *passe-port, arc-en-ciel, tête-à-tête,* etc.

Voyez l'emploi des *accents,* de l'*apostrophe,* du
trait d'union, et de la *majuscule,* après le chapitre
de l'*interjection,* 1re partie.

PARTIES DU DISCOURS.

24. — On distingue dix espèces de mots : le NOM,
l'ARTICLE, l'ADJECTIF, le PRONOM, le VERBE, le PARTI-
CIPE, l'ADVERBE, la PRÉPOSITION , la CONJONCTION, et
l'INTERJECTION.

CHAPITRE PREMIER.

DU NOM OU SUBSTANTIF (1).

25. — Le *nom,* autrement appelé *substantif,* est le
mot qui désigne ou nomme les personnes et les
choses.

26. — Il y en a de deux sortes : le nom *commun*
et le nom *propre.*

27. — Le *nom commun* est celui qui convient à
tous les êtres d'une même espèce, tels sont : *arbre,*
livre, enfant, etc.

28. — Le nom propre est un nom distinctif donné

---

(1) *Substantif* vient de *substance.* Par *substance* on com-
prend les objets qui peuvent être vus, touchés, sentis, entendus, ou goûtés.

à une personne ou à une chose pour la distinguer de toute autre personne ou de toute autre chose ; tels sont : *France, Paris, Loire, Alexandre,* etc.

29. — Il y a des substantifs formés de plusieurs mots unis par un trait d'union, et que pour cette raison on nomme *substantifs composés,* ex. : *Hôtel-Dieu, passe-partout, garde-manger,* etc.

30. — On reconnaît ordinairement qu'un mot est substantif quand on peut le faire précéder de *le, la, les, un, une:* LE *livre,* LA *table,* LES *ténèbres,* UN *pupitre,* UNE *classe.*

GENRE ET NOMBRE.

31. — Dans tout substantif il y a deux choses à considérer : le *genre* et le *nombre.*

32. — Le *genre* est la manière de distinguer l'homme et la femme, les êtres mâles et femelles. De là deux genres : le *masculin* et le *féminin.*

33. — Tous les noms qui conviennent à l'homme, comme *Pierre, Paul, Alexandre,* sont du genre masculin. Ceux qui conviennent à la femme, comme *Marie, Esther, Alexandrine,* sont du genre féminin. Quant aux autres noms, l'usage seul en fait connaître le genre.

Les mots *le* ou *un* placés avant un nom indiquent le masculin : LE *livre,* UN *livre*; les mots *la* ou *une* indiquent le féminin : LA *plume,* UNE *plume.*

34. — Le *nombre* est la manière de désigner l'unité ou la pluralité dans les substantifs. De là deux nombres: le *singulier* et le *pluriel.*

35. — Le nombre est *singulier* quand il s'agit d'une seule personne ou d'une seule chose: *L'enfant* ou *un enfant; la rose* ou *une rose.*

36. — Le nombre est *pluriel* quand il s'agit de plusieurs personnes ou de plusieurs choses: *Les enfants* ou *des enfants ; les roses* ou *des roses.*

37. — Le pluriel dans les substantifs se forme ordinairement par l'addition d'une s : *Un clou*, des CLOUS; *un portail*, *des* PORTAILS; *un serpent*, *des* SERPENTS (1).

38. — Les noms terminés au singulier par une s, par un *x*, ou par un *z*, ne changent pas au pluriel : *Un secours*, *des* SECOURS; *une croix*, *des* CROIX ; *un nez*, *des* NEZ.

39. — Les noms en *au* et en *eu* prennent un *x* au pluriel : *Un bateau*, *des* BATEAUX; *un aveu*, *des* AVEUX. Cependant *landau* (sorte de voiture) prend une *s*.

40. — Dans les noms en *al* on change *al* en *aux* : *Un canal*, *des* CANAUX ; *un cheval*, *des* CHEVAUX.

CHAPITRE II.

DE L'ARTICLE.

41. — L'*article* est un mot qui se place avant le substantif pour en faire connaître le genre et le nombre, et pour en déterminer la signification.

42. — Il y a deux sortes d'articles : l'article *simple* et l'article *composé*.

43. — L'article simple est *le*, *la*, *les*. *Le* se met avant un nom masculin singulier : LE *pommier; la*, avant un nom féminin singulier : LA *pomme; les*, avant un nom pluriel, soit masculin, soit féminin : LES *pommiers*, LES *pommes*.

44. — L'article composé est *du*, *des*, *au*, *aux*. *Du* est mis pour *de le*, DES pour *de les*; AU pour *à le*, AUX pour *à les*. Ainsi l'on dit : *La longueur* DU *bras* pour *de le* bras; *la hauteur* DES *arbres* pour *de les* arbres.

---

(1) Les substantifs terminés par un *t* au singulier le conservent au pluriel : *Un enfant*, *des* ENFANTS; *un accident*, *des accidents*.

De même : *Je vais* AU *jardin* pour *à le* jardin ; *il songe* AUX *fleurs* pour *à les* fleurs. Cette réunion de deux mots en un seul se nomme *contraction*, et l'on peut appeler aussi cet article : *article contracté.*

45. — La contraction *au*, *du*, n'a pas lieu avant les mots qui commencent par une voyelle ou par une *h* muette. Ainsi l'on dit : *Il pense* A L'*oiseau*, et non pas *au* oiseau ; *la longueur* DE L'*hiver*, et non pas *du* hiver. Mais on dit *aller* AU *hameau*, *jouer* DU *hautbois*, parce que dans ces mots l'*h* est aspirée.

46. — *Remarque.* — *Des*, *du*, *de le*, et *de la*, avant un substantif pris dans un sens partitif, c'est-à-dire désignant une partie d'un tout, s'appellent *articles partitifs.* DES peut alors se tourner par *quelques* ou *plusieurs* ; DU, DE LE, et DE LA par *quelque* au singulier, comme dans ces phrases : *Nous avons acheté* DES *fruits. Il a été* DES *années sans le voir. Vous avez* DU *bon sens*, DE L'*esprit*, DE LA *fortune.*

CHAPITRE III.

DE L'ADJECTIF.

47. — L'*adjectif* est un mot qui s'ajoute au substantif pour le qualifier ou pour en déterminer la signification.

48. — Il y a deux sortes d'adjectifs : l'*adjectif qualificatif*, qui exprime la qualité du substantif, comme *bon*, *mauvais*, *aimable*, etc., et l'adjectif *déterminatif* qui ajoute au substantif une autre idée que celle d'une qualité, tels que *un*, *une*, *ce*, *cette*, *mon*, *autre*, etc.

49. — On reconnaît qu'un mot est adjectif quand on peut le joindre à un substantif. Ainsi les mots *bon*, *excellent*, *ce*, *cette*, etc. sont des adjectifs parce qu'on peut dire : BONNE *personne*, *chose* EXCELLENTE, CE *fruit*, CETTE *fleur.*

50. — L'adjectif qualificatif est quelquefois

composé, c'est-à-dire formé de plusieurs mots unis par un trait d'union, tels sont : *Bien-aimé, clair-semé, court-vêtu, nouveau-né, tout-puissant*, etc.

51. — L'adjectif déterminatif se subdivise en quatre sortes : l'adjectif *numéral*, l'adjectif *démonstratif*, l'adjectif *possessif*, et l'adjectif *indéfini*.

52. — 1° L'adjectif *numéral* sert à désigner le nombre, comme : *un, deux, trois, quatre*, etc., ou l'ordre, comme : *premier, second, troisième, quatrième*, etc. Les premiers s'appellent *cardinaux*, les autres *ordinaux*.

53. — 2° L'adjectif *démonstratif* sert à montrer les objets quand ils sont présents, ou à les rappeler à l'esprit quand on en a déjà parlé. Il n'y a qu'un adjectif démonstratif; c'est *ce*, qui fait *cette* au féminin singulier, et *ces* au pluriel des deux genres : CE *livre*, CETTE *fleur*; CES *livres*, CES *fleurs*.

54. — *Remarque.* — Au lieu de *ce* on écrit *cet* avant un mot masculin singulier dont la première lettre est une voyelle ou une *h* muette. CET *orgue*, CET *habile écrivain*.

55. — 3° L'adjectif *possessif* ajoute au substantif une idée de possession. On en compte plusieurs, ce sont :

Sing. masculin :   *Mon, ton, son, notre, votre, leur.*
Sing. féminin: *Ma, ta, sa, notre, votre, leur,*
Plur. masc. et fém. : *Mes, tes, ses, nos, vos, leurs.*

56. — 1ʳᵉ *Remarque.* — Au lieu de *ma, ta, sa,* l'oreille veut qu'on dise *mon, ton, son,* avant un mot féminin commençant par une voyelle ou par une *h* muette : MON *épée*, TON *humeur*, SON *aimable mère*; et non pas *ma épée, ta humeur, sa aimable mère.* Mais on dirait : MA *hache*, TA *harpe*, SA *honteuse conduite*, parce que dans ces trois mots l'*h* est aspirée.

57. — 2ᵉ *Remarque.* — Il faut distinguer avec soin *ces*, adjectif démonstratif, de *ses*, adjectif possessif. Le premier sert à indiquer l'objet dont on parle :

Paul m'a prêté CES *livres.* Le second exprime la possession, et peut se tourner par *de lui, d'elle: Paul m'a prêté* SES *livres,* c'est-à-dire les livres *de lui.*

58. — 4° L'adjectif *indéfini* ajoute au substantif une idée vague, une idée de généralité. Ces adjectifs sont : *Aucun, autre, certain, chaque, maint, même, nul, plusieurs, quel, quelconque, quelque, tel, tout.*

59. — 1ʳᵉ *Remarque.* — *Un,* qui de sa nature est adjectif de nombre cardinal, est le plus souvent employé comme adjectif indéfini : UN *philosophe disait....* c'est-à-dire *un certain philosophe;* UN *chrétien doit mourir pour sa religion,* c'est-à-dire *tout chrétien.* Mais il est adjectif numéral quand il désigne évidemment la quantité, ex.: UN *ou deux hommes suffiront pour ce travail.*

60. — 2ᵉ *Remarque.* — *Autre, certain, tout, un,* deviennent adjectifs qualificatifs quand ils sont placés après le substantif, ex.: *Une chose tout* AUTRE (toute différente); *une victoire* CERTAINE (assurée); *somme* TOUTE (totale); *Dieu est* UN (unique).

FORMATION DU FÉMININ ET DU PLURIEL DANS LES ADJECTIFS.

61. — L'adjectif étant intimement lié à un substantif ou à un pronom en prend le *genre* et le *nombre.*

62. — Le *féminin* se forme, dans l'adjectif, par l'addition d'un *e* muet au masculin : *Un jour* OBSCUR, *une nuit* OBSCURE; *un homme* SAVANT, *une femme* SAVANTE.

63. — 1ʳᵉ *Remarque.* — Les adjectifs qui se terminent au masculin par un *e* muet comme *fidèle, tranquille, impie,* etc. ne changent pas au féminin : *Un chien* FIDÈLE, *une chienne* FIDÈLE; *un lac* TRANQUILLE, *une mer* TRANQUILLE, etc. ; excepté *traître* qui fait *traîtresse.*

64. — 2ᵉ *Remarque.* — Les adjectifs terminés par un *x* changent *x* en *se* : *Heureux*, HEUREUSE; *jaloux*, JALOUSE.

65. — 3ᵉ *Remarque.* — Les adjectifs terminés par une *f* changent *f* en *ve* : *Neuf*, NEUVE ; *bref*, BRÈVE ; *naïf*, NAÏVE.

66. — Le *pluriel* dans les adjectifs se forme comme dans les noms, par l'addition d'une *s* : *Des jours* OBSCURS, *des nuits* OBSCURES ; *des hommes* SAVANTS, *des femmes* SAVANTES.

67. — 1ʳᵉ *Remarque.* — Il en est des adjectifs comme des substantifs : ceux qui sont terminés par une *s* ou par un *x* ne changent point au pluriel masculin : *Un drap* GRIS, *des draps* GRIS ; *un enfant* PEUREUX, *des enfants* PEUREUX.

68. — 2ᵉ *Remarque.* — Ceux qui sont terminés par *eau* prennent un *x* : *Un air* NOUVEAU, *des airs* NOUVEAUX ; *un* BEAU *livre, de* BEAUX *livres.*

69. — 3ᵉ *Remarque.* — Ceux qui sont en *al* font leur pluriel en *aux* : *Un homme* BRUTAL, *des hommes* BRUTAUX ; *un conte* MORAL, *des contes* MORAUX.

ACCORD DE L'ADJECTIF.

70. — Un adjectif qui se rapporte à deux ou à plusieurs noms singuliers se met au pluriel : *L'orgueil et le mensonge* ABHORRÉS ; *une adresse et une force* PRODIGIEUSES.

71. — Si les noms sont de différent genre, l'adjectif se met au masculin pluriel : *Un père et une mère* CHÉRIS ; *le ciel, la mer, et la terre,* CRÉÉS *par la puissance divine.*

72. — Pour trouver le rapport d'un adjectif, il suffit de faire la question *qui est-ce qui*, ou *qu'est-ce qui* avec le verbe *être* : *Qui est-ce qui est* CHÉRI ? — *un père et une mère. Qu'est-ce qui a été* CRÉÉ ? — *le ciel, la mer, et la terre.*

CHAPITRE IV.

DU PRONOM.

73. — Le *pronom* est un mot qui remplace le nom, ou qui du moins en rappelle l'idée.

74. — Il y a cinq sortes de pronoms: le pronom *personnel*, le pronom *démonstratif*, le pronom *possessif*, le pronom *relatif*, et le pronom *indéfini*.

75. — 1° Les pronoms *personnels* servent à désigner les personnes d'une manière plus particulière que les autres pronoms. Les uns désignent la 1re personne, c'est-à-dire celle qui parle ; d'autres, la 2e personne, c'est-à-dire celle à qui l'on parle ; les autres, la 3e personne, c'est-à-dire celle de qui l'on parle. Les pronoms de la première personne sont: *Je, me, moi, nous ;* ceux de la seconde: *Tu, te, toi, vous ;* ceux de la troisième : *Il, ils, elle, elles ; lui, eux, leur ; se, soi; le, la, les; en, y.*

76. — *Remarque.* — Il ne faut pas confondre *le, la, les,* pronoms, avec *le, la, les,* articles. Les premiers se joignent au verbe: *Je* LE *connais, je* LA *respecte, honorez-*LES; au lieu que *le, la, les,* articles, précèdent toujours le substantif: LE *soleil,* LA *lune,* LES *étoiles.*

77. — 2° Les pronoms *démonstratifs* remplacent le substantif avec une idée d'indication. Ce sont : *Ce,* — *celui, ceux, celle, celles,* — *celui-ci, ceux-ci, celle-ci, celles-ci,* — *celui-là, ceux-là, celle-là, celles-là,* — *ceci, cela.*

78. — 1re *Remarque.* — *Ce* est tantôt adjectif et tantôt pronom. Il est adjectif quand il précède un substantif: CE *hamac,* CE *beau papier.* Il est pronom quand il est suivi des mots *qui, que, quoi, dont,* ou du verbe *être* suivi d'un nom ou d'un pronom : CE QUI *me flatte,* CE QUE *vous dites,* CE à QUOI *je pense,* CE DONT *je doute,* CE SONT *eux,* CE SONT *mes amis.*

79. — *Ce* mis pour *cela,* est aussi pronom démonstratif : CE *semble,* CE *doit être,* c'en *est fait,* c'est *convenu ; donner aux pauvres,* c'est *prêter à Dieu.*

80. — 3° Les pronoms *possessifs* remplacent le substantif avec une idée de possession. Ce sont :

Sing. masc.	Sing. fém.	Plur. masc.	Plur. fém.
Le mien.	La mienne.	Les miens.	Les miennes.
Le tien.	La tienne.	Les tiens.	Les tiennes.
Le sien.	La sienne.	Les siens.	Les siennes.
Le nôtre.	La nôtre.	Les nôtres.	Les nôtres.
Le vôtre.	La vôtre.	Les vôtres.	Les vôtres.
Le leur.	La leur.	Les leurs.	Les leurs.

81. — 1re *Remarque.* — Il ne faut pas confondre *mon, ton, son, notre, votre*, avec *le mien, le tien, le sien, le nôtre, le vôtre* ; les premiers, comme adjectifs possessifs, se placent toujours avant un substantif ; les seconds, tenant la place d'un substantif, ne peuvent y être joints.

Dans le style familier, *mien, tien, sien, nôtre* et *vôtre*, s'emploient quelquefois comme adjectifs : *Un MIEN parent, un TIEN ami, un SIEN cousin, ces effets sont NÔTRES.*

82. — 2e *Remarque.* — *Leur* peut être employé de trois manières : comme *adjectif possessif*, comme *pronom possessif*, et comme *pronom personnel*. Adjectif, il est toujours joint à un nom, et en prend le nombre : LEUR *amitié*, LEURS *amis*. Pronom possessif, il est toujours précédé de *le, la, les*, et prend aussi le nombre du substantif dont il tient la place : *Voilà votre chambre, voici* LA LEUR, *voici* LES LEURS. Pronom personnel, il est toujours joint à un verbe, et ne prend jamais la marque du pluriel : *Je* LEUR *ai parlé ; accordez* LEUR *cette permission.*

83. — 3e *Remarque.* — *Leur* s'emploie quelquefois substantivement : *Je ne veux rien du* LEUR (de ce qui est à eux). *Ils travaillent pour eux et pour les* LEURS (pour leurs parents et pour leurs amis.) — Il en est de même de *le mien, le tien, le sien : J'ai* LES MIENS, *la cour, le peuple à contenter* (La Fontaine). *Si, content du* SIEN, *on eût pu s'abstenir du bien de ses voisins, on avait pour toujours la paix et la liberté* (La Bruyère).

84. — 4° Les pronoms *relatifs* remplacent un nom énoncé dans la même phrase, et ils se nomment ainsi à cause de la relation qu'ils ont avec ce substantif. Ces pronoms sont : *Qui, que, quoi, dont,* *lequel, laquelle,* etc. Le mot auquel se rapporte le pronom relatif se nomme *antécédent.*

85. — Le pronom *lequel* varie suivant le genre et le nombre de son antécédent :

Masc. sing.	Fém. sing.	Masc. plur.	Fém. plur.
Lequel.	*Laquelle.*	*Lesquels.*	*Lesquelles.*
Duquel.	*(De) laquelle.*	*Desquels.*	*Desquelles.*
Auquel.	*(A) laquelle.*	*Auxquels.*	*Auxquelles.*

86. — 1ʳᵉ *Remarque.* — Les pronoms personnels *le, la, les, en, y,* peuvent aussi, suivant l'Académie, s'appeler pronoms relatifs ; en effet, ils remplacent souvent un nom énoncé dans la même phrase.

87. — 2ᵉ *Remarque.* — L'antécédent du pronom relatif est quelquefois sous-entendu : Qui *craint Dieu n'a rien à craindre;* on sous-entend CELUI. *Je ne sais à* QUOI *vous pensez,* c'est-à-dire CE à quoi vous pensez.

88. — 3ᵉ *Remarque.* — Les pronoms *qui, que, quoi, lequel,* ne se rapportant à aucun mot exprimé ou sous-entendu, deviennent pronoms *indéfinis :* QUI *vous appelle?* QUE *faites-vous? Il ne sait* QUE *faire.* QUOI *de plus beau que la vertu?* QUOI *que vous disiez, on ne vous écoutera pas.* LEQUEL *préférez-vous ?*

89. — 5° Les pronoms indéfinis rappellent l'idée des substantifs d'une manière vague et indéterminée. Ce sont : *Autrui, chacun, l'un, l'autre, l'un et l'autre, on, l'on, personne, quelqu'un, quiconque, rien.*

On peut aussi ranger parmi les pronoms indéfinis les locutions suivantes : *Tous deux, la plupart, qui que ce soit qui, quelque chose* dans le sens de *une chose, grand'chose* et *autre chose* employés au masculin.

90. — *Remarque.* — Les adjectifs indéfinis *aucun, certain, nul, plusieurs, tel, tout,* sont quelquefois employés absolument, c'est-à-dire sans être accompagnés d'un subs-

tantif. Ex.: AUCUN *n'est venu*, CERTAINS *racontent;* TOUT *vient de Dieu,* etc. Dans ce cas on les considère comme *pronoms indéfinis.*

CHAPITRE V.

DU VERBE.

91. — Le *verbe* est un mot dont on se sert pour affirmer l'existence, l'action, ou l'état des personnes et des choses. Ainsi dans la phrase suivante: *Dieu* DIT : « *Que la lumière* SOIT, » *et la lumière* FUT ; *dit* affirme l'action, *soit* et *fut* expriment l'existence.

92. — On reconnaît qu'un mot est verbe quand on peut le faire précéder des pronoms personnels *je, tu, il* ou *elle, nous, vous, ils* ou *elles.* Ainsi *croire, espérer,* sont des verbes parce qu'on peut dire : JE *crois,* TU *crois,* IL OU ELLE *croit,* etc. Nous *espérons,* VOUS *espérez,* ILS OU ELLES *espèrent.*

MODIFICATIONS DU VERBE.

93. — On distingue dans le verbe quatre modifications ou changements: le *mode,* le *temps,* le *nombre,* et la *personne.*

94. — 1° Le *mode* est la manière d'exprimer l'affirmation. On en compte cinq: L'*indicatif,* le *conditionnel,* l'*impératif,* le *subjonctif,* et l'*infinitif.*

95. — 2° Le *temps* est la forme que prend le verbe pour indiquer si l'affirmation a rapport au présent, au passé, ou à l'avenir.

Chaque mode a plusieurs temps.

96. — L'*indicatif* en a huit: le *présent* (je lis), l'*imparfait* (je lisais), le *passé défini* (je lus), le *passé indéfini* (j'ai lu), le *passé antérieur* (j'eus lu *ou* j'ai eu lu), le *plus-que-parfait* (j'avais lu), le *futur simple* (je lirai), et le *futur antérieur* (j'aurai lu).

97. — Le *conditionnel* en a deux : le *présent* (je lirais) et le *passé* (j'aurais lu *ou* j'eusse lu).

98. — L'*impératif* a deux temps : l'*impératif présent* (lis) et l'*impératif antérieur* (aie lu).

99. — Le *subjonctif* en a quatre : le *présent* (que je lise), l'*imparfait* (que je lusse), le *passé* (que j'aie lu), et le *plus que-parfait* (que j'eusse lu).

100. — L'*infinitif* en a quatre : le *présent* (lire), le *passé* (avoir lu), le *participe présent* (lisant), et le *participe passé* (ayant lu).

101. — 3° Le *nombre* est la forme que prend le verbe pour indiquer le singulier et le pluriel : J'*écris*, nous *écrivons* ; tu *écris*, vous *écrivez* ; il *écrit*, ils *écrivent*.

102. — 4° La *personne* est la forme que prend le verbe selon la nature du sujet. Il y a trois personnes : la première est celle qui parle : J'*étudie*, nous *étudions* ; la seconde est celle à qui l'on parle : Tu *étudies*, vous *étudiez* ; la troisième est celle de qui l'on parle : Il ou elle *étudie*, ils ou elles *étudient*.

SUJET.

103. — Le *sujet* d'un verbe est le mot qui désigne la personne ou la chose dont on affirme l'existence, l'action, ou l'état. On le trouve en faisant la question : *Qui est-ce qui* ou *qu'est-ce qui* avant le verbe : L'HOMME *est le roi de la création*. — *Qui est-ce qui* est le roi de la création ? c'est l'*homme* ; le mot *homme* est donc le sujet de *est*.

ACCORD DU VERBE.

104. — Toute phrase renferme un verbe exprimé ou sous-entendu, et tout verbe doit avoir un sujet, excepté quand il est à l'infinitif (1).

_____

(1) A l'impératif, le sujet est toujours un des pronoms *toi, nous, vous*, sous-entendu. Ainsi quand on dit : *Méfiez-vous de lui*, le pronom *vous* n'est pas sujet, mais bien complément direct.

105. — Le verbe s'accorde en nombre et en per·
sonne avec son sujet : *Les lettres* NOURRISSENT *l'âme,*
la RECTIFIENT, *la* CONSOLENT (**J. J. Rousseau**).

106. — Si le verbe a deux ou plusieurs sujets, il
se met au pluriel : *Quand la* SAGESSE *et la* VERTU PAR-
LENT, ELLES *calment toutes les passions* (Fénélon).

107. — Le sujet est ordinairement un substantif
ou un des pronoms *je, tu, il, elle; nous, vous, ils,*
elles, on. *Je* et *nous* veulent le verbe à la 1re personne; *tu* et *vous*, à la 2e ; *il, ils, elle, elles,* ou un
substantif, le veulent à la 3e. — Le pronom *on*
demande toujours le verbe à la 3e personne du singulier : *Quand les enfants sont laborieux,* ON *les* AIME,
ON *les* LOUE, ON *les* FÉLICITE.

108. — Si les sujets sont de différentes personnes,
on suit pour l'accord l'ordre des personnes, c'est-
à-dire qu'on préfère la première personne aux
deux autres, et la deuxième à la troisième :

Ni LUI *ni* MOI (1) *n'*AVIONS *raison ;*
Ni VOUS *ni* LUI *n'*AVIEZ *raison*.
LES TIENS *et* TOI POUVEZ *vaquer*
Sans nulle crainte à vos affaires (La Fontaine).

COMPLÉMENTS.

109. — On entend par *complément* ce qui achève
ou complète l'idée du verbe ou d'un autre mot. On
en distingue deux sortes : le complément *direct* et
le complément *indirect*.

110. — 1o Le complément *direct* est celui qui complète la signification du verbe par lui-même, c'est-
à-dire sans le secours d'un autre mot appelé *prépo-*
sition. Il répond à la question *qui* ou *quoi* faite après
le verbe : *L'homme juste honore* DIEU*, et pratique la*

---

(1) La politesse exige qu'on se nomme le dernier et
qu'on dise, par exemple : *Vous et moi; monsieur et moi,* et
non pas : *Moi et vous; moi et monsieur*.

VERTU. Il honore *qui? Dieu.* Il pratique *quoi?* la *vertu.*

111. — 2° Le complément *indirect* est celui qui complète la signification du verbe ou d'un autre mot à l'aide des prépositions *à, de, en, vers, sur,* etc. Il répond à l'une des questions *à qui? à quoi? de qui? de quoi? par qui? par quoi? quand? comment? où? pourquoi?* etc. Ex. : *On s'occupe du* PRÉSENT *sans songer à l'*AVENIR. On s'occupe *de quoi?* du *présent.* Sans songer *à quoi?* à *l'avenir.*

112. — Le complément direct n'appartient jamais qu'au verbe; mais le complément indirect, qui se rapporte le plus souvent à un verbe, peut se rapporter aussi au nom, au pronom, à l'adjectif, et à certains adverbes: *L'*AMOUR *de l'*ÉTUDE *; voilà mon livre et* CELUI *de ma* SOEUR; UTILE *à sa* PATRIE; *il a* BEAUCOUP *de* PRUDENCE.

113. — *Remarque.* — Les articles partitifs *du, de la, des,* et la préposition *de,* employés pour *quelque* ou *quelques,* peuvent précéder un sujet et un complément direct: *Du sang-froid,* DE LA *prudence,* et DES *mœurs pures, sont nécessaires au magistrat.* Dans cet exemple *du sang-froid, de la prudence,* et *des mœurs pures,* sont employés comme sujets. Dans cette autre phrase: *Il a montré* DU *goût,* DE LA *sagesse, et* DES *talents,* les mots *goût, sagesse,* et *talents,* sont compléments directs.

114. — Les prépositions *à* et *de,* placées avant un infinitif, ne sont pas toujours la marque du complément indirect. C'est ce que l'on trouve facilement en faisant la question *quoi* après le verbe: *Cet enfant aime* A ÉTUDIER, *et se propose* DE DEVENIR *savant.* Il aime *quoi?* à *étudier.* Il se propose *quoi? de devenir savant.* Les infinitifs *étudier* et *devenir* sont ici compléments directs de *aime* et de *se propose.*

DIFFÉRENTES ESPÈCES DE VERBES.

115. — On distingue cinq sortes de verbes : Les verbes *actifs,* les verbes *neutres,* les verbes *passifs,* les verbes *pronominaux,* et les verbes *unipersonnels.*

116. — 1° Le verbe *actif* ou *transitif* est celui dont le sujet fait l'action et qui a un complément direct:

Les lettres ADOUCISSENT *les* MŒURS, *et* FONT *la* GLOIRE *des peuples* (Acad).

117. — 2º Le verbe *neutre* ou *intransitif* est celui qui exprime l'action ou la manière d'être du sujet, et qui n'a point de complément direct : *L'homme* NAÎT, SOUFFRE, *et* MEURT ; *en trois mots, voilà son histoire.*

118. — 3º Le verbe *passif* est celui dont le sujet souffre l'action : *Turenne* ÉTAIT REDOUTÉ *de ses ennemis sans en* ÊTRE HAÏ. — *Abel* FUT TUÉ *par Caïn.*

119. — 4º Le verbe *pronominal* ou *réfléchi* est celui qui se conjugue avec deux pronoms de la même personne, ou qui à la 3e est nécessairement précédé du pronom *se* : *Je me* FLATTE, *tu te* FLATTES, *il se* FLATTE, etc.

120. — 5ᵉ Le verbe *unipersonnel* ou *impersonnel* est celui qui est précédé du pronom *il* employé comme sujet *apparent*, c'est-à-dire ne remplaçant ni une personne ni un objet. Le véritable sujet est ordinairement placé après le verbe : IL TOMBE *de la pluie.* Qu'est-ce qui tombe ? de la *pluie.* Le mot *pluie* est le sujet réel ; le pronom *il* n'est que sujet apparent, et peut s'appeler dans ce cas pronom *impersonnel.*

DE LA CONJUGAISON.

121. — *Conjuguer* un verbe, c'est l'écrire ou le réciter avec ses modes, ses temps, et ses personnes.

122. — Il y a dans les verbes quatre conjugaisons, qu'on distingue entre elles par la terminaison de l'infinitif présent.

123. — La 1ʳᵉ conjugaison a l'infinitif en **ER**, la 2ᵉ en **IR**, la 3ᵉ en **OIR**, et la 4ᵉ en **RE**.

VERBES AUXILIAIRES.

124. — Pour former certains temps, on emploie le verbe *avoir* ou le verbe *être*, qu'on appelle *auxiliaires*, parce qu'ils servent à conjuguer les autres verbes.

125. — Ces verbes ne sont auxiliaires que quand ils sont joints au participe passé. Employé seul, le verbe *être* est ordinairement verbe *substantif* et quelquefois verbe *neutre*. Le verbe *avoir*, dans ce cas, est toujours verbe *actif*.

126. — On distingue deux sortes de temps : les temps *simples* et les temps *composés*.

127. — Les temps *simples* sont ceux qui n'empruntent point un des temps des auxiliaires.

128. — Les temps *composés* sont ceux qui empruntent un des temps du verbe *avoir* ou du verbe *être*.

129. — Le verbe *avoir* sert à conjuguer les verbes *actifs*, la plupart des verbes *neutres*, et certains verbes *unipersonnels*.

130. — Le verbe *être* sert à conjuguer les verbes *passifs*, les verbes *pronominaux*, quelques verbes *neutres*, et quelques verbes *unipersonnels*.

131. — VERBE AUXILIAIRE **AVOIR**.

TEMPS DE L'INDICATIF. (1er mode.) INDICATIF PRÉSENT.		IMPARFAIT DE L'INDICATIF.	
J'	ai.	J'	avais.
Tu	as.	Tu	avais.
Il *ou* elle	a.	Il	avait.
Nous	avons.	Nous	avions.
Vous	avez.	Vous	aviez.
Ils *ou* elles	ont.	Ils	avaient.

— 21 —

PASSÉ DÉFINI.

J'	eus.
Tu	eus.
Il	eut.
Nous	eûmes.
Vous	eûtes.
Ils	eurent.

PASSÉ INDÉFINI.

J'ai	eu.
Tu as	eu.
Il a	eu.
Nous avons	eu.
Vous avez	eu.
Ils ont	eu.

PASSÉ ANTÉRIEUR (seul).

J'eus	eu.
Tu eus	eu.
Il eut	eu.
Nous eûmes	eu.
Vous eûtes	eu.
Ils eurent	eu.

PLUS-QUE-PARFAIT DE L'INDICATIF.

J'avais	eu.
Tu avais	eu.
Il avait	eu.
Nous avions	eu.
Vous aviez	eu.
Ils avaient	eu.

FUTUR SIMPLE.

J'	aurai.
Tu	auras.
Il	aura.
Nous	aurons.
Vous	aurez.
Ils	auront.

FUTUR ANTÉRIEUR.

J'aurai	eu.
Tu auras	eu.
Il aura	eu.
Nous aurons	eu.
Vous aurez	eu.
Ils auront	eu.

TEMPS DU CONDITIONNEL.

(2e mode.)

CONDITIONNEL PRÉSENT.

J'	aurais.
Tu	aurais.
Il	aurait.
Nous	aurions.
Vous	auriez.
Ils	auraient.

1er CONDITIONNEL PASSÉ.

J'aurais	eu.
Tu aurais	eu.
Il aurait	eu.
Nous aurions	eu.
Vous auriez	eu.
Ils auraient	eu.

2e CONDITIONNEL PASSÉ.

J'eusse	eu.
Tu eusses	eu.
Il eût	eu.
Nous eussions	eu.
Vous eussiez	eu.
Ils eussent	eu.

TEMPS DE L'IMPÉRATIF.

(3e mode.)

IMPÉRATIF PRÉSENT OU FUTUR.

Aie.

Ayons.

Ayez.

TEMPS DU SUBJONCTIF.
(4e mode.)

SUBJONCTIF PRÉSENT OU FUTUR.

Que j'	aie.
Que tu	aies.
Qu'il	ait.
Que nous	ayons.
Que vous	ayez.
Qu'ils	aient.

IMPARFAIT DU SUBJONCTIF.

Que j'	eusse.
Que tu	eusses.
Qu'il	eût.
Que nous	eussions.
Que vous	eussiez,
Qu'ils	eussent

PASSÉ DU SUBJONCTIF.

Que j'aie	eu.
Que tu aies	eu.
Qu'il ait	eu.
Que nous ayons	eu.
Que vous ayez	eu.
Qu'ils aient	eu.

PLUS-QUE-PARFAIT DU SUBJONCTIF.

Que j'eusse	eu.
Que tu eusses	eu.
Qu'il eût	eu.
Que nous eussions	eu.
Que vous eussiez	eu.
Qu'ils eussent	eu.

TEMPS DE L'INFINITIF.
(5e mode.)

INFINITIF PRÉSENT.

Avoir.

INFINITIF PASSÉ.

Avoir eu.

PARTICIPE PRÉSENT.

Ayant.

PARTICIPE PASSÉ.

Ayant eu.

152. — VERBE AUXILIAIRE ÊTRE.

TEMPS DE L'INDICATIF.
(1er mode.)
INDICATIF PRÉSENT.

Je	suis.
Tu	es.
Il *ou* elle	est.
Nous	sommes.
Vous	êtes.
Ils *ou* elles	sont.

IMPARFAIT DE L'INDICATIF.

J'	étais.
Tu	étais.
Il	était.
Nous	étions.
Vous	étiez.
Ils	étaient.

PASSÉ DÉFINI.

Je	fus.
Tu	fus.
Il	fut.
Nous	fûmes.
Vous	fûtes.
Ils	furent.

PASSÉ INDÉFINI.

J'ai	été.
Tu as	été.
Il a	été.
Nous avons	été.
Vous avez	été.
Ils ont	été.

PASSÉ ANTÉRIEUR (seul).

J'eus	été.
Tu eus	été.
Il eut	été.
Nous eûmes	été.
Vous eûtes	été.
Is eurent	été.

PLUS-QUE-PARFAIT DE L'INDICATIF.

J'avais	été.
Tu avais	été.
Il avait	été.
Nous avions	été.
Vous aviez	été.
Ils avaient	été.

FUTUR SIMPLE.

Je	serai.
Tu	seras.
Il	sera.
Nous	serons.
Vous	serez.
Ils	seront.

FUTUR ANTÉRIEUR.

J'aurai	été.
Tu auras	été.
Il aura	été.
Nous aurons	été.
Vous aurez	été.
Ils auront	été.

TEMPS DU CONDITIONNEL.

(2e mode.)

CONDITIONNEL PRÉSENT.

Je	serais.
Tu	serais.
Il	serait.
Nous	serions.
Vous	seriez.
Ils	seraient.

1er CONDITIONNEL PASSE.

J'aurais	été.
Tu aurais	été.
Il aurait	été.
Nous aurions	été.
Vous auriez	été.
Ils auraient	été.

2e CONDITIONNEL PASSÉ.

J'eusse	été.
Tu eusses	été.
Il eût	été.
Nous eussions	été.
Vous eussiez	été.
Ils eussent	été.

TEMPS DE L'IMPÉRATIF.

(3e mode.)

IMPÉRATIF PRÉSENT OU FUTUR.

Sois.
Soyons.
Soyez.

TEMPS DU SUBJONCTIF.
(4e mode.)

SUBJONCTIF PRÉSENT OU FUTUR.

Que je	sois.
Que tu	sois.
Qu'il	soit.
Que nous	soyons.
Que vous	soyez.
Qu'ils	soient.

IMPARFAIT DU SUBJONCTIF.

Que je	fusse.
Que tu	fusses.
Qu'il	fût.
Que nous	fussions.
Que vous	fussiez.
Qu'ils	fussent.

PASSÉ DU SUBJONCTIF.

Que j'aie	été.
Que tu aies	été.
Qu'il ait	été.
Que nous ayons	été.
Que vous ayez	été.
Qu'ils aient	été.

PLUS-QUE-PARFAIT DU SUBJONCTIF.

Que j'eusse	été.
Que tu eusses	été.
Qu'il eût été	été.
Que nous eussions été.
Que vous eussiez été.
Qu'ils eussent	été.

TEMPS DE L'INFINITIF.

(5e mode.)

INFINITIF PRÉSENT.

Être.

INFINITIF PASSÉ.

Avoir été.

PARTICIPE PRÉSENT

Étant.

PARTICIPE PASSÉ.

Ayant été.

CONJUGAISON DES VERBES ATTRIBUTIFS.

133. — Tous les verbes de la 1re conjugaison étant réguliers (excepté *aller* et *envoyer*) il suffit, pour les conjuguer, de distinguer le *radical* et la *terminaison.*

On nomme *radical* une ou plusieurs syllabes qui reparaissent à chaque temps et à chaque personne.

On nomme *terminaison* une ou plusieurs syllabes qui s'ajoutent au radical selon les temps et les personnes que l'on veut conjuguer.

134. — Pour trouver le radical dans les verbes de la 1re conjugaison, il suffit de retrancher la terminaison *er* de l'infinitif.

---

155. — PREMIÈRE CONJUGAISON EN **ER.**

TEMPS DE L'INDICATIF.

(1er mode.)

INDICATIF PRÉSENT.

J'	étudi *e.*
Tu	étudi *es.*
Il ou elle	étudi *e.*
Nous	étudi *ons.*
Vous	étudi *ez.*
Ils ou elles	étudi *ent.*

IMPARFAIT DE L'INDICATIF.

J'	étudi *ais.*
Tu	étudi *ais.*
Il	étudi *ait.*
Nous	étudi *ions.*
Vous	étudi *iez.*
Ils	étudi *aient.*

PASSÉ DÉFINI.

J'	étudi *ai.*
Tu	étudi *as.*
Il	étudi *a.*
Nous	étudi *âmes.*
Vous	étudi *âtes.*
Ils	étudi *èrent.*

PASSÉ INDÉFINI.

J'ai	étudi *é.*
Tu as	étudi *é.*
Il a	étudi *é.*
Nous avons	étudi *é.*
Vous avez	étudi *é.*
Ils ont	étudi *é.*

1er PASSÉ ANTÉRIEUR.

J'eus	étudi *é.*
Tu eus	étudi *é.*
Il eut	étudi *é.*
Nous eûmes	étudi *é.*
Vous eûtes	étudi *é.*
Ils eurent	étudi *é.*

2e PASSÉ ANTÉRIEUR.

J'ai eu	étudi *é.*
Tu as eu	étudi *é.*
Il a eu	étudi *é.*
Nous avons eu	étudi *é.*
Vous avez eu	étudi *é.*
Ils ont eu	étudi *é.*

PLUS-QUE-PARFAIT DE L'INDICATIF.

J'avais	étudi *é.*
Tu avais	étudi *é.*
Il avait	étudi *é.*
Nous avions	étudi *é.*
Vous aviez	étudi *é.*
Ils avaient	étudi *é.*

FUTUR SIMPLE.

J'	étudi *erai*
Tu	étudi *eras.*
Il	étudi *era.*
Nous	étudi *erons.*
Vous	étudi *erez.*
Ils	étudi *eront.*

2

FUTUR ANTÉRIEUR.

J'aurai	étudi é.
Tu auras	étudi é.
Il aura	étudi é.
Nous aurons	étudi é.
Vous aurez	étudi é.
Ils auront	étudi é.

TEMPS DU CONDITIONNEL.

(2ᵉ mode.)

CONDITIONNEL PRÉSENT.

J'	étudi *erais* (1)
Tu	étudi *erais*.
Il	étudi *erait*.
Nous	étudi *erions*.
Vous	étudi *eriez*.
Ils	étudi *eraient*

1ᵉʳ CONDITIONNEL PASSÉ.

J'aurais	étudi é.
Tu aurais	étudi é.
Il aurait	étudi é.
Nous aurions	étudi é.
Vous auriez	étudi é.
Ils auraient	étudi é.

2ᵉ CONDITIONNEL PASSÉ.

J'eusse	étudi é.
Tu eusses	étudi é.
Il eût	étudi é.
Nous eussions	étudi é.
Vous eussiez	étudi é.
Ils eussent	étudi é.

TEMPS DE L'IMPÉRATIF.

(3ᵉ mode.)

IMPÉRATIF PRÉSENT OU FUTUR.

Étudi *e*.
Étudi *ons*.
Étudi *ez*.

IMPÉRATIF ANTÉRIEUR.

Aie	étudi é.
Ayons	étudi é.
Ayez	étudi é.

TEMPS DU SUBJONCTIF.

(4ᵉ mode.)

SUBJONCTIF PRÉSENT OU FUTUR.

Que j'	étudi *e*
Que tu	étudi *es*.
Qu'il	étudi *e*.
Que nous	étudi *ions*.
Que vous	étudi *iez*.
Qu'ils	étudi *ent*.

IMPARFAIT DU SUBJONCTIF.

Que j'	étudi *asse*.
Que tu	étudi *asses*.
Qu'il	étudi *ât*.
Que nous	étudi *assions*.
Que vous	étudi *assiez*.
Qu'ils	étudi *assent*.

---

(1) Les verbes en *er* sont les seuls qui prennent un *e* dans la terminaison du futur et du conditionnel présent. Le verbe *cueillir* et ses dérivés prennent aussi cet *e* parce qu'autrefois à l'infinitif on disait *cueiller*.

PASSÉ DU SUBJONCTIF.		TEMPS DE L'INFINITIF.
Que j'aie	étudi é.	(5ᵉ mode.)
Que tu aies	étudi é.	
Qu'il ait	étudi é.	INFINITIF PRÉSENT.
Que nous ayons	étudi é.	
Que vous ayez	étudi é.	Étudi er.
Qu'ils aient	étudi é.	
		INFINITIF PASSÉ.
PLUS-QUE-PARFAIT DU SUBJONCTIF.		Avoir étudi é.
Que j'eusse	étudi é.	PARTICIPE PRÉSENT.
Que tu eusses	étudi é.	
Qu'il eût	étudi é.	Étudi ant.
Que nous eussions	étudi é.	
Que vous eussiez	étudi é.	PARTICIPE PASSÉ.
Qu'ils eussent	étudi é.	
		Ayant étudi é.

Ainsi se conjuguent : Aborder, adorer, chanter, chercher, daigner, dîner, demander, donner, flatter, frapper, inventer, marcher, murmurer, parler, porter, sauter, traîner, etc.

OBSERVATIONS.

On peut encore conjuguer sur le modèle précédent :

136. — 1° Les verbes en ÉER : *Agréer, créer, maugréer, récréer* (divertir), *recréer* (créer de nouveau), *suppléer,* etc. — Ces verbes prennent deux *e* de suite toutes les fois que la terminaison commence par un *e*: *Supplé-er,* je *supplé-*ERAI, vous *supplé-*EZ, que je *supplé-*E, etc. Le participe passé féminin en prend trois: *La terre a été* CRÉÉE *par la parole de Dieu.*

137. — 2° Les verbes en IER : *Balbutier, châtier, confier, crier, défier, envier, expier, humilier, initier, lier, négocier, oublier, plier, prier,* etc. — Dans tous ces verbes on met deux *i* de suite aux deux premières personnes du pluriel de l'imparfait de l'indicatif et du subjonctif présent: *Cri-er,* nous *cri-*IONS, vous *cri-*IEZ; *pli-er,* que nous *pli-*IONS, que vous *pli-*IEZ, etc.

138. — OBSERV. — Ce redoublement de l'*i*, aussi bien que celui de l'*e* dans les verbes précédents, n'est qu'une conséquence rigoureuse de la distinction du radical et de la

terminaison, et s'étend aux verbes *rire* et *sourire*, dont le participe présent est *riant* et *souriant* : *Nous riions, vous riiez; que nous souriions, que vous souriiez.*

139. — 3º Les verbes en YER : *Bégayer, essayer, payer,* — *Employer, nettoyer, tutoyer.* — *Appuyer, ennuyer, essuyer,* etc. — Les verbes en *yer* prennent un *y* et un *i* aux deux premières personnes du pluriel de l'imparfait de l'indicatif et du subjonctif présent : *Essayer,* nous *essay-ions; employer,* vous *employ-iez; appuyer,* que nous *appuy-ions,* etc.

140. — 1ʳᵉ *Remarque.* — Tous les verbes dont le participe présent est en *yant,* comme *voir, voyant; croire, croyant; extraire, extrayant,* prennent l'*y* et l'*i,* à ces mêmes personnes : *Nous voyions, vous voyiez; que nous croyions, que vous croyiez,* etc.

141. — 2ᵉ *Remarque.* — Les verbes qui ont un *y* soit au présent de l'infinitif, soit au participe présent, changent l'*y* en *i* simple avant une syllabe muette : *Employer,* j'*emploi-e,* j'*emploi-erai; appuyer,* j'*appui-e,* j'*appui-erais,* que j'*appui-e,* etc. Il faut en excepter les verbes en AYER, comme *essayer, payer, rayer,* etc., qui, d'après l'ortho-graphe de l'Académie, conservent l'*y* dans toute la conjugaison : Je *paye,* tu *payes,* il *paye;* je *raye,* je *rayerai,* je *rayerais,* etc. Dans ces verbes l'*y* a le son de deux *i* (1). Il en est de même dans le verbe *grasseyer :* Je *grasseye,* je *grasseyerai,* que je *grasseye,* etc.

142. — 4º Les verbes en UER : *Avouer, clouer, contribuer, déjouer, destituer, diminuer, échouer, influer, jouer, louer, nouer, saluer, suer,* etc. — Ces verbes prennent un tréma sur l'*i* aux deux premières personnes du pluriel de l'impar-fait de l'indicatif et du subjonctif présent : *Jouer,* nous *jou-ïons,* vous *jou-ïez; diminuer,* que nous *diminu-ïons,* que vous *diminu-ïez;* excepté ceux qui sont en *guer* et en *quer,* comme *conjuguer, confisquer.* La prononciation ne permet pas l'emploi du tréma dans nous *conjuguions,* vous *confisquiez,* etc.

---

(1) Quelques auteurs cependant préfèrent je *paie,* je *paierai;* j'*effraie,* j'*effraierai,* etc., à je *paye,* je *payerai,* etc. Dans quelques-uns de ces verbes l'*i* simple n'offre rien de désagréable à l'oreille.

143. — 5° Les verbes en CER : *Acquiescer*, *avancer*, *balancer*, *bercer*, *commencer*, *dépecer*, *effacer*, *exaucer*, *forcer*, *lancer*, *placer*, *tracer*, etc. — Ces verbes prennent une cédille sous le ç avant les voyelles *a* et *o* pour la douceur de la prononciation : *Menacer*, je *menaçais*, nous *menaçons*, etc.

144. — 6° Les verbes en GER : *Corriger*, *déranger*, *exiger*, *forger*, *gager*, *juger*, *manger*, *nager*, *ronger*, *songer*, *venger*, etc. — Ces verbes prennent un *e* muet après le *g* avant les voyelles *a* et *o* pour rendre la prononciation moins dure à l'oreille : *Changer*, je *change-ais*, nous *change-ons*, etc.

145. — 7° Les verbes en ER (précédé d'un *e* muet) : *Amener*, *élever*, *emmener*, *lever*, *mener*, *peser*, *promener*, *ramener*, *relever*, *semer*, etc. — Les verbes en *er* précédé d'un *e* muet changent l'*e* pénultième en è ouvert quand la dernière syllabe est muette. Ainsi, quoiqu'on écrive *lever*, *mener*, *peser*, sans accent, on écrira je *lève*, tu *mènes*, ils *pèsent*, avec l'accent grave, parce que dans ces personnes la dernière syllabe est devenue muette. De même au futur et au conditionnel : je *lèverai*, tu *mèneras*, ils *pèseront*.

146. — *Exception.* — Les verbes terminés à l'infinitif par ELER, ETER, comme *appeler*, *jeter*, ne prennent pas l'accent grave, mais ils doublent généralement les consonnes *l* et *t* avant une syllabe muette : J'*appelle*, ils *appellent*, ils *appelleront* ; je *jette*, ils *jettent*, ils *jetteront*, etc. (1). — Ainsi se conjuguent : 1° *Amonceler*, *carreler*, *chanceler*, *ciseler*, *épeler*, *étinceler*, *ficeler*, *niveler*, *renouveler*, *ruisseler*, etc. — 2° *Cacheter*, *caqueter*, *déchiqueter*, *épousseter*, *feuilleter*, *fureter*, *projeter*, *rejeter*, etc.

147. — OBSERV. — Les verbes en ÉLER, ÉTER, comme *révéler*, *empiéter*, qu'il ne faut pas confondre avec les verbes en *eler*, *eter*, ne doublent jamais la consonne : Je *révèle*, tu *empiètes*, il *empiétera*, etc.

---

(1) L'Académie ne double point la consonne, mais elle emploie l'accent grave dans : *Celer*, *déceler*, *dégeler*, *écarteler*, *geler*, *harceler*, *marteler*, *modeler*, *peler*. — *Acheter*, *becqueter*, *crocheter*, *décolleter*, *étiqueter*, *haleter*, *racheter*, *trompeter*. Ex : *La rivière* GÈLE, DÉGÈLE. *Cette affaire me* MARTÈLE *le cerveau. Sa bonté* RACHÈTE *beaucoup de ridicules.* J'ACHÈTE, J'ACHÈTERAI. *Le corbeau croasse, l'aigle* TROMPÈTE, etc.

148. — 8° Les verbes en ER (précédé d'un *é* fermé): *Accéder, adhérer, céder, empiéter, espérer, excéder, modérer, pénétrer, réitérer, répéter, recéler* (1), *réfléter, révéler, végéter, etc.* — Les verbes en *er* précédé d'un *é* fermé changent cet *é* en *è* ouvert avant une syllabe muette, excepté au futur et au conditionnel où l'on doit conserver, par raison de prononciation, l'accent aigu de l'infinitif. Ainsi *céder, révéler, célébrer,* prennent un accent grave dans je *cède,* tu *révèles,* il *célèbre,* et un accent aigu dans je *céderai,* tu *révéleras,* il *célébrerait* (Acad.).

149. — *Exception.* — Les verbes en ÉGER, conservent l'accent aigu dans toute la conjugaison: *Abréger, assiéger, protéger,* etc., font j'*abrége,* j'*assiégerai,* j'*abrégerais,* que j'*assiége,* qu'*il protége,* etc.

Méthode applicable aux verbes des trois dernières conjugaisons.

Lorsque les élèves ont appris la 1ʳᵉ conjugaison suivant la classification ordinaire des temps et des modes, il est plus utile, selon nous, qu'ils s'habituent aussitôt à conjuguer les autres verbes d'après la formation des temps. Cette méthode permet: 1° de ramener tous les verbes aux mêmes terminaisons; 2° de diminuer le nombre des verbes irréguliers; 3° d'éviter le mélange des temps simples et des temps composés, qui jette toujours de la confusion dans l'esprit des commençants.

FORMATION DES TEMPS.

Temps primitifs et temps dérivés.

150. — Outre les temps simples et les temps composés, il faut encore distinguer dans le verbe des temps *primitifs* et des temps *dérivés.*

---

(1) Quoique l'Académie mette un accent aigu sur la syllabe *ce* de *recéler,* elle écrit sans accent *celer* et *déceler.* — *Sceller (desceller), seller (desseller), brouetter, fouetter, émietter,* doublent partout la consonne.

Les temps *primitifs* servent à former les autres temps, qui, pour cette raison, s'appellent temps *dérivés*.

151. — On compte cinq temps primitifs : *L'infinitif présent*, le *participe présent*, le *présent de l'indicatif*, le *passé défini*, et le *participe passé*.

Temps simples.

152. — Le PRÉSENT DE L'INFINITIF forme deux temps : le *futur simple* et le *conditionnel présent*, par le changement de r ou *re* en *rai* pour le futur et en *rais* pour le conditionnel : *Obéi-r, j'obéi-rai; romp-re, je romp-rais.*

153. — Le PARTICIPE PRÉSENT forme trois temps : 1° *le pluriel du présent de l'indicatif*, par le changement de *ant* en *ons*, en *ez*, en *ent*; 2° *l'imparfait de l'indicatif*, par le changement de *ant* en *ais*, etc. ; 3° le *subjonctif présent*, par le changement de *ant* en *e* muet, etc. : *Obéiss-ant*, nous *obéiss-ons; romp-ant*, je *romp-ais; écriv-ant*, que j'*écriv-e.*

154. — Le PRÉSENT DE L'INDICATIF forme l'*impératif* par la suppression des pronoms *je, nous, vous* : *J'étudi-e, étudi-e;* nous *obéiss-ons, obéiss-ons;* vous *écriv-ez, écriv-ez,* etc.

155. — Le PASSÉ DÉFINI forme l'*imparfait du subjonctif*, par le changement de *ai* en *asse*, pour la première conjugaison, et par l'addition de *se* pour les trois autres : *Je pli-ai,* que je *pli-asse;* je *pourvu-s,* que je *pourvu-sse;* je *ri-s,* que je *ri-sse.*

Temps composés.

156. — Le PARTICIPE PASSÉ forme tous les temps composés au moyen de l'auxiliaire *avoir* et de l'auxiliaire *être.* Il peut emprunter lui-même le participe présent de l'un des auxiliaires : AYANT *couru,* ÉTANT *venu.*

157. — 1° Le PASSÉ DÉFINI se forme du présent de l'indicatif : J'AI *couru*, je SUIS *venu*.

158. — 2° Le PREMIER PASSÉ ANTÉRIEUR se forme du passé défini : J'EUS *couru*, je PUS *venu*.

159. — 3° Le SECOND PASSÉ ANTÉRIEUR se forme du passé indéfini : J'AI EU *couru*, j'AI ÉTÉ *venu* (peu usité).

160 — 4° Le PLUS-QUE-PARFAIT DE L'INDIC. se compose de l'imparfait de l'indicatif : J'AVAIS *couru*, j'ÉTAIS *venu*.

161. — 5° Le FUTUR ANTÉRIEUR se compose du futur simple : J'AURAI *couru*, je SERAI *venu*.

162. — 6° Le PREMIER CONDITIONNEL PASSÉ se compose du conditionnel présent : J'AURAIS *couru*, je SERAIS *venu*.

163. — 7° Le SECOND CONDITIONNEL PASSÉ se forme de l'imparfait du subjonctif : J'EUSSE *couru*, je FUSSE *venu*.

164. — 8° L'IMPÉRATIF ANTÉRIEUR est formé du présent de l'impératif : AIE *couru*, SOIS *venu*.

165. - - 9° Le PASSÉ DU SUBJONCTIF se forme du présent du subjonctif : Que j'AIE *couru*, que je SOIS *venu*.

166. — 10° Le PLUS-QUE-PARFAIT DU SUBJONCTIF est formé de l'imparfait du subjonctif : Que j'EUSSE *couru*, que je FUSSE *venu*.

167. — 11° Le PASSÉ DE L'INFINITIF se forme du présent de l'infinitif : AVOIR *couru*, ÊTRE *venu*.

Radical et Terminaison.

168. — Pour savoir conjuguer un verbe, il faut distinguer avec soin le *radical* et la *terminaison*.

169. — Dans la première conjugaison le radical est toujours le même. Ainsi dans les verbes *chant-er*, *pli-er*, *cré-er*, le radical est *chant*, *pli*, et *cré*.

170. — Dans les trois dernières conjugaisons e radical varie suivant les temps primitifs. Ainsi *obé-ir* (obéiss-ant) a pour radical *obéi* et *obéiss*; *écri-re* (écriv-ant), *écri* et *écriv*; *moud-re* (moul-ant), *moud* et *moul*, etc.

171. — Une fois le radical connu, il n'est plus question que d'y ajouter les *terminaisons* communes aux verbes en *ir*, en *oir*, et en *re*.

172. — MODÈLE DE CONJUGAISON

Suivant les temps primitifs.

Deuxième, troisième, et quatrième conjugaison (ir, oir, re).

1° INFINITIF PRÉSENT.

Obéi *r.*

FUTUR SIMPLE.	CONDITIONNEL PRÉSENT.
J' obéi *rai.*	J' obéi *rais.*
Tu obéi *ras.*	Tu obéi *rais.*
Il obéi *ra.*	Il obéi *rait*
Nous obéi *rons.*	Nous obéi *rions.*
Vous obéi *rez.*	Vous obéi *riez.*
Ils obéi *ront.*	Ils obéi *raient.*

2° PARTICIPE PRÉSENT.

Obéiss *ant.*

PLUR. DE L'IND. PRÉS.	IMPARF. DE L'IND.	SUBJONC. PRÉS.
....	J' obéiss *ais.*	Que j' obéiss *e.*
....	Tu obéiss *ais.*	Que tu obéiss *es.*
....	Il obéiss *ait.*	Qu'il obéiss *e.*
Nous obéiss *ons.*	Nous obéiss *ions.*	Que nous obéiss *ions.*
Vous obéiss *ez.*	Vous obéiss *iez.*	Que vous obéiss *iez.*
Ils obéiss *ent.*	Ils obéiss *aient.*	Qu'ils obéiss *ent.*

3° PRÉSENT DE L'INDICATIF (singulier).

J'obéi *s,* tu obéi *s,* il obéi *t* (1).

IMPÉRATIF PRÉSENT.

Obéi *s.* — Obéiss *ons.* — Obéiss *ez.*

4° PASSÉ DÉFINI.

J' obéi *s.*	Tu obéi *s.*	Il obéi *t.*
Nous obéi *mes.*	Vous obéi *tes.*	Ils obéi *rent.*

IMPARFAIT DU SUBJONCTIF.

Que j' obéi *sse.*	Q. tu obéi *sses.*	Qu'il obéi *t.*
Que n. obéi *ssions.*	Q. v. obéi *ssiez.*	Qu'ils obéi *ssent.*

---

(1) Les verbes en *indre* et en *soudre,* comme *peindre* et *résoudre,* prennent aussi un *t* à la 3ᵉ personne du singu-

5° PARTICIPE PASSÉ.

Ayant obéi.

1ᵉ PASSÉ DÉFINI.		**6° 1ᵉʳ CONDITIONNEL PASSÉ.**	
J'ai	obéi.	J'aurais	obéi.
Tu as	obéi, etc.	Tu aurais	obéi, etc.
2° 1ᵉʳ PASSÉ ANTÉRIEUR.		**7° 2ᵉ CONDITIONNEL PASSÉ.**	
J'eus	obéi.	J'eusse	obéi.
Tu eus	obéi, etc.	Tu eusses	obéi, etc.
3° 2ᵉ PASSÉ ANTÉRIEUR.		**8° IMPÉRATIF ANTÉRIEUR.**	
J'ai eu	obéi.	Aie obéi.	
Tu as eu	obéi, etc.	**9° PASSÉ DU SUBJONCTIF.**	
4° PLUS-QUE-PARF. DE L'IND.		Que j'aie	obéi.
J'avais	obéi.	Que tu aies	obéi, etc.
Tu avais	obéi, etc.	**10° PLUS-QUE-PARF. DU SUBJ.**	
5° FUTUR ANTÉRIEUR.		Que j'eusse	obéi.
J'aurai	obéi.	Que tu eusses obéi, etc.	
Tu auras	obéi, etc.	**11° PASSÉ DE L'INFINITIF.**	
		Avoir obéi.	

173. — *Remarque.* — Dans les verbes de la première conjugaison, le participe passé est toujours terminé par un *é : Pli é, agré é, chant é,* etc. Dans les verbes des trois autres conjugaisons le participe a beaucoup de terminaisons différentes, comme *choisi, rendu, offert, mort, peint, conduit, clos,* etc. Il est donc inutile de séparer, dans le participe de ces verbes, le radical de la terminaison.

---

lier du présent de l'indicatif : Il *pein t,* il *résou t.* Tous les autres verbes en *dre,* comme *rendre, répondre,* n'ont pas de terminaison à cette personne : Il *rend,* il *répond.* Ce *d* appartient au radical. Il faut y ajouter les verbes *battre, mettre, vaincre, vêtir,* et leurs dérivés : Il *bat,* il *met,* il *vainc,* il *vêt,* etc.

On conjuguera sur le modèle précédent :

174. — 1° Les verbes en IR : *Adouci-r,* part. prés. *adouciss-ant,* prés. de l'indic. j'*adouci-s,* passé déf. j'*adouci-s,* part. passé *adouci.* — De même: *Asservi-r, averti-r, bâti-r, choisi-r, embelli-r, enrichi-r, enseveli-r, fini-r, gravi-r, guéri-r, puni-r, réjoui-r, réuni-r, uni-r, verni-r,* etc.

175. — 2° Les verbes en OIR : 1° *Pourvoi-r,* part. prés. *pourvoy-ant,* prés. de l'indic. je *pourvoi-s,* passé déf. je *pourvu-s,* part. passé *pourvu.* 2° *Prévoi-r,* part. prés. *prévo-yant,* prés. de l'indic. je *prévoi-s,* passé déf. je *prévi-s,* part. passé *prévu.*

176. — 3° Les verbes en RE : *Attend-re,* part. prés. *attend-ant,* prés. de l'indic. j'*attend-s,* passé déf. j'*attendi-s,* part. passé *attendu.* De même *confond-re, défend-re, entend-re, rend-re, répand-re, répond-re, suspend-re, tond-re, tord-re, vend-re,* etc. *Corromp-re, interromp-re, romp-re.*

OBSERVATION.

D'après la méthode indiquée plus haut, il est essentiel de faire connaître à l'élève les *cinq temps primitifs* du verbe qu'on lui donne à conjuguer.

177. — *On peut encore conjuguer sur le même modèle les verbes suivants et leurs dérivés, que l'on range ordinairement parmi les verbes irréguliers Il suffit de chercher le radical de chaque temps primitif aux analogies des verbes, deuxième partie :*

BATTRE, CONDUIRE, CONFIRE, COUDRE, CRAINDRE, CROIRE, CROÎTRE, DORMIR, ÉCRIRE, FUIR, HAÏR, LIRE, MENTIR, METTRE, MOUDRE, PARAÎTRE, PARTIR, PEINDRE, PLAIRE, RÉSOUDRE, RIRE, SERVIR, SORTIR, SUFFIRE, SUIVRE, TAIRE, VAINCRE, VIVRE.

178. — TEMPS COMPOSÉS

d'un verbe neutre conjugué avec **ÊTRE**.

PARTICIPE PASSÉ.

Étant venu.

1° PASSÉ INDÉFINI.

Je suis   venu.
Nous sommes venus, etc.

2° 1er PASSÉ ANTÉRIEUR.

Je fus   venu.
Nous fûmes venus, etc.

3° 2e PASSÉ ANTÉRIEUR.

J'ai été   venu.
Nous avons été venus, etc.
(Peu usité.)

4° PLUS-QUE-PARF. DE L'IND.

J'étais   venu.
Nous étions   venus, etc.

5° FUTUR ANTÉRIEUR.

Je serai   venu.
Nous serons   venus, etc.

6° 1er CONDITIONNEL PASSÉ.

Je serais   venu.
Nous serions   venus, etc.

7° 2° CONDITIONNEL PASSÉ.

Je fusse   venu.
Nous fussions venus, etc.

8° IMPÉRATIF ANTÉRIEUR.

Sois   venu.
Soyons   venus, etc.,

9° PASSÉ DU SUBJONCTIF.

Q. je sois   venu.
Q. nous soyons venus, etc.

10° PLUS-QUE-PARF. DU SUBJ.

Q. je fusse   venu.
Q. nous fussions venus, etc.

11° PASSÉ DE L'INFINITIF.

Être venu.

ACCENT CIRCONFLEXE.

179. — Les temps qui prennent l'accent circonflexe sont :

1° Le PASSÉ DÉFINI (1re et 2e personne du plur.) :
Nous *eûmes*, vous *fûtes*; nous *pliâmes*, vous *vîntes*.

2° L'IMPARFAIT DU SUBJONCTIF (3e personne du sing.):
Qu'il *eût*, qu'il *fût*; qu'il *pliât*, qu'il *vînt*.

3° Le 1er PASSÉ ANTÉRIEUR (1re et 2e personne du plur.) :
N. *eûmes* plié, n. *fûmes* venus; v. *eûtes* plié, v. *fûtes* venus.

4° Le 2e CONDITIONNEL PASSÉ (3e personne du sing.) :
Il *eût* plié, il *fût* venu.

5° Le PLUS-QUE-PARF. DU SUBJ. (3e personne du sing.) :
Qu'il *eût* plié, qu'il *fût* venu.

CONJUGAISON DES VERBES PASSIFS.

180. — Rien de plus facile à conjuguer qu'un verbe passif : il suffit de prendre le participe passé d'un verbe actif, et de le joindre à tous les temps de l'auxiliaire *être*. Voici, comme exemple, le présent de l'indicatif :

SINGULIER.	PLURIEL.
Je suis *aimé* ou *aimée*.	N. sommes *aimés* ou *aimées*.
Tu es *aimé* ou *aimée*.	Vous êtes *aimés* ou *aimées*.
Il est *aimé*, elle est *aimée*.	Ils sont *aimés*, elles s.*aimées*.

Observation. — Il ne faut pas confondre avec les temps d'un verbe passif les temps composés d'un verbe *neutre* conjugué avec *être*. Ainsi, je *suis estimé* est le présent de l'indicatif du verbe passif *être estimé*, tandis que je *suis parti* est le passé indéfini du verbe neutre *partir*. De même j'*étais estimé* est à l'imparfait de l'indicatif, j'*étais parti* au plus-que-parfait; je *serai estimé* est au premier futur, je *serai parti* au futur antérieur, etc.

181. — CONJUGAISON DES VERBES PRONOMINAUX.

Suivant la formation des temps.

Les verbes pronominaux se conjuguent avec l'auxiliaire *être* dans leurs temps composés.

1° INFINITIF PRÉSENT.

S'empar *er.*

FUTUR SIMPLE.		CONDITIONNEL PRÉSENT.	
Je m'	empar *erai*.	Je m'	empar *erais*.
Tu t'	empar *eras*.	Tu t'	empar *erais*.
Il s'	empar *era*.	Il s'	empar *erait*.
Nous nous	empar *erons*.	Nous nous	empar *erions*.
Vous vous	empar *erez*.	Vous vous	empar *eriez*.
Ils s'	empar *eront*.	Ils s'	empar *eraient*.

2. PARTICIPE PRÉSENT.

S'empar *ant.*

PLUR. DE L'IND. PRÉS.	IMPARF. DE L'IND.	SUBJONCT. PRÉS.
. . . .	Je m'empar *ais.*	Q. je m'empar *e.*
. . . .	Tu t' empar *ais.*	Q. tu t'empar *es.*
. . . .	Il s' empar *ait.*	Qu'il s'empar *e.*
N. n. empar *ons.*	N. n. empar *ions.*	Q. n. n. empar *ions.*
V. v. empar *ez.*	V. v. empar *iez.*	Q. v. v. empar *iez.*
Ils s' empar *ent.*	Ils s'empar *aient.*	Qu'ils s'empar *ent.*

3° PRÉSENT DE L'INDICATIF (singulier).

Je m'empar *e,* tu t'empar *es,* il s'empar *e.*

IMPÉRATIF.

Empar *e*-toi. — Empar *ons*-nous. — Empar *ez*-vous.

4° PASSÉ DÉFINI.

Je m'empar *ai.*	Tu t'empar *as.*	Il s'empar *a.*
N. n. empar *âmes.*	V. v. empar *âtes.*	Ils s'empar *èrent.*

IMPARFAIT DU SUBJONCTIF.

Que je m'empar *asse.* Que tu t'empar *asses.* Qu'il [s'empar *ât.*

Que n. n. empar *assions.* Que v. v. empar *assiez.* Qu'ils [s'empar *assent.*

5° PARTICIPE PASSÉ.

S'étant empar *é.*

1° PASSÉ INDÉFINI.

Je me suis empar *é.*
Nous n. sommes empar *és.*

2° PASSÉ ANTÉRIEUR (seul).

Je me fus empar *é.*
Nous nous fûmes empar *és.*

3° PLUS-QUE-PARF. DE L'IND.

Je m'étais empar *é.*
Nous nous étions empar *és.*

4° FUTUR ANTÉRIEUR.

Je me serai empar *é.*
Nous nous serons empar *és.*

5° 1er CONDITIONNEL PASSÉ.

Je me serais empar *é.*
Nous nous serions empar *és.*

6° 2e CONDITIONNEL PASSÉ.

Je me fusse empar *é.*
Nous n. fussions empar *és.*

7° PASSÉ DU SUBJONCTIF.

Que je me sois empar *é.*
Que n. n. soyons empar *és.*

8° PLUS-QUE-PARF. DU SUBJ.

Que je me fusse empar *é.*
Que n. n. fussions empar *és.*

9° PASSÉ DE L'INFINITIF.

S'être empar *é.*

Observ. — Le participe des verbes pronominaux formés d'un verbe neutre, ne prend point d's au pluriel. Tels sont :

Se plaire, se complaire, se déplaire, se convenir, se nuire, se ressembler, se rire, se sourire, se succéder, se suffire, etc.

On écrira donc au pluriel: *Nous nous sommes* PLU, *vous vous êtes* NI, *ils se sont* SUCCÉDÉ, etc.

Au contraire, le participe d'un verbe essentiellement pronominal, c.-à.-d. qui se conjugue nécessairement avec deux pronoms, s'accorde toujours avec le second. Tels sont : s'*absenter, se blottir, se démener, s'efforcer, s'enfuir, se récrier,* etc. *Ils se sont* ENFUIS; *elle s'est* RÉCRIÉE.

VERBES CONJUGUÉS INTERROGATIVEMENT.

182. — Lorsqu'on fait une interrogation, on place ordinairement le pronom sujet après le verbe avec un trait d'union : *Viendras-tu? Avez-vous fini?* (Dans les temps composés le trait d'union se met entre l'auxiliaire et le pronom sujet.)

183. — Avant *il, elle, on,* on met un *t* euphonique avec deux traits d'union quand le verbe se termine par une voyelle : *Aime-t-il l'étude? Partira-t-elle demain? A-t-on sonné?*

184. — Lorsque le verbe finit par un *e* muet, on change, par euphonie, cet *e* muet en *é* fermé, avant le pronom *je: Parlé-je? Eussé-je parlé?*

Où LAISSÉ-JE *égarer mes vœux et mon esprit?* (Rac.)

185. — Observ. — A la première personne du présent de l'indicatif la forme interrogative est souvent trop dure à l'oreille. On ne dit pas : *Mens-je? réponds-je? surprends-je?* Il faut prendre un autre tour, et dire par exemple: *Est-ce que je mens? est-ce que je réponds?* Tour qu'il faut pourtant employer avec réserve, parce qu'il est un peu brusque et voisin de l'impolitesse. L'usage autorise : *Ai-je? suis-je? fais-je? dis-je? sais-je? vais-je? vois-je? puis-je?*

186.—Il n'y a que les temps de l'indicatif et ceux du conditionnel qui peuvent se conjuguer interrogativement.

187. MODE DE L'INDICATIF.

INDICATIF PRESENT.

Etudié-je.
Etudies-tu ?
Etudie-t-il ?
Etudions-nous ?
Etudiez-vous ?
Etudient-ils ?

IMPARFAIT DE L'INDICATIF.

Etudiais-je ?
Etudiais-tu ?
Etudiait-il ?
Etudiions-nous ?
Etudiiez-vous ?
Etudiaient-ils ?

PASSÉ DÉFINI.

Etudiai-je ?
Etudias-tu ?
Etudia-t-il ?
Etudiâmes-nous ?
Etudiâtes-vous ?
Etudièrent-ils ?

PASSÉ INDÉFINI.

Ai-je   étudié ?
As-tu   étudié ?
A-t-il   étudié ?
Avons-nous   étudié ?
Avez-vous   étudié ?
Ont-ils   étudié ?

1er PASSÉ ANTÉRIEUR.

Eus-je   étudié ?
Eus-tu   étudié ?
Eut-il   étudié ?
Eûmes-nous   étudié ?
Eûtes-vous   étudié ?
Eurent-ils   étudié ?

2e PASSÉ ANTÉRIEUR.

Ai-je eu   étudié ?
As-tu eu   étudié ?
A-t-il eu   étudié ?
Avons-nous eu   étudié ?
Avez-vous eu   étudié ?
Ont-ils eu   étudié ?

PLUS-QUE-PARF. DE L'INDIC.

Avais-je   étudié ?
Avais-tu   étudié ?
Avait-il   étudié ?
Avions-nous   étudié ?
Aviez-vous   étudié ?
Avaient-ils   étudié ?

FUTUR SIMPLE.

Etudierai-je ?
Etudieras-tu ?
Etudiera-t-il ?
Etudierons-nous ?
Etudierez-vous ?
Etudieront-ils ?

FUTUR ANTÉRIEUR.

Aurai-je   étudié ?
Auras-tu   étudié ?
Aura-t-il   étudié ?
Aurons-nous   étudié ?
Aurez-vous   étudié ?
Auront-ils   étudié ?

MODE DU CONDITIONNEL.

CONDITIONNEL PRESENT.

Etudierais-je ?
Etudierais-tu ?
Etudierait-il ?
Etudierions-nous ?
Etudieriez-vous ?
Etudieraient-ils ?

1ᵉʳ CONDITIONNEL PASSÉ.		2ᵉ CONDITIONNEL PASSÉ.	
Aurais-je	étudié ?	Eussé-je	étudié ?
Aurais-tu	étudié ?	Eusses-tu	étudié ?
Aurait-il	étudié ?	Eût-il	étudié ?
Aurions-nous	étudié ?	Eussions-nous	étudié ?
Auriez-vous	étudié ?	Eussiez-vous	étudié ?
Auraient-ils	étudié ?	Eussent-ils	étudié ?

188. — OBSERV. — Il ne faut pas confondre avec la forme interrogative certains tours de phrases dans lesquels on emploie le pronom après le verbe ; telles sont les phrases EXCLAMATIVES :

DUSSÉ-JE *après dix ans voir mon palais en cendres !* (Rac.)

PUISSÉ-JE *de mes yeux y voir tomber la foudre !* (Corn.)

C'est-à-dire, je suppose que *je dusse*, je désire que *je puisse*.

CHAPITRE VI.

DU PARTICIPE.

189. — Le *participe* est un mot qui tient de la nature du verbe et de celle de l'adjectif. Ainsi *éprouvé*, *accompli*, etc., sont des participes, parce qu'ils dérivent des verbes *éprouver* et *accomplir*, et peuvent en même temps exprimer une qualité comme les adjectifs : *Une vertu* ÉPROUVÉE, ACCOMPLIE, etc.

190. — Il y a deux sortes de participes : le participe *présent* et le participe *passé*.

191. — Le participe présent exprime une *action*, et est toujours terminé par *ant*, comme *étudiant*, *obéissant*, etc. Ce participe est invariable : *Des enfants* AIMANT *l'étude ne s'ennuieront jamais.*

192. — Il ne faut pas confondre le participe présent avec l'adjectif verbal. On appelle *adjectif* *verbal* un adjectif formé d'un verbe ; tels sont : *Charmant, obligeant, caressant,* qui viennent des verbes *charmer, obliger, caresser.* Ces adjectifs sont susceptibles des deux genres et des deux nombres comme les autres adjectifs, parce qu'ils expriment *l'état* ou la *qualité* des personnes et des choses : *Des enfants* CHARMANTS; *des personnes* OBLIGEANTES; *des gestes* PARLANTS; *des plantes* GRIMPANTES, etc.

193. — 2° Le participe passé a diverses terminaisons, comme *estimé, fini, perdu, souffert, appris, peint, clos,* etc. Ce participe quand il n'est pas accompagné du verbe AVOIR, ne diffère en rien de l'adjectif, et s'accorde en genre et en nombre avec le mot auquel il se rapporte : *Un ouvrage bien* ÉCRIT, *des ouvrages bien* ÉCRITS; *une proposition* AGRÉÉE, *des propositions* AGRÉÉES.

Que de palais DÉTRUITS ! *que de trônes* RENVERSÉS !
Que de lauriers FLÉTRIS ! *que de sceptres* BRISÉS !
(L. Rac.)

L'innocence et la vertu sont souvent OPPRIMÉES.

Depuis dix-huit cents ans la papauté, l'épiscopat, le sacerdoce chrétiens, sont OBÉIS *et* VÉNÉRÉS *de la plus grande réunion d'hommes qui soit ici-bas.* (P. Lacordaire.)

Dans ces exemples, pour trouver le rapport du participe, il suffit de faire la question *qu'est ce qui* avant le verbe *être. Qu'est-ce qui* est bien écrit? — *Un ouvrage* ou *des ouvrages. — Qu'est ce qui est* bien agréé? — *Une proposition* ou *des propositions,* etc.

194. — OBSERV. — *Vous* employé pour *tu* veut le participe au singulier : *Monsieur, pourquoi n'êtes-vous pas* VENU *plus tôt? Madame, vous êtes* ARRIVÉE *trop tard.*

CHAPITRE VII.

DE L'ADVERBE.

195. — L'*adverbe* est un mot invariable qui se joint au verbe, à l'adjectif, ou à un autre adverbe, et qui les modifie de diverses manières : *Hâtez-vous* LENTEMENT ; *il est* FORT *aimable ; il agit* BIEN *prudemment.* — *Lentement* modifie HATER, *fort* modifie AIMABLE, *bien* modifie PRUDEMMENT.

196. — Certains adjectifs sont employés accidentellement comme adverbes quand ils modifient les verbes, et alors ils restent invariables : *Ces fleurs sentent* BON ; *ils parlent* HAUT ; *elle s'arrêta tout* COURT. Quand on dit : *Il prit ses mesures* JUSTE (c.-à-d. justement), le mot *juste* est adverbe, mais il est adjectif dans cette phrase : *Il prit des mesures justes* (c.-à-d. exactes). La même différence existe entre ces deux phrases : *Ces marchandises se vendent* CHER (c.-à-d. chèrement), et *ces marchandises sont* CHÈRES. (Après le verbe *être* l'adjectif ne peut être pris adverbialement.)

197. — **Liste des principaux adverbes.**

Ailleurs.	Davantage.	Jadis.	Presque.
Ainsi.	Dedans.	Jamais.	Proche.
Alentour.	Dehors.	Là.	Puis.
Alors.	Déjà.	Loin.	Quand.
Assez.	Demain.	Longtemps.	Quasi.
Aujourd'hui.	Désormais.	Lors.	Que (*combien*).
Auparavant.	Dessous.	Maintenant.	Quelquefois.
Aussi.	Dessus.	Mal.	Soudain.
Aussitôt.	Dorénavant.	Mieux.	Souvent.
Autant.	Encore.	Moins	Surtout.
Autrefois.	Enfin.	Naguère.	Tant.
Beaucoup.	Ensemble.	Ne.	Tantôt.
Bien.	Ensuite.	Néanmoins.	Tard.
Bientôt.	Environ.	Où.	Tôt.
Çà (*ici*).	Exprès.	Parfois.	Toujours.
Céans.	Fort.	Partout.	Toutefois.
Cependant.	Gratis.	Peu.	Très.
Certes.	Guère.	Pis.	Trop.
Combien.	Hier.	Plus.	Vite.
Comme.	Ici.	Plutôt.	Volontiers.
Comment.	Incognito.	Pourtant.	Y (*là*).

198. — On peut ajouter à cette liste les adverbes en *ment*, tels que : *Notamment, nuitamment, incessamment, instamment, précipitamment, sciemment*, etc., et tous ceux qui dérivent d'un adjectif, comme SAGEMENT de *sage*, POLIMENT de *poli*, INGÉNUMENT d'*ingénu*, etc.

Locutions adverbiales.

199. — On appelle *locution adverbiale* une réunion de mots faisant office d'adverbe : *Il a fait sa fortune* PETIT A PETIT ; *vous parlez* A TORT ET A TRAVERS ; *ils étudient* A L'ENVI (avec émulation), etc.

200. — Les principales locutions adverbiales sont :

A bras-le-corps.	Avant-hier.	D'ici.	Par conséquent
A compte.	Çà et là.	D'ordinaire.	Par hasard.
A jamais.	Ci-contre.	D'où.	Pas à pas.
A la fois.	Ci-dessous.	Du moins.	Petit à petit.
A l'envi.	Ci-dessus.	Du reste.	Peu à peu.
A part.	D'abord.	En avant.	Sans cesse.
A plomb.	D'accord.	En général.	Sur-le-champ.
Après-demain.	D'ailleurs.	En sus.	Tête à tête.
A présent.	D'emblée.	En vain.	Tour à tour.
A propos.	De çà.	Jusque-là.	Tout à coup.
A témoin.	De là.	Là-dedans.	Tout à la fois.
Au contraire.	De même.	Ne.. pas, point.	Tout à fait.
Au moins.	De plus.	Ne.. que.	Tout à l'heure.
Au reste.	De suite.	Non-seulement.	Tout de suite.
Au surplus.	Dès lors.	Nulle part.	Un jour.

CHAPITRE VIII.

DE LA PRÉPOSITION.

201. — La *préposition* est un mot invariable qui sert à marquer les rapports que les mots ont entre eux ; tels sont : *A, de, sur, dans, vers, pour, avec*, etc. Elle est nécessairement suivie d'un mot qui en complète l'idée, comme : *Écrire* A *son ami ; marcher* SUR *le gazon ; se promener* DANS *un jardin*, etc.

202. — La préposition est le signe ordinaire du complément indirect. Ainsi dans les exemples précédents les mots *ami*, *gazon*, et *jardin*, sont les compléments indirects des verbes *écrire*, *marcher*, *se promener*.

203. — Liste des principales prépositions.

A.	Derrière.	Jusque.	Sans.
Après.	Dès.	Malgré.	Sauf.
Attenant.	Devant.	Moyennant.	Selon.
Attendu.	Durant.	Nonobstant.	Sous.
Avant.	En.	Outre.	Suivant.
Avec.	Entre.	Par.	Sur.
Chez.	Envers.	Parmi.	Touchant.
Contre.	Excepté.	Pendant.	Vers.
Dans.	Hormis.	Pour.	Voici.
De.	Hors.	Près.	Voilà.
Depuis.	Joignant.	Proche.	

Locutions prépositives.

204 — On appelle *locution prépositive* une réunion de mots faisant office de préposition : *La terre est petite* A L'ÉGARD DU *soleil* ; *je me plaçai* VIS-A-VIS DE *lui* ; *il se jeta* AU MILIEU DES *ennemis*, etc.

205. — Les principales locutions prépositives sont :

A cause de.	A même de.	Autour de.	Le long de.
A côté de.	A partir de.	Au travers de.	Loin de.
A couvert de.	A travers.	Avant de.	Par delà.
A dessein de.	Au delà de.	En deçà de.	Par-dessous.
A force de.	Au-dessous de.	En dedans de.	Par-dessus.
A l'abri de.	Au-dessus de.	En dehors de.	Par-devant.
A l'exception de.	Au-devant de.	En dépit de.	Par devers.
A l'égard de.	Au milieu de.	En faveur de.	Près de.
A l'instar de.	Au moyen de.	Faute de.	Proche de.
A l'insu de.	Auprès de.	Grâce à.	Quant à.
A l'opposite de.	Au prix de	Jusqu'à.	Vis-à-vis de.

CHAPITRE IX.

DE LA CONJONCTION.

206. — La *conjonction* est un mot invariable qui sert à lier entre elles les phrases ou les différentes parties d'une même phrase ; tels sont : *Et, que, car, ou, si, mais*, etc. Ex. : *Toute la nature publie* QU'*il y a un Dieu* ; *Annibal* ET *Scipion combattirent à Zama* ; *il est riche*, MAIS *avare*, etc.

207. — Liste des principales conjonctions.

Car.	Ni.	Que.
Comme.	Or.	Quoique.
Donc.	Ou (*sans accent*).	Si.
Et.	Pourquoi.	Sinon.
Lorsque.	Puisque.	Soit (*répété*).
Mais.	Quand.	

Locutions conjonctives.

208. — On appelle *locution conjonctive* une réunion de mots faisant office de conjonction ; ex. : *Je le veux* PARCE QUE *cela est juste* ; *il s'amuse* TANDIS QUE *nous travaillons* ; *les plaisirs* AINSI QUE *les peines troublent l'âme*, etc.

209. — Les principales locutions conjonctives sont :

C'est-à-dire.	Ainsi que.	Pourvu que.
C'est pourquoi.	Attendu que.	Supposé que.
En effet.	De crainte que.	Tandis que, etc., *et*
Ou bien.	De manière que.	*autres locutions*
A condition que.	De peur que.	*terminées par la*
Afin que.	Parce que.	*conjonction* QUE.

CHAPITRE X.

DE L'INTERJECTION.

210. — L'*interjection* est un mot invariable qui exprime, par lui seul et sans le secours d'aucun autre, les différents mouvements de l'âme; tels sont: *Ah! eh! oh! hélas!* etc. Ex. : AH! *que vous me faites plaisir!* HÉLAS! *que deviendrons-nous?*

211. — Les principales interjections sont :

Ah !	Ha !	Holà !
Ba !	Hé !	O !
Çà !	Hein ?	Oh !
Chut !	Hélas !	Ouais !
Eh !	Heim !	Ouf !
Fi !	Ho !	Quoi !

On peut ajouter à cette liste les interjections formées, 1° d'un substantif : *Ciel! courage! dame! Dieu! miséricorde! paix! peste! silence!* 2° d'un adjectif : *Alerte! bon! ferme!* 3° d'un verbe : *Allons! gare! plaît-il? tiens!*

Locutions interjectives.

212. — On appelle *locution interjective* une réunion de mots faisant office d'interjection. Ex. : EH BIEN, *ne vous l'avais-je pas dit?* HÉ BIEN! *travaillez donc.* JUSTE CIEL! *qu'entends-je?*

213. — Les principales locutions interjectives sont :

Bah ! bah !	Grand Dieu !	Juste ciel !
Fi donc !	Ha ! ha !	Oui da !
Eh bien !	Hé bien !	Or çà !
Eh quoi !	Ho ! ho !	Quoi donc !

CHAPITRE XI.

EMPLOI DES SIGNES ORTHOGRAPHIQUES.

Des Accents.

214. — L'ACCENT AIGU se met sur les *é* fermés quand ils terminent la syllabe. Ainsi dans le mot *effréné,* qui renferme trois *é* fermés, on ne met pas l'accent aigu sur le premier, parce qu'il ne termine pas la syllabe : *Ef fré né.* Dans le mot *déshérité* il faut un accent aigu sur la syllabe *dé* parce qu'il se

décompose ainsi : *Dé shé ri té*. Cependant l'*s* finale n'empêche pas l'emploi de l'accent aigu: *Des bontés, des vérités*, parce qu'au singulier on écrit avec l'accent : La *bonté*, la *vérité*.

215. — L'ACCENT GRAVE se met sur les *é* ouverts quand ils terminent la syllabe. Ainsi l'on met un accent grave dans je *mène*, et l'on n'en met pas dans que je *prenne* ; on en met dans *modèle*, et l'on n'en met pas dans il *appelle*. Cependant l'*s* finale n'empêche pas l'emploi de l'accent : il en faut dans *succès, procès, progrès*.

216. — Avant une syllabe muette on fait généralement usage de l'accent grave, comme dans *père, mère, frère, pèlerin, règlement*, etc. (1). Cependant on écrit avec l'accent aigu : 1º les substantifs en *ége* : *Collége, cortége, piége, privilége*, etc. ; 2º les verbes en *éger* : *J'abrége*, tu *assiéges*, il *protége*, etc.; 3º les expressions interrogatives ou exclamatives : *aimé-je, eussé-je, dussé-je, puissé-je*, etc.

217. — L'Académie écrit aussi avec l'accent aigu les mots suivants : *Avénement, événement, complétement, déréglement, desséchement, empiétement, féverole, orfévre, médecin, pécheresse, sécheresse, séve*, etc.

218. — OBSERV. — L'*e* suivi d'un *y* ne prend pas d'accent parce qu'après une voyelle l'*y* équivaut à deux *i* : *Je grasseye*, je *m'asseyerai*. Pour la même raison, l'*e* suivi d'un *x* ne prend pas non plus d'accent : *Existence, excellent, circonflexe*. (L'*x* équivaut à *gz*-ou à *ks* : *eg-zistence, ek-sellent*.)

219. — L'ACCENT CIRCONFLEXE se met sur les voyelles très-ouvertes, comme dans *tête, âge, épître;* il annonce presque toujours une suppression de

___

(1) La dernière syllabe est muette dans *zèle, manière, gangrène*, mais elle est fermée dans *zélé, maniéré, gangréné*.

lettre : ces mots s'écrivaient autrefois, *teste, aage, épistre.*

220. — D'après l'Académie la plupart des mots en *ème* prennent un accent grave : *Anathème, blasphème, crème, problème, système,* etc.—*Dixième, vingtième, trentième, centième, millième,* etc., excepté les trois substantifs *baptême, carême, chrême* (huile sainte), et les quatre adjectifs *blême, extrême, même, suprême.*

OBSERVATIONS :

221. — L'accent *grave* et l'accent *circonflexe* s'emploient quelquefois comme signes distinctifs.

222. — L'accent grave se place :

1° Sur *à* et *dès* quand ils sont prépositions, et sur la locution conjonctive *dès que.*

Quiconque ne voit guère n'a guère à dire aussi. (La Font.)
Il est parti DÈS *la pointe du jour.*

2° Sur *où* et *là* quand ils sont adverbes : Où *la vertu finit,* là *commence le vice* (1).

3° Sur *çà* adverbe et interjection, pour le distinguer de *ça* pronom, mis pour *cela. Venez* çà. *On voyait* çà *et là des broussailles de roses.* (J.-J. Rouss.) Çà *répondez-moi franchement.*

On met aussi un accent grave sur *decà, déjà, delà, holà, voilà, celui-là, ceux-là,* etc.

223. — L'accent circonflexe se place :

1° Sur *mûr* adj., pour le distinguer de *mur,* subst.

2° Sur l'adjectif *sûr* (certain), pour le distinguer de *sur* (aigre) et de la préposition *sur.*

---

(1) Quand on dit : *Il faut vaincre* ou *mourir*, le mot *ou* ne prend pas d'accent parce qu'on peut le tourner par *ou bien.* C'est alors une conjonction. — *La* est article quand il précède le substantif, et il est pronom quand il est joint à un verbe.

2

224. — Dans plusieurs mots l'accent circonflexe sert en même temps à indiquer la prononciation et à empêcher que ces mots ne soient confondus avec d'autres. Ainsi, par la seule prononciation, on distingue :

Châsse (coffre où l'on met les reliques) de *chasse* (action de chasser).

Bâilleur (celui qui bâille) de *bailleur* (qui donne des fonds, terme de jurisprudence).

Forêt (grand bois) de *foret* (instrument pour percer).

Jeûne (action de jeûner) de *jeune* (non avancé en âge).

Le *nôtre*, le *vôtre* (pronoms possessifs), de *notre*, *votre*, (adjectifs possessifs).

Tâche (besogne) de *tache* (souillure).

Grâce, *disgrâce*, *côte*, prennent un accent circonflexe; mais on n'en met pas dans leurs dérivés *gracieux*, *disgracieux*, *coteau*. (Acad.)

225. — *Remarque*. — L'Académie met un accent circonflexe sur *dû*, *redû*, *crû*, *recrû*, et *mû*, participes des verbes *devoir*, *redevoir*, *croître*, *recroître*, et *mouvoir*, mais au *masculin singulier* seulement. — Quelques grammairiens en mettent aussi sur *tû*, participe du verbe *taire*.

DE L'APOSTROPHE.

226. — On emploie l'apostrophe :

1° Avec les monosyllabes *le*, *la*, *je*, *me*, *te*, *se*, *ce*, *que*, *ne*, *de*, quand le mot avant lequel ils sont placés commence par une voyelle ou par une *h* muette. Ainsi l'on écrit : *L'air*, *l'histoire*, *j'étudie*, *c'est lui*, *qu'elle vienne* (1), pour *le* air, *la* histoire,

(1) Il ne faut pas confondre quelle, adjectif féminin, avec que, adverbe ou pronom relatif, joint au pronom *elle*. Le premier s'écrit sans apostrophe, exemple : QUELLE *est la puissance du Seigneur!* Et le second avec une apostrophe : Qu'*elle est grande la puissance du Seigneur!* *Que*, dans le dernier exemple, est mis pour *combien*.

je étudie, etc., qui offriraient des sons trop durs à l'oreille.

227. — L'élision n'a pas lieu avant les mots *oui, onze, onzième, ouate* (prononcez *ouète*), *yata-gan, yacht, yole.* On prononce avec aspiration *le* oui, *le* onze, *le* onzième, *la* ouate, un coup *de* yata-gan (poignard turc), *le* yacht (sorte de bâtiment à voiles et à rames), *la* yole (canot léger).

228. — 2° Dans *si* on n'emploie l'apostrophe qu'avant *il, ils : S'il* arrive, *s'ils* y vont.

229. — 3° On emploie aussi l'apostrophe avec *quoique, puisque, lorsque*, mais seulement avant *il, elle, on, un, une :* QUOIQU'*il vienne,* PUISQU'*elle arrive,* LORSQU'*on parle.*

230. — 4° *Quelqu'un* ne perd l'*e* qu'avant *un, une,* avec lesquels il forme un mot composé. C'est pour cette raison qu'on écrit avec un trait d'union au pluriel : *Quelques-uns, quelques-unes.* On écrira donc sans apostrophe : QUELQUE *exercé qu'il soit; adressez-vous à* QUELQUE *autre.* (Acad.)

231. — 5° *Entre* ne prend l'apostrophe que dans les mots composés, comme *entr'acte, s'entr'aider, s'entr'égorger, entr'ouvrir*, etc. (1). Il n'en faut pas dans *entre eux, entre elles, entre autres, entre amis.*

232. — 6° *Presque* ne perd l'*e* que dans *pres-qu'île.*

233. — *Jusque* prend l'apostrophe avant une voyelle : *Jusqu'alors, jusqu'ici.* On l'écrit quelque-

(1) *Entre* joint à un verbe qui commence par une con-sonne prend un trait d'union : *Entre-bâiller, s'entre-cho-quer, s'entre-détruire, s'entre-nuire,* etc. De même on écrit : Un *entre-colonne,* un *entre-côte,* un *entre-deux,* un *entre-ligne,* un *entre-sol,* etc. Mais il ne faut pas de trait d'union dans : *Entrecouper, entrelacer, entrelarder, entremêler, s'en-tremettre, entreposer, entreprendre, entretenir, entrevoir.*— *Entrelacs, entremets, entrepôt, entrevue,* etc.

fois avec une *s*, mais seulement avant une voyelle : JUSQUES *à quand*, JUSQUES *à Rome*. On dit indifférem-ment *jusqu'à aujourd'hui* ou *jusqu'aujourd'hui*, mais on dit *jusqu'à hier*, et non *jusqu'hier*.

234. — 8° *Contre* ne perd jamais l'*e* : *Contre-ami-ral*, *contre appel*, *contre-ordre*.

235. — 9° On fait aussi usage de l'apostrophe avec le mot *grande* dans les expressions suivantes : *Grand'mère*, *grand'tante*, *grand'chose*, *grand'peine*, *grand'faim*, *grand'soif*, *grand'chère*, *grand'pitié*, *grand'peur*, etc. (1).

236. — OBSERV. — L'élision n'a plus lieu avec le mot *grande* lorsqu'il est précédé d'un article ou d'un adjectif : *Vous m'avez fait une* GRANDE *peine*, *une* GRANDE *peur*, etc ; excepté dans *grand'mère* et *grand'tante* : *Ma* GRAND'*mère*, *sa* GRAND'*tante*. On dit indifféremment *la* GRAND'*messe* et *la* GRANDE *messe*, *la* GRAND' *route* et *la* GRANDE *route*.

DU TRAIT D'UNION.

237. — On fait usage du trait d'union :

1° Avec les SUBSTANTIFS COMPOSÉS : *Bien-être*, *Charles-Quint*, *Bas-Empire*, *États-Unis*, *Maine-et-Loire*, *nord-est*, *sud-ouest*, etc.

2° Avec les ADJECTIFS COMPOSÉS : *Bien-aimé*, *clair-semé*, *nouveau-né*, *tout-puissant*, *court-vêtu* (2).

---

(1) L'Académie écrit avec un trait d'union : GRAND-CROIX *de la Légion-d'Honneur*.

(2) On met un trait d'union dans *bien-aimé*, *clair-semé*, etc., parce que le premier mot est adverbe ou pris adverbialement. Pour la raison contraire, il n'en faut pas dans *vert brun*, *bleu foncé*, *rose tendre*, *châtain clair*, etc. Le premier mot est pris substantivement : *d'un vert brun*, *d'un bleu foncé*, etc.

238. — 3º Les adjectifs *beau, grand, petit,* etc., se joignent au mot snivant par un trait d'union quand ils sont détournés de leur signification ordinaire : *Beau-père, belle-mère; grand-père, grand-oncle; petit-fils, petite-fille,* etc. Il en est de même du participe *né* dans les expressions suivantes et leurs analogues : *Il est le* PROTECTEUR-NÉ *des sciences et des arts.* (Acad.) *Il est l'*ENNEMI-NÉ *des talents.* (Id.)

239. — 4º Avec NU et DEMI quand ils précèdent le substantif : *Nu-tête, demi-heure,*

240. — 5º Avec l'adjectif MÊME précédé d'un pronom personnel : *Moi-même, toi-même, soi-même,* etc.

241. — 6º Avec les LOCUTIONS NUMÉRALES : *Dix-huit, quarante-cinq, quatre-vingt-dix,* etc., excepté avec *cent, mil, mille,* qui, d'après l'Académie, ne doivent jamais être précédés ni suivis du trait d'union. On écrira donc : *L'an mil huit cent quarante-neuf,* mettant seulement un trait d'union entre *quarante* et *neuf.* La conjonction *et* empêche aussi l'emploi du trait d'union : *Vingt et un, trente et un, quarante et un,* etc.

242. — OBSERV. — L'Académie écrit sans trait d'union : *Alexandre le Grand, Pépin le Bref, Louis le Gros,* etc., parce que ce ne sont pas des substantifs composés.

243. — 7º On emploie le trait d'union avec les PRONOMS PERSONNELS quand ils sont placés après le verbe auquel ils se rapportent soit comme sujets, soit comme compléments : *Irai-je, laissez-moi, dit-il, écoutez-le, donnez-en, pensez y.* Il en est de même du pronom démonstratif *ce* quand il est placé après le verbe dont il est le sujet : *Est-ce lui, sera-ce eux?*

S'il y a deux pronoms, tous les deux compléments du verbe, on emploie deux traits d'union : *Rends-le-lui, accordez-la-leur.*

244. — OBSERV. — Il ne faut pas de trait d'union dans les phrases analogues à celle-ci : *Allons* NOUS *promener, envoyez* LE *chercher*, parce que les pronoms *nous* et *le* sont compléments du second verbe, et non du premier. On écrira donc avec un trait d'union : *Envoyez-LE chercher son frère*, et sans trait d'union : *Envoyez* LE *chercher par son frère*.

245. — 8° Avec le *t* euphonique on doit toujours faire usage de deux traits d'union : *Etudie-t-il, finira-t-elle ? parle-t-on ?* Il ne faut pas confondre le *t* euphonique avec *t'* pronom. *T* n'est pas euphonique dans les phrases suivantes : *Va-t'en, occupe-t'en, abstiens-t'en*, dont le pluriel est : *Allez-vous-en, occupez-vous-en*, etc. (T n'est euphonique qu'avant *il, elle, on*.)

246. — 9° Avec les LOCUTIONS ADVERBIALES : *Peut-être, ici-bas, non-seulement, pêle-mêle, au-dessus, au-dessous, par-dessus, par-dessous, sur-le-champ, vis-à-vis, à bras-le-corps*, etc., et dans la locution conjonctive *c'est-à-dire*.

247. — OBSERV. — L'adverbe *très*, qui est nécessairement suivi d'un adjectif ou d'un autre adverbe, prend toujours un trait d'union : *Très-bon, très-appliqué, très-bien* (1).

248. — 10° Les prépositions *contre, outre, sous, entre*, se joignent souvent par un trait d'union aux substantifs et aux verbes : *Contre-ordre, contre-signer; outre-passer; sous-maître, sous-louer; entre-sol, s'entre-détruire*, etc. (Voyez la note de la p. 51).

249. — 11° Les trois MONOSYLLABES *ci, là, ex*, sont ordinairement accompagnés d'un trait d'union :

---

(1) On ne doit pas dire : *J'ai très-*FAIM*, très-*SOIF*, très-*CHAUD, parce que ces mots sont des substantifs. Au contraire on dira bien : *J'ai très-*GRAND*'faim, très-*GRAND*'soif, très-*GRAND *chaud*, parce que *très* est suivi d'un adjectif.

CI-*dessus*, CI-*dessous*, *cet homme*-CI, *cette femme*-CI. Là-*dessus*, là-*dessous*, *ces gens*-là, *celui*-là. — Ex-*député*, EX-*ministre*.

250. — OBSERV.— *Là* ne prend pas de trait d'union dans ces locutions : *Que dites-vous* là ? *Est-ce* là *ce que vous m'aviez promis ? Là* n'est alors qu'un mot rédondant. Il ne faut pas non plus de trait d'union dans ces deux expressions empruntées du latin : *Parler* EX *abrupto*, (sans préparation); *il en parle* EX-*professo* (c'est-à-dire avec connaissance de cause).

CHAPITRE XII.

DE LA MAJUSCULE.

251. — La *majuscule* ou *lettre capitale* s'emploie pour commencer le premier mot d'une phrase, d'un vers, d'une citation. Exemple :

Cicéron nous l'a dit : « Les jours de la vieillesse Empruntent leur bonheur d'une sage jeunesse. » (St-Lamb.)

252. — On emploie aussi la majuscule :

1° Dans les mots dont on se sert pour désigner le vrai DIEU (1) : L'*Éternel*, le *Créateur*, le *Seigneur*, le *Tout-Puissant*, le *Très-Haut*, la *Divinité*, le *Verbe*, la *Providence*, l'*Être* souverain, etc.

253. — 2° Dans les noms propres de famille, de contrées, de royaumes, de fleuves, de montagnes, etc. : *Virgile*, l'*Europe*, la *France*, la *Seine*, les *Alpes*, etc. — *Océan*, pris dans un sens général, et le mot *État*, désignant une nation, prennent aussi la majuscule.

254. — 3° Dans les noms de peuples : L'*Européen*, le *Français*, le *Parisien*, et au pluriel : Les *Européens*, les *Français*, les *Parisiens*, etc. Mais on

_____

(1) Le mot *dieu* désignant une divinité du paganisme, ne prend pas la majuscule.

écrit sans majuscule : Les nations *européennes*,
l'armée *française*, l'air *parisien*, parce que ces mots
sont adjectifs.

Cependant, quand l'adjectif n'est pas accompagné d'un substantif, il prend la majuscule : Je suis
Français, vous êtes *Anglais*, il est *Italien*. L'adjectif
prend encore la majuscule quand il est précédé de
l'article et joint à un nom propre: le *Génois* Christophe Colomb, le *Florentin* Améric Vespuce, l'*Anglais* James Watt.

Il la prend aussi quand il sert de mot distinctif :
L'océan *Pacifique*, la mer *Noire*, la mer *Rouge*, Pépin le *Bref*, Louis le *Grand*, les jeux *Olympiques*,
les jeux *Pythiens*, etc.

255. — 4° Les mots *Nord*, *Midi*, *Ouest*, *Orient*, etc.,
ne prennent une majuscule que quand ils désignent une contrée en général. On écrira donc : *Cet
homme est du* Nord, *les contrées de l'*Ouest, *les peuples d'*Orient, et avec une petite lettre : Cet homme
est du *nord* de la France, le vent est à l'*ouest*,
l'*orient* d'une carte de géographie, parce que ces
mots ne sont pas pris dans leur acception générale.

256. — 5° Il faut encore une capitale dans les
mots suivants et leurs analogues: 1° Dans les noms
de fêtes : *Noël*, *Pâques*, la *Pentecôte*, la *Tous-
saint*, etc.; 2° dans le mot *Saint* quand il désigne
un lieu, un édifice, ou un nom propre: L'église
Saint Pierre, la ville de *Saint*-Jean-d'Acre, Bernardin de *Saint*-Pierre. Mais on écrit sans majuscule
et sans trait d'union : l'apôtre *saint* Pierre, parce
que le mot *saint* n'est plus employé que comme
qualification. On en met: 3° dans les mots *Église*,
Évangile, pris dans le sens général ; mais il n'en
faut pas quand le sens est restreint : L'*église* Saint-
Roch, l'*évangile* de la Passion. Le mot *écriture* prend

une majuscule quand il désigne l'*Écriture* sainte.

257. — 6° Dans les noms de choses personnifiées : La *Fable*, la *Renommée*, la *Folie*, l'*Envie*, la *Justice*, le *Temps*, etc. — Dans le sens mythologique on écrit aussi avec une majuscule : Les *Parques*, les *Furies*, les *Euménides*, les *Grâces*, les *Ris*, les *Jeux*, etc.

258. — 7° Dans les titres d'ouvrages, de fables, d'histoires, de tragédies, etc. : La *Bible*, l'*Ancien* et le *Nouveau Testament*, le *Dictionnaire* de l'Académie, le *Renard* et le *Corbeau*. — On écrit aussi avec une majuscule : des *Pater*, des *Ave*, des *Credo*, des *Magnificat*, des *Te Deum*, des *De profundis*, etc.

OBSERVATIONS PARTICULIÈRES.

259. — L'Académie écrit sans majuscule :

1° Les noms de sectes : Les *protestants*, les *mahométans*, les *épicuriens*, les *stoïciens*, etc.

2° Les noms de langues : Le *français*, l'*anglais*, le *grec*, le *latin*, etc.

3° Les noms de sciences, d'arts, de métiers : La *géométrie*, l'*algèbre*, la *mécanique*, l'*architecture*, etc.

4° Les noms de mois, de jours : *janvier*, *février*, *mars*, etc., *lundi*, *mardi*, *mercredi*, etc.

5° Les mots *ciel*, *terre*, *univers*, *monde*, *nature*, *lune*, *soleil*, que certains grammairiens écrivent avec la majuscule. De même, les titres de dignités : *empereur*, *roi*, *pape*, *duc*, *comte*, etc., excepté, par politesse, dans les lettres : Je suis, *Monsieur le Comte*, votre très-humble, etc.

6° Les noms dérivés d'un nom propre et employés comme noms communs : Un *louis*, un *napoléon*, du *moka* (café de Moka), du *nankin* (toile de Nankin), du *guingan* (toile de Guingamp, ville de France), etc.

Fin de la première partie.

DEUXIÈME PARTIE.

Supplément à la partie élémentaire, ou additions aux chapitres précédents.

SUPPLÉMENT AU SUBSTANTIF.

§ 1. DU GENRE.

Noms employés aux deux genres.

260. — Plusieurs noms appliqués ordinairement aux hommes ne changent pas quand on les applique à des femmes ; tels sont les noms suivants : *Amateur, auteur, littérateur, professeur, successeur, traducteur, artisan, partisan, pêcheur, poëte, peintre, philosophe, témoin, etc.*

On dira donc en parlant d'une femme : *C'est* UN *auteur distingué,* UN *poëte aimable,* UN *grand amateur de littérature.* — *Artiste* peut s'employer au féminin : *C'est* UNE *jeune artiste.*

Formation du féminin.

261. — Un grand nombre de substantifs forment leur féminin, comme les adjectifs, par l'addition d'un *e* muet : Un *apprenti,* une APPRENTIE ; un *géant,* une GÉANTE ; un *nain,* une NAINE ; un *sultan,* une SULTANE ; un *conseiller,* une CONSEILLÈRE ; un *villageois,* une VILLAGEOISE, etc.

D'autres ont des terminaisons toutes différentes du masculin : *Empereur,* IMPÉRATRICE ; *roi,* REINE ; *comte,* COMTESSE ; *gouverneur,* GOUVERNANTE ; *serviteur,* SERVANTE ; *hôte,* HÔTESSE ; *nègre,* NÉGRESSE ; *devin,* DEVINERESSE (qui fait profession de prédire l'avenir), etc.

Féminin des substantifs en EUR.

262. — Les substantifs en *eur* ont, au féminin, diverses terminaisons que l'usage apprendra :

1° En *euse* : *Chasseur*, CHASSEUSE (et *chasseresse* dans le style poétique); *chanteur*, CHANTEUSE (et *cantatrice* pour désigner une femme célèbre dans l'art du chant); *devineur*, DEVINEUSE (qui a la prétention de deviner); *débiteur*, DÉBITEUSE (qui débite des nouvelles, des mensonges), etc.

2° En *ice* : *Ambassadeur*, AMBASSADRICE; *conducteur*, CONDUCTRICE; *directeur*, DIRECTRICE; *inventeur*, INVENTRICE; *spectateur*, SPECTATRICE; *calculateur*, CALCULATRICE; *débiteur*, DÉBITRICE (celui ou celle qui doit); etc.

3° En *esse* : *Enchanteur*, ENCHANTERESSE; *pécheur*, PÉCHERESSE; *vengeur*, VENGERESSE; *défendeur*, DÉFENDERESSE; *demandeur*, DEMANDERESSE (ces deux derniers sont des termes de barreau); etc.

Noms d'animaux.

263. — Beaucoup de noms employés pour désigner les animaux ont une seule terminaison et un seul genre, qui restent toujours les mêmes, que l'animal dont on parle soit mâle ou femelle. Ainsi *éléphant, mouton, léopard*, etc., sont toujours du masculin, et *autruche, gazelle, hyène*, etc., sont toujours du féminin. Presque tous les noms de poissons n'ont qu'un seul genre.

264. — Plusieurs autres noms d'animaux désignent le mâle et la femelle par des terminaisons ou même par des noms différents : Le bélier, la *brebis*; le bouc, la *chèvre*; le cerf, la *biche*; le cheval, la *jument*; le coq, la *poule*; le daim, la *daine*; le jars, l'*oie*; le lièvre, la *hase*; le loup, la *louve*; le paon, la *paonne*; le perroquet, la *perruche*; le porc, la *truie*; le sanglier, la *laie*; le singe, la *guenon*; le taureau, la *vache*; le tigre, la *tigresse*; etc.

265. — Plusieurs noms exprimant les petits des animaux sont très-différents des noms de ces animaux mêmes. Ainsi le petit de l'aigle se nomme *aiglon*, celui de la biche *faon*.

celui de la brebis *agneau*, du brochet *brocheton*, de la cane *caneton*, du cheval *poulain* ou *pouliche*, de la chèvre *chevreau*, du faisan *faisandeau*, de la laie *marcassin*, du lapin *lapereau*, du lièvre *levraut*, du lion *lionceau*, du loup *louveteau*, du paon *paonneau*, du pigeon *pigeonneau*, de la poule *poussin*, du renard *renardeau*, de la souris *souriceau*, de la vache *veau*, *taure*, ou *génisse*, etc.

Noms de villes, de montagnes.

266. — Les noms de villes sont féminins quand ils se terminent par une syllabe muette. On écrira donc : *Rome est* BATIE *près du Tibre ; Paris est* SITUÉ *sur la Seine.* — *Jérusalem, Sion, Albion, Ilion,* sont féminins, quoiqu'ils ne se terminent pas par un *e* muet.

267. — Malgré cette règle, on dira : TOUT *Rome se souleva*, et non pas *toute* Rome. Il y a ici une sorte de personnification ; c'est comme si l'on disait : *Tout le peuple de Rome.* Cependant au lieu de *tout* on dirait *toute* si le nom de ville était précédé d'un adjectif féminin : TOUTE LA SUPERBE *Rome*, TOUTE LA SAVANTE *Athènes.*

268. — La même règle s'applique aux noms de montagnes. Ainsi les *Alpes*, les *Pyrénées*, les *Cévennes*, les *Vosges*, les *Cordilières*, sont du genre féminin, tandis que les *Apennins*, les *Karpaths*, les *Ourals*, etc., sont du genre masculin.

§ II. DU NOMBRE.

Pluriel des substantifs en OU, en AL, et en AIL.

269. — 1° Les substantifs en *ou* prennent généralement une *s* : Un *verrou*, des VERROUS ; un *sapajou*, des SAPAJOUS, un *écrou*, des ÉCROUS, etc.

Cependant les sept noms suivants : *Bijou, caillou, chou, genou, hibou, joujou,* et *pou*, forment leur pluriel par l'addition d'un *x* ; Des BIJOUX, des CAILLOUX, des CHOUX, etc.

270. — 2° Les substantifs en *al* changent au pluriel *al* en *aux* : Un *métal*, des MÉTAUX ; un *minéral*, des MINÉRAUX. Cependant *bal*, *cal* (durillon), *carnaval*, *régal*, font au pluriel BALS, CALS, CARNAVALS, RÉGALS.

Il en est de même de quelques autres mots en *al* peu usités, tels que *aval* (pente d'une rivière), *chacal* (chien sauvage), *narval* (sorte de dauphin), *nopal* (plante), *pal* (sorte de pieu), *serval* (chat d'Amérique), etc.

271. — 3° Les substantifs en *ail* prennent généralement une *s* au pluriel : Un *détail*, des DÉTAILS ; un *éventail*, des ÉVENTAILS ; etc. Cependant les six mots suivants : *Bail*, *corail*, *émail*, *soupirail*, *travail*, *vantail*, changent au pluriel *ail* en *aux* : Un *bail*, des BAUX ; du *corail*, des CORAUX ; de *l'émail*, des ÉMAUX, etc.

272. — Remarque. — *Bestiaux* n'a pas de singulier. *Bétail*, qui a la même signification que *bestiaux*, n'a pas de pluriel. — *Vitraux*, selon l'Acad., n'a pas non plus de pluriel ; cependant quelques grammairiens disent *un vitrail*.

Substantifs qui ont un double pluriel.

Aïeul, ail, ciel, œil, travail.

273. — AÏEUL fait au pluriel *aïeuls*, pour désigner le grand-père paternel et le grand-père maternel : *Il a le bonheur de posséder encore ses* AÏEULS. De là dérivent *bisaïeul* et *trisaïeul*.

Dans le sens d'ancêtres on dit *aïeux* sans singulier : *Il se glorifie d'une illustre suite* d'AÏEUX.

274. — AIL fait au pluriel *aulx*. Les botanistes disent des *ails*.

275. — CIEL fait *cieux* dans son acception générale : *Les* CIEUX *annoncent la gloire de Dieu*.

Dans le sens de température on dit aussi *cieux*, selon l'Académie.

Quand il s'agit de la partie supérieure d'un tableau, d'une carrière, d'un lit, on dit des *ciels* au pluriel.

276. — ŒIL pour désigner l'organe de la vue fait

au pluriel *yeux*. On dit aussi au figuré les *yeux* du bouillon, du pain, du fromage (Acad). Cependant, pour éviter une équivoque, on dit : *Des* OEILS *de bœuf* (petites fenêtres rondes), *des* OEILS *de perdrix* (terme de broderie).

En termes d'art, de botanique, de minéralogie, on dit aussi des *œils*.

277. — TRAVAIL, dans son acception commune, fait au pluriel *travaux*.

Quand on l'emploie pour désigner soit les rapports d'un administrateur ou d'un commis, soit des machines pour ferrer des chevaux vicieux, il fait *travails*.

Collectifs.

278. — Outre les noms propres et les noms communs, on distingue encore des noms que l'on appelle *collectifs*. Ce sont des mots qui, même au singulier, présentent à l'esprit l'idée de plusieurs objets; tels sont : *Troupe, foule, multitude, quantité, armée, flotte, etc.*

La TOTALITÉ *des perfections de Dieu m'accable.* (Acad.)
Une TROUPE *de nymphes couronnées de fleurs nageaient en foule derrière le char.* (Fénélon.)

SUPPLÉMENT A L'ADJECTIF QUALIFICATIF.

279. — L'adjectif qualificatif est un mot qui sert à désigner non-seulement la qualité, mais encore la couleur, la forme, la dimension des objets : *Un enfant* SAGE, *un drap* ROUGE, *une table* RONDE, *un* GROS *arbre, un fruit* OVALE.

Adjectif pris substantivement, et substantif pris adjectivement.

280. — Un adjectif est pris substantivement quand

il désigne une personne ou un objet : Le *sage* pour l'homme sage, *l'utile* pour l'objet utile, etc.

> *Nous faisons cas du* BEAU, *nous méprisons* L'UTILE,
>   *Et le* BEAU *souvent nous détruit.* (La Fontaine.)
> *Rien n'est beau que le* VRAI, *le* VRAI *seul est aimable.* (Boil.)

Dans les phrases suivantes le même mot est employé comme substantif et comme adjectif :

> *Un* SOT *savant est* SOT *plus qu'un* SOT *ignorant.* (Mol.)
> *Les vieux* FOUS *sont plus* FOUS *que les jeunes.* (La Rochef.)

281. — Un substantif est pris adjectivement quand il est ajouté à un autre substantif pour le qualifier :

> *Il* (Henri IV) *fut de ses sujet le* VAINQUEUR *et le* PÈRE. (Volt.)
> *Il* (Henri III) *devint lâche* ROI *d'intrépide guerrier.* (Id.)

Formation du féminin.

282. — Pour former le féminin dans les adjectifs on ajoute un *e* au masculin : *Un drap* BLEU, *une étoffe* BLEUE; *un diamant* BRUT, *une nature* BRUTE; *de l'or* MAT, *de la vaisselle* MATE; *un conte* MORAL, *une histoire* MORALE.

283. — 1ᵉ *Exception.* — Les adjectifs terminés par *el, eil, en, on*, doublent la consonne au féminin : *Solennel*, SOLENNELLE; *pareil*, PAREILLE; *païen*, PAÏENNE; *bon*, BONNE, etc. Ceux qui se terminent par *et* suivent la même règle, comme *sujet*, SUJETTE; *muet*, MUETTE; etc., excepté les sept adjectifs suivants et leurs dérivés : *Complet, concret, discret, inquiet, replet, secret, suret* (un peu aigre), qui font au féminin *complète, concrète, discrète, inquiète, replète, secrète, surète.*

284. — *Remarque.* — Il faut ajouter à cette exception les adjectifs suivants : *Bas*, BASSE; *las*, LASSE; *gras*, GRASSE, *profès*, PROFESSE; *exprès*, EXPRESSE; *épais*, ÉPAISSE; *gros*, GROSSE; *nul*, NULLE; *gentil*, GENTILLE. — Les adjectifs en *ot* suivent la règle générale : *Dévot*, DÉVOTE; *manchot*, MANCHOTE, *idiot*, IDIOTE, etc. excepté *bellot, pâlot, sot, vieillot*, qui font au féminin BELLOTTE, PALOTTE, SOTTE,

VIEILLOTTE. — Les adjectifs en *an* ne doublent jamais la consonne : *Anglican*, ANGLICANE ; *ottoman*, OTTOMANE ; *persan*, PERSANE, etc. *Paysan*, dont le féminin est PAYSANNE, est un substantif.

285. — *2ᵉ Exception.* — Les adjectifs en *eur* ont généralement le féminin en *euse : Boudeur*, BOUDEUSE ; *flatteur*, FLATTEUSE ; *menteur*, MENTEUSE ; etc.

286. — *1ʳᵉ Remarque.* — Les quatre adjectifs suivants ont le féminin en *trice : Imitateur*, IMITATRICE ; *inspirateur*, INSPIRATRICE ; *moteur*, MOTRICE ; *producteur*, PRODUCTRICE. Les autres mots en *teur*, comme acteur, *actrice*; directeur, *directrice*; inspecteur, *inspectrice*; etc., sont de véritables substantifs.

287. — *IIᵉ Remarque.* — Les substantifs en *eur*, comme *vengeur*, VENGERESSE ; *enchanteur*, ENCHANTERESSE ; *conducteur*, CONDUCTRICE; etc., s'emploient souvent comme adjectifs : *Un Dieu* VENGEUR, *la foudre* VENGERESSE ; *un regard* ENCHANTEUR, *une musique* ENCHANTERESSE ; *un fil* CONDUCTEUR, *une substance* CONDUCTRICE *de l'électricité.* (Acad.) De même on dit adjectivement : *Une femme* AUTEUR, LITTÉRATEUR, TRADUCTEUR, AMATEUR *des beaux-arts*, etc.

288 — *IIIᵉ Remarque.* — Les adjectifs en *érieur* forment leur féminin suivant la règle générale : *Antérieur*, ANTÉRIEURE ; *extérieur*, EXTÉRIEURE ; *supérieur*, SUPÉRIEURE, etc. Il en est de même des trois adjectifs *majeur*, *mineur, meilleur.*

289. — *3ᵉ Exception.* — *Jumeau, beau, nouveau, fou, et mou.* font au féminin *jumelle, belle, nouvelle, folle, molle.*

Les quatre derniers font encore au masculin *bel, nouvel, fol, mol;* mais seulement avant un substantif qui commence par une voyelle ou par une *h* muette : *Un* BEL *hôtel, un* NOUVEL *habit, un* FOL *espoir, un* MOL *édredon.*

290. — *Vieux* fait au féminin *vieille.* Avant une voyelle ou une *h* muette on dit *vieux* ou *vieil* au masculin : *Un* VIEUX *arbre ou un* VIEIL *arbre; un* VIEUX *homme ou un* VIEIL *homme.*

291. — 4ᵉ *Exception.* — Les adjectifs suivants forment leur féminin irrégulièrement : 1° *Absous*, ABSOUTE ; *dissous*, DISSOUTE. — 2° *Bénin*, BÉNIGNE ; *malin*, MALIGNE. — 3° *Coi*, COITE ; *favori*, FAVORITE. — 4° *Blanc, franc, sec, frais, tiers*, qui font BLANCHE, FRANCHE, SÈCHE, FRAICHE, TIERCE. — 5° *Ammoniac, caduc, public, turc, grec*, qui font AMMONIAQUE, CADUQUE, PUBLIQUE, TURQUE, GRECQUE. Ce dernier conserve le *c* au féminin par raison de prononciation. — 6° *Faux, roux, doux, préfix*, font FAUSSE, ROUSSE, DOUCE, PRÉFIXE.

292. — OBSERV. — *Châtain, dispos, fat*, et *hébreu* pris adjectivement, n'ont pas de féminin.

L'adjectif *hébraïque*, qui a la même signification que *hébreu*, s'emploie aux deux genres : *Les caractères* HÉBRAÏQUES, *la langue* HÉBRAÏQUE.

Muscat, nacarat, violat, et *paillet*, ne s'emploient qu'avec des substantifs masculins : *Du raisin* MUSCAT (parfumé) ; *un ruban* NACARAT (d'un rouge clair) ; *du sirop* VIOLAT (fait avec des violettes) ; *du vin* PAILLET (peu chargé de couleur). — *Rosat* peut s'employer avec les deux genres, mais il reste invariable : *Du miel* ROSAT, *de l'huile* ROSAT (où il entre des roses).

Formation du pluriel.

293. — Le pluriel se forme dans les adjectifs, comme dans les substantifs, par l'addition d'une *s* : *Un oiseau bleu, des oiseaux* BLEUS ; *un homme prudent, des hommes* PRUDENTS (1).

Pluriel des adjectifs en AL.

294. — Les adjectifs en *al* font leur pluriel masculin en *aux* : *Égal*, ÉGAUX ; *original*, ORIGINAUX ; *verbal*, VERBAUX ; etc.

_____

(1) Tous les adjectifs terminés par un *t* au singulier, conservent cette lettre au pluriel. Il n'y a d'exception que pour le mot *tout*.

L'Académie observe que *amical, automnal, colossal, frugal, glacial, jovial, natal, naval, pascal*, ne sont point d'usage au pluriel masculin. Elle n'admet comme exception que le mot *fatal : Des instants* FATALS. Cependant on trouve encore dans les auteurs : *Des vents* GLACIALS, *des repas* FRUGALS, *des combats* NAVALS, *des cierges* PASCALS, *des effets* THÉATRALS, *des gens* MATINALS.

295. — Les adjectifs suivants ont le pluriel en *aux :* *Doctrinal, électoral, équinoxial, féodal, frontal, grammatical, horizontal, impérial, légal* (illégal), *littoral, loyal* (déloyal), *matrimonial, médical, moral* (immoral), *nasal, national, numéral, original, partial* (impartial), *patriarcal, patrimonial, pectoral, provincial, pyramidal, radical, rural, sépulcral, social, spécial, triomphal, trivial, verbal.* (Acad.)

Comparatifs et Superlatifs.

296. — Pour exprimer une comparaison on se sert ordinairement d'un adjectif ou d'un adverbe précédés des mots *plus, moins, aussi :* PLUS *sage,* PLUS *sagement ;* MOINS *éloquent,* MOINS *éloquemment ;* AUSSI *gracieux,* AUSSI *gracieusement.* — Notre langue n'a de véritables comparatifs que *meilleur* (pour plus bon), *moindre* (pour plus petit), *pire* (pour plus mauvais), *inférieur, supérieur, majeur, mineur, mieux,* et *pis* (pour plus mal).

297. — Pour exprimer une qualité portée au plus haut degré, on se sert de l'adjectif ou de l'adverbe précédés des mots *très, fort, le plus, le moins :* TRÈS-*sage,* TRÈS-*sagement ;* LE PLUS *rare,* LE PLUS *rarement ;* LE MOINS *attentif,* LE MOINS *attentivement.* — Ces expressions *excellentissime, illustrissime, sérénissime, révérendissime,* etc , sont des superlatifs empruntés du latin. A l'imitation de ces mots on fait quelquefois, par plaisanterie, des superlatifs terminés par *issime,* comme *savantissime, ignorantissime, fourbissime, rarissime,* etc.

Nous avons cependant des expressions qui, exprimant par elles-mêmes la qualité dans un très-haut degré, ne peuvent être modifiées par ces adverbes. Tels sont : *Premier, dernier, infini, suprême, extrême, immense,* etc. Les mots *excellent*, *parfait*, *sublime*, *divin*, *impossible*, qui expriment aussi par eux-mêmes une qualité portée au plus haut point, peuvent néanmoins être modifiés quelquefois par les adverbes *très*, *le plus*, etc. *Rien n'est* PLUS DIVIN *que la morale du christianisme.* (Châteaub.) *Cela est* PLUS IMPOSSIBLE *que vous ne pensez.* (Dalembert.)

SUPPLÉMENT AU PRONOM.

Genre et nombre des pronoms.

298.—Les pronoms personnels *je, me, moi, nous ; tu, te, toi, vous,* n'ont point de genre par eux-mêmes, mais ils prennent celui de la personne qui parle ou à qui l'on parle. Ainsi l'on écrira : JE *suis* MORTEL OU MORTELLE ; NOUS *sommes* MORTELS OU MOR-TELLES, suivant le genre et le nombre des personnes dont il s'agit.

299. — Les pronoms *qui, que, dont, se, soi,* ne varient pas non plus, et adoptent le genre et le nombre du nom qu'ils représentent : *Le vent* QUI *siffle, la mer* QUI *mugit ; les flots* QUI SE *soulèvent, les vagues* QUI SE *brisent contre les rochers,* etc.

300. — *Lui* et *leur,* employés comme compléments indirects, s'appliquent également aux deux genres : *Je* LUI *parlerai,* c'est-à-dire je parlerai *à lui* ou *à elle; je* LEUR *ai parlé,* c'est-à-dire j'ai parlé *à eux* ou *à elles.*

Accord des pronoms.

301. — Le pronom est soumis pour l'accord aux mêmes règles que l'adjectif. Ainsi, un pronom qui représente deux noms se met au pluriel : *Votre père et votre oncle sont-*ILS *arrivés ? Votre mère et votre tante sont-*ELLES *arrivées?*

302. — Si les deux noms sont de différent genre, le pronom se met au masculin : *De qui les jours et les années dépendent-*ILS *?* (Massillon.) *Les fruits et*

les fleurs AUXQUELS *il donnait ses soins sont détruits.*
(Boniface.) *Les jambes et le cou de l'outarde ressem-*
blent à CEUX *de l'autruche.* (La Harpe.)

Fonction de certains pronoms.

Je, tu, il, ils, on, elle, elles, qui.

303. — Les pronoms *je, tu, il, ils, on,* sont toujours sujets du verbe auquel ils sont joints.

Elle, elles, et *qui,* non précédés d'une préposition, sont
aussi presque toujours sujets. Dans la fable de la Gre-
nouille et le Bœuf où La Fontaine dit :

ELLE, QUI *n'était pas grosse en tout comme un œuf,*
Envieuse, s'étend, et s'enfle, et se travaille,
Pour égaler l'animal en grosseur,

Elle est sujet des verbes *s'étend, s'enfle, se travaille,* et
qui sujet de *était.*

Me, te, se. — Moi, soi.

304. — Les pronoms *me, te, se,* sont tantôt compléments
directs, tantôt compléments indirects ; directs quand on
peut les tourner par *moi, toi, soi ;* indirects quand on peut
les tourner par *à moi, à toi, à soi. Vous* ME *soupçonnez*
mal à propos, c'est-à-dire vous soupçonnez *moi ;* vous ME
donnez un sage conseil, c'est-à-dire vous donnez *à moi,* etc.
De même *moi* et *toi* peuvent être aussi compléments directs et compléments indirects. Dans cette phrase : *Sei-*
*gneur, exaucez-*MOI, *moi* est complément direct ; dans celle-
ci : *Seigneur, pardonnez-*MOI, il est complément indirect
et mis pour *à moi.*

305. — OBSERV. — Le pronom *se* peut encore se tourner
par *lui, elle, eux, elles,* ou par *à lui, à elle, à eux, à elles,*
et il est du même genre et du même nombre que le sujet
du verbe avant lequel il est placé. Ex. : *La forteresse dont*
SE *sont emparés nos soldats passait pour imprenable ;* le
mot *se,* qui se rapporte à *soldats,* sujet de *se sont emparés,*
est du masculin pluriel.

Nous, vous.

306. — Les pronoms *nous, vous,* sont employés comme
sujets et comme compléments, soit directs, soit indirects :

1° Comme sujets quand ils répondent à la question *qui est-ce qui* faite avant le verbe. Ex. :

Ruisseau, nous *paraissons avoir un même sort ;*
D'un cours précipité nous allons l'un et l'autre,
Vous à *la mer,* nous à *la mort.* (Mme Deshoulières.)

C'est-à-dire, *vous allez* à la mer, *nous allons* à la mort.
Qui est-ce qui paraît ? — *Nous,* etc.

2° Comme compléments directs quand ils répondent à la question *qui* faite après le verbe : *Il* nous *regarde, il* vous *estime;* il regarde *qui ?* — *Nous,* etc.

3° Comme compléments indirects quand ils répondent à la question à *qui* faite après le verbe : *Il* nous *parle, il* vous *donne des louanges;* il parle à *qui ?* — A *nous,* etc.

Le, la, les, que.

307. — Les pronoms *le, la, les* (mis pour *lui, elle, eux, elles),* et *que* (pour *lequel, laquelle, lesquels, lesquelles),* sont ordinairement compléments directs : *Le livre* QUE *vous cherchez,* LE *voici;* c'est-à-dire le livre *lequel* vous cherchez, le voici. (Dans cette phrase, *le voici* est l'équivalent de *vous le voyez.*)

Lui, leur.

308. — *Lui,* mis pour à *lui,* à *elle,* et *leur,* pour à *eux,* à *elles,* sont compléments indirects des verbes ou des adjectifs auxquels ils se rapportent : *Il* LUI *a rendu des services qui* LUI *ont été très-utiles,* c'est-à-dire il a rendu à *lui* ou à *elle.* — *Il* LEUR *a rendu des services qui* LEUR *ont été très-utiles,* c'est-à-dire il a rendu à *eux* ou à *elles,* etc.

Dont, en, y.

309. — *Dont,* mis pour *duquel, de laquelle, desquels, desquelles,* est toujours complément indirect d'un des mots qui le suivent, c'est-à-dire d'un nom, d'un adjectif, ou d'un verbe : *Dieu* DONT *nous admirons les œuvres.* — *La nouvelle* DONT *je suis certain.* — *L'homme* DONT *j'ai reçu un service.*

Dans ces exemples *dont* est complément indirect de *œuvre,* de *certain,* et de *j'ai reçu :* Les œuvres de *qui ?* — *duquel Dieu.* — Certain de *quoi ?* — *de laquelle nouvelle.* — J'ai reçu de *qui ?* — *duquel homme.*

310. — *En* mis pour *de lui, d'elle, d'eux, d'elles, de cela*, est complément indirect d'un des mots qui le précèdent ou qui le suivent : *Le temps est précieux ; la perte* EN *est irréparable*, c'est-à-dire la perte *de lui*. — *La gaîté est la santé de l'âme ; la tristesse* EN *est le poison*, c'est-à-dire le poison *d'elle*. — *J'*EN *suis certain*, c'est-à-dire je suis certain *de cela*.

311. — *Y*, mis pour *à lui, à elle, à eux, à elles*, ou *à cela*, est toujours complément indirect.

La mer promet monts et merveilles ;
*Fiez-vous-*Y *: les vents et les voleurs viendront.* (La Font.)

C'est-à-dire fiez-vous *à elle*. — *J'y songe*, c'est-à-dire je songe *à cela*.

SUPPLÉMENT AU VERBE.

Emploi du Verbe.

312. — Le *verbe* est un mot dont on se sert pour affirmer l'existence, l'action, ou l'état des personnes et des choses ; tels sont *être, travailler, dormir*.

313. — Le verbe s'emploie aussi pour indiquer la liaison qui existe entre le sujet et l'attribut. Ainsi quand on dit : *Les hommes sont mortels*, le mot *sont* qui exprime l'affirmation se nomme VERBE ; *hommes*, est le SUJET, c'est-à-dire ce dont on parle ; *mortels* est l'ATTRIBUT, c'est-à-dire la qualité que l'on attribue au sujet. L'ensemble de ces trois termes forme une PROPOSITION.

314. — Dans cette autre proposition : *Les méchants même respectent la vertu* (La Rochef.), l'idée du verbe *être* et celle de l'attribut sont exprimées par le seul mot *respectent*, qui équivaut à *sont respectant*. Le mot *respectent* est encore un verbe, puisqu'il contient l'affirmation ; et comme il contient en même temps l'attribut, on le nomme *verbe attributif*.

315. — Le plus ordinairement l'attribut est renfermé dans le verbe. En effet, j'ÉTUDIE signifie *je suis étudiant;* j'OBÉIS, *je suis obéissant;* je LIS, *je suis lisant.*

316. — Tous les verbes sont donc *attributifs,* excepté *être* qui est le verbe primitif et la base de tous les autres verbes. C'est pour cette raison qu'on le nomme verbe *substantif,* parce qu'il subsiste par lui-même, et qu'il ne renferme aucune idée d'attribution.

Modes.

317. — Le *mode* est la manière d'exprimer l'affirmation. On en compte cinq :

L'*indicatif,* le *conditionnel,* l'*impératif,* le *subjonctif,* et l'*infinitif.*

318. — L'*indicatif* exprime l'affirmation d'une manière positive, absolue, et sans dépendance : *Nous* PARCOURONS *la campagne, vous* AVEZ VU *Rome, ils* IRONT *à Florence.*

319. — Le *conditionnel* exprime l'affirmation sous l'idée de la condition : *Je* VOYAGERAIS *si mes études étaient terminées.*

32J. — L'*impératif* exprime l'affirmation sous la forme du commandement, du conseil, ou de la prière : OBÉIS *si tu veux qu'on t'obéisse un jour.* (Voltaire.) OUBLIE *les injures, et* SOUVIENS-TOI *des bienfaits.* (Confucius.)

L'impératif n'a que trois personnes : une au singulier, qui est la deuxième ; deux au pluriel, qui sont la première et la seconde. On sous-entend les pronoms *toi, nous, vous.*

321. — Le *subjonctif* exprime l'affirmation d'une manière subordonnée, et est, par conséquent, toujours sous la dépendance d'un autre verbe : *Aimez qu'on vous* CONSEILLE, *et non pas qu'on vous* LOUE. (Boileau.)

322. — L'*infinitif* exprime l'affirmation d'une manière vague et indéterminée, c'est-à-dire sans désignation de nombres ni de personnes. C'est pour cette raison qu'on l'appelle mode impersonnel. SOUFFRIR *est son destin*, BÉNIR *est son partage*. (Voltaire parlant du christianisme.)

Temps.

323. — Le *temps* est la forme que prend le verbe pour indiquer si l'affirmation a rapport au passé, au présent, ou à l'avenir.

324. — Il y a donc trois temps *principaux* dans un verbe : le *présent*, le *passé*, et le *futur*. Mais comme une chose peut être passée ou future de plusieurs manières, il en résulte une subdivision de temps qu'on appelle *secondaires*.

Temps de l'indicatif.

325. — L'indicatif a huit temps : un présent, cinq passés, deux futurs : 1° le *présent* de l'indicatif; 2° l'*imparfait*, le *passé défini*, le *passé indéfini*, le *passé antérieur*, le *plus-que-parfait*; 3° le *futur simple* et le *futur antérieur*.

326. — Le *présent* de l'indicatif désigne les choses qui ont lieu soit habituellement, soit à l'instant de la parole : *Il* TRAVAILLE *tout le matin, et l'après-dînée il se* REPOSE. (Acad.) *Le moment où je* PARLE *est déjà loin de moi*. (Boileau.)

327. — L'*imparfait* s'appelle ainsi parce qu'il n'exprime le passé qu'imparfaitement, c'est-à-dire qu'il désigne ordinairement une action passée en elle-même, mais présente par rapport à une autre : *Charles VIII* RÉGNAIT *en France quand Christophe Colomb découvrit l'Amérique*.

328. — Le *passé défini* désigne une chose passée dans un temps complétement écoulé : *Les Maures* FURENT CHASSÉS *d'Espagne à la fin du quinzième siècle*.

On ne dirait pas : *Napoléon exista dans le dix-neu-vième siècle*, attendu que le siècle n'est pas encore écoulé; il faut dire : *Napoléon a existé*. On ne dirait pas non plus : *Il m'écrivit cette année, ce mois, cette semaine*, mais *il m'a écrit cette année*, etc. On peut dire : *Je le vis hier*, mais non *je le vis ce matin*.

329. — Le *passé indéfini* désigne une chose passée dans un temps entièrement ou non entièrement écoulé : *J'ai reçu une lettre hier, et j'ai fait la réponse aujourd'hui*.

330. — Le *passé antérieur* désigne une chose passée immédiatement avant une autre : *Quand Alexandre eut conquis la Perse, il songea à conquérir les Indes*. Il s'emploie aussi pour indiquer qu'une chose s'est faite avec rapidité :

La cigogne au long bec n'en put attraper miette,
Et le drôle eut lapé le tout en un moment. (La Font.)

331. — Le *plus-que-parfait* s'appelle ainsi parce qu'il exprime doublement le passé, c'est-à-dire qu'il désigne une chose passée en elle-même et avant une autre également passée : *J'avais fini quand vous êtes entré*.

332. — Le *futur simple* désigne une chose à venir : *Dieu jugera les hommes, les méchants seront punis*.

333. — Le *futur antérieur* se nomme ainsi parce qu'il réunit ensemble l'idée du futur et celle du passé : *Vous serez parti quand je reviendrai*.

334. — *Remarque.* — Toutes ces observations s'appliquent également aux temps des autres modes. Ainsi, le conditionnel présent exprime une chose qui se ferait présentement si la condition était remplie : *Je partirais si le temps le permettait*. Le conditionnel passé exprime une chose qui serait déjà faite si la condition avait été remplie : *Je serais parti si le temps l'avait permis*; etc.

Remarques sur les cinq sortes de verbes.

335. — VERBE ACTIF et NEUTRE. Plusieurs verbes actifs de leur nature peuvent être employés neutralement, c'est-à-dire sans complément direct. Ainsi quand on dit : *Il* A VU *beaucoup de pays*, APPRIS *plusieurs langues, et* RETENU *beaucoup de choses*, ces trois verbes sont actifs. Mais ils sont neutres dans ces vers de La Fontaine : *Une hirondelle en ses voyages* AVAIT *beaucoup* APPRIS. *Quiconque* A *beaucoup* VU *peut* AVOIR *beaucoup* RETENU.

336.—De même, certains verbes neutres de leur nature s'emploient quelquefois activement. Ainsi *étudier, courir, fuir, travailler*, quoique ordinairement neutres, deviennent actifs quand on dit ÉTUDIER *sa leçon*, COURIR *les places*, FUIR *les plaisirs*, TARVAILLER *les métaux*, etc.

337. — Le verbe actif s'appelle aussi *transitif*, parce que l'action qu'il exprime passe immédiatement du sujet à un autre objet. Pour une raison contraire, le verbe neutre se nomme *intransitif* parce que l'action qu'il exprime ne passe pas à un autre objet, ou du moins n'y passe pas directement, mais par l'intermédiaire d'une préposition.

338. — VERBE PASSIF. Le verbe actif est le seul qui puisse s'employer passivement, excepté pourtant les verbes *obéir* et *désobéir*. On dit : *Je veux* ÊTRE OBÉI, *je ne veux pas* ÊTRE DÉSOBÉI, quoiqu'on ne puisse pas dire : *Obéir quelqu'un, obéir quelque chose*.

Un infinitif actif a quelquefois un sens passif : *Chose horrible à* VOIR, c.-à-d. à ÊTRE VUE.

339. — OBSERV. — Tout verbe passif se conjugue nécessairement avec le verbe *être*. Mais le participe passé précédé de *être* ne forme pas toujours un verbe passif. Pour qu'il soit passif, il faut que

le sujet souffre une action désignée par un complément exprimé ou sous-entendu. Ex. :

> *Un cerf s'étant sauvé dans une étable à bœufs,*
> *Fut d'abord AVERTI par eux*
> *Qu'il cherchât un meilleur asile.* (La Font.)

Les ennemis ONT ÉTÉ VAINCUS. Ces deux phrases présentent un sens passif parce qu'il y a un complément indirect exprimé dans la première, sous-entendu dans la seconde. *Vous* ÉTIEZ AVERTI, *les ennemis* SONT VAINCUS, n'offriraient pas le même sens, car on ne sous-entendrait pas un complément; *averti* et *vaincus* seraient employés comme adjectifs. Il en est de même quand on dit : *Son âme* EST ABATTUE ; *il* EST DÉGOUTÉ *de la vie, les temps* SONT CHANGÉS, *la mer* ÉTAIT AGITÉE, etc. Ces participes joints au verbe *être* sont ici de vrais adjectifs.

340. — VERBE PRONOMINAL. Ce verbe se nomme aussi *réfléchi* parce que l'action retourne vers celui qui la fait. Ainsi lorsqu'on dit en parlant du geai de la fable : « IL SE PARA *des plumes du paon,* » les mots *il* et *se* représentent également le geai, *il* comme faisant l'action, *se* comme étant l'objet de cette action. Il en est de même quand on dit : *Je me blesse, tu te flattes, nous nous aimons,* etc. Le verbe pronominal a quelquefois un sens passif : *Cette maison s'*EST VENDUE *cher,* c'est-à-dire a été vendue cher.

341. — VERBE UNIPERSONNEL. Certains verbes personnels deviennent quelquefois unipersonnels, comme *être, avoir, convenir :* IL EST *juste que...* IL Y A *des hommes qui....* IL CONVIENT *de faire cela,* etc.

342. — Le verbe *unipersonnel* s'appelle ainsi parce qu'il ne se conjugue qu'à la 3ᵉ personne du singulier. On peut aussi l'appeler *impersonnel* parce que l'action qu'il exprime n'est point attribuée à une certaine personne ou à une cer-

taine chose. En effet, quand on dit à propos
d'un homme : IL *est difficile de le convaincre*,
en employant le pronom *il*, on ne pense à aucun sujet déterminé, et ce pronom ne peut être
remplacé par un nom. Il n'en est pas de même
quand nous disons : *Il est difficile à convaincre* ; alors
le verbe a un sujet déterminé, et le pronom *il* peut
être remplacé par un nom : *Cet homme est difficile
à convaincre*. De même, le pronom *il* est impersonn-
nel dans cette phrase de La Bruyère : IL *manque du
sens et de la pénétration à celui qui s'opiniâtre dans le
mauvais comme dans le faux*. Mais si l'auteur eût
dit : IL *manque de sens et de pénétration celui qui s'o-
piniâtre*, etc., le pronom *il* serait personnel. De
même encore, quand on dit en parlant de Vulcain :
IL TOMBA *du ciel pendant un jour entier*, on emploie
le verbe comme neutre ; mais La Fontaine l'emploie
comme unipersonnel quand il dit au sujet des
grenouilles :

> IL *leur* TOMBA *du ciel un roi tout pacifique.*

343. — *Remarque.* — Dans tous les verbes qui expriment les phénomènes de la nature, comme *il pleut, il
gèle, il grêle, il tonne, il éclaire, il neige, il vente, il
bruine*, etc., le véritable sujet n'est que dans la pensée.

Observation sur l'impératif.

344. — La 2ᵉ personne du singulier de l'impératif présent dans les verbes de la 1ʳᵉ conjugaison ne
prend pas d's, parce que cette personne est semblable à la première de l'indicatif présent : J'étudie, impératif *étudie* ; je me *récrée*, impératif *récrée-
toi*, etc.

Cependant, par euphonie, on ajoute une *s* à cette
personne lorsqu'elle est suivie de *y* ou de *en*. Ainsi
l'on dit et l'on écrit : TRAVAILLES-*y*, CHERCHES-*en*. Il
en est de même dans quelques verbes irréguliers :
Va, cueille, offre, ouvre, etc. : VAS-*y*, CUEILLES-*en*.

VERBES IRRÉGULIERS.

345. — On appelle verbes *irréguliers* ceux qui, dans leurs temps dérivés, ne suivent pas les règles ordinaires de la formation. Ainsi *courir*, *faire*, sont irréguliers au futur et au conditionnel : je *courrai*, je *ferai*, et non pas je *courirai*, je *fairai*. *Dire*, *faire*, sont irréguliers à la 2e personne du pluriel de l'indicatif présent : *Disant*, vous *dites*; *faisant*, vous *faites*; et non pas : vous *disez*, vous *faisez*. *Mouvoir, faire*, sont irréguliers à la 3e personne du pluriel du même temps : *Mouvant*, ils *meuvent* ; *faisant*, ils FONT, et non ils *mouvent*, ils *faisent*.

On peut encore appeler irréguliers les verbes qui, dans leurs temps primitifs, ne sont pas en rapport avec leur infinitif. Ainsi *moudre, coudre, résoudre, peindre*, sont irréguliers au participe présent parce qu'ils font *moulant, cousant, résolvant, peignant*, et non *moudant*, etc.

346. — Un verbe est *défectif* quand il manque de quelques temps ou de quelques personnes. *Absoudre* et *dissoudre* sont des verbes défectifs parce qu'ils n'ont pas de passé défini. Quand un temps primitif manque, les temps qui en dérivent manquent également. Ainsi *absoudre* et *dissoudre* n'ont pas d'imparfait du subjonctif.

ANALOGIES DES VERBES.

347. — Il est utile d'observer les analogies ou rapports qui existent entre certains verbes et leurs dérivés, ou bien entre certains verbes et d'autres qui ont la même terminaison au présent de l'infinitif. Ainsi *concourir, discourir*, se conjuguent comme *courir*, dont ils sont formés ; *contrefaire* et *surfaire* se conjuguent comme *faire*. De même, tous les

verbes terminés à l'infinitif par *aitre*, *oitre*, *enir*, *indre*, *soudre*, etc., se conjuguent de la même manière. Il y a donc double analogie dans les verbes : l'une fondée sur la *dérivation*, l'autre sur la *terminaison*.

Analogies fondées sur la dérivation.

348.—ASSAILLIR, *assaillant*, *j'assaille*, *j'assaillis*, *ayant assailli*. — Ce verbe n'est irrégulier que parce qu'il fait au présent de l'indicatif *j'assaille*, au lieu de *j'assaillis*. Les autres temps sont réguliers : Fut., *j'assaillirai*; imparf. de l'indic., *j'assaillais*; subj. prés., que *j'assaille*; etc. — Dérivé : *tressaillir*.

349. — BATTRE et METTRE, *battant*, *je bats*, *je battis*, *ayant battu*; *mettant*, *je mets*, *je mis*, *ayant mis*. — Irrégularités : Ils prennent deux *t* dans toute la conjugaison, excepté aux trois personnes du sing. du présent de l'indic. *je bats*, *tu bats*, *il bat*; *je mets*, *tu mets*, *il met*, et à la seconde personne du sing. de l'impératif, *bats*, *mets*. — Dérivés : 1° *Abattre*, *combattre*, *débattre*, *s'ébattre*, *rabattre*, *rebattre*. 2° *Admettre*, *commettre*, *démettre*, *émettre*, *s'entremettre*, *omettre*, *permettre*, *promettre*, *remettre*, *soumettre*, *transmettre*.

350. — CONCLURE, *concluant*, *je conclus*, *je conclus*, *ayant conclu*. — Imparf. de l'indic., n. *concluïons*, v. *concluïez* (avec un tréma); subj. prés., q. n. *concluïons*, q. v. *concluïez*. — Dérivé : *exclure*.

351. — COUDRE, *cousant*, *je couds*, *je cousis*, *ayant cousu* — Dérivés : *découdre* et *recoudre*.

352.—COURIR, *courant*, *je cours*, *je courus*, *ayant couru*. — Irrégularités : Futur et cond., *je courrai*, *je courrais*. — Dérivés : *Accourir*, *concourir*, *discourir*, *encourir*, *parcourir*, *recourir*, *secourir*.

353. — CUEILLIR, *cueillant*, *je cueille*, *je cueillis*, *ayant cueilli*. — Irrégularités : Fut. et cond., *je cueillerai*, *je cueillerais*. — Dérivés : *Accueillir* et *recueillir*.

354. — DIRE, *disant*, *je dis*, *je dis*, *ayant dit*. — Irrégularité : 2ᵉ pers. du plur. du prés. de l'indic. vous *dites*, au lieu de vous *disez*. — Dérivés : *Redire*, *contredire*, *se dédire*, *prédire*, *médire*, *interdire*, *maudire*.

Remarque. — *Redire* fait aussi vous *redites*. Les autres composés ont la 2ᵉ pers. de l'indic. prés. régulière : Il faut dire : Vous *contredisez*, vous *dédisez*, vous *prédisez*, etc.

Maudire fait *maudissant* au participe présent, et forme régulièrement les temps dérivés : Nous *maudissons*, vous *maudissez*, que je *maudisse*.

355. — ECRIRE, *écrivant*, j'*écris*, j'*écrivis*, *ayant écrit*. — Dérivés : *Décrire, inscrire, transcrire, prescrire, proscrire, souscrire, circonscrire, récrire.*

356. — ENVOYER , *envoyant*, j'*envoie*, j'*envoyai*, *ayant envoyé*. — Irrégularités : Fut. et cond. j'*enverrai*, j'*enverrais*. — Dérivé : *Renvoyer.*

357. — FAIRE, *faisant*, je *fais*, je *fis*, *ayant fait*. — Irrégularités : 2ᵉ pers. du pluriel. du prés, de l'indic. vous *faites*, au lieu de vous *faisez* ; fut. et cond. je *ferai*, je *ferais*, au lieu de je *fairai*; prés. du subj. que je *fasse*, que tu *fasses*, etc. — Dérivés : *Refaire, surfaire, défaire, contrefaire, satisfaire.*

358. — FUIR, *fuyant*, je *fuis*, je *fuis*, *ayant fui*. — Dérivé : *S'enfuir.*

359. — LIRE, *lisant*, je *lis*, je *lus*, *ayant lu*. — Dérivés : *Élire, relire,* et *réélire.*

360. — MOUDRE, *moulant*, je *mouds*, je *moulus*, *ayant moulu*. — Dérivés: *Remoudre, émoudre,* et *rémoudre* (émoudre de nouveau).

361. — MOUVOIR, *mouvant*, je *meus*, je *mus*, *ayant mû*. — Irrégularités : Fut. et cond. je *mouvrai*, je *mouvrais* ; 3ᵉ pers. du plur. de l'indic. prés. ils *meuvent*; prés. du subj. que je *meuve*, que tu *meuves*, qu'il *meuve* (q. n. mouvions, q. v. mouviez), qu'ils *meuvent*. Le part. passé *mû* prend un accent circonfl. au masc. sing. — Dérivés : *Émouvoir* et *promouvoir*. — *Promouvoir* n'est usité qu'à l'infinitif et aux temps composés. (Les part. *ému* et *promu* ne prennent point l'accent circonflexe).

362. — OUVRIR, *ouvrant*, j'*ouvre*, j'*ouvris*, *ayant ouvert*. Ce verbe n'est irrégulier que parce qu'il a le présent de l'indic. terminé par un *e* muet. — Dérivés : *Couvrir, découvrir, entr'ouvrir, recouvrir.*

Rem. Il ne faut pas confondre *recouvrir* (couvrir de nouveau) avec *recouvrer* (reprendre). On dit : je RECOUVRIRAI ce vase, et je RECOUVRERAI la santé; j'ai RECOUVERT ce vase, et j'ai RECOUVRÉ la santé.

363. — PLAIRE, *plaisant*, je *plais*, je *plus*, ayant *plu*. — Dérivés : *Complaire* et *déplaire*.

Rem. On écrit avec un accent circonflexe il *plaît*, il *complaît*, il *déplaît*. — Les participes *plu*, *complu*, et *déplu*, ne varient jamais.

364. — PRENDRE, *prenant*, je *prends*, je *pris*, ayant *pris*. — Irrégularités : Le verbe *prendre* et ses composés doublent l'*n* avant les syllabes muettes : Ils *prennent*; que je *prenne*, que tu *prennes*, qu'il *prenne* (que n. prenions, q. v. preniez) qu'ils *prennent*. — Dérivés : *Apprendre, comprendre, désapprendre, entreprendre, s'éprendre, se méprendre, rapprendre, reprendre, surprendre.*

365. — RIRE, *riant*, je *ris*, je *ris*, ayant *ri*. — Dérivé : *Sourire*. (Les participes *ri* et *souri* ne varient jamais).

366. — SUIVRE, *suivant*, je *suis*, je *suivis*, ayant *suivi*. — Dérivés : *Poursuivre* et *s'ensuivre*. Ce dernier ne s'emploie qu'unipersonnellement. — Passé indéfini : *Il s'en est suivi*, fut. antérieur, *il s'en sera suivi*, etc.

367. — VAINCRE, *vainquant*, je *vaincs*, je vainquis, ayant *vaincu*. — Indicat. prés. je *vaincs*, tu *vaincs*, il *vainc*. — Dérivé : *Convaincre*.

368. — VALOIR, *valant*, je *vaux*, je *valus*, ayant *valu*. — Irrégularités : Fut. et cond. je *vaudrai*, je *vaudrais* ; subj. prés. que je *vaille*, que tu *vailles*, qu'il *vaille* (que n. valions, q. v. valiez) qu'ils *vaillent*; prés. de l'indic. je *vaux*, tu *vaux*, il *vaut*. — Dérivés : *Équivaloir, revaloir*, et *prévaloir*. Ce dernier est régulier au subj. prés: que je *prévale*, que tu *prévales*, qu'il *prévale*, etc. Les autres se conjuguent comme *valoir*.

369. — VIVRE, *vivant*, je *vis*, je *vécus*, ayant *vécu*. — Dérivés : *Survivre* et *revivre*. (Les participes *vécu, survécu, revécu*, sont invariables).

370. — VOIR, *voyant*, je *vois*, je *vis*, ayant *vu*. — Irrégularités : Fut. et cond. je *verrai*, je *verrais*. — Dérivés : *Revoir, entrevoir, pourvoir*, et *prévoir*.

Observ. Revoir et *entrevoir* se conjuguent comme voir; mais *pourvoir* et *prévoir* ont le futur et le conditionnel réguliers : Je *pourvoirai*, je *prévoirais*. — *Pourvoir* fait au passé défini *je pourvus*, tandis que *prévoir* fait *je prévis*.

Analogies fondées sur la terminaison.

371. — ACQUÉRIR. — Les verbes en *quérir* se conjuguent comme *acquérir, acquérant, j'acquiers, j'acquis, ayant acquis.* — Irrégularités : Fut. et cond. *j'acquerrai, j'acquerrais.*

Dans ces verbes on met un *i* après l'*u* quand la dernière syllabe est muette : ils *acquièrent*, que *j'acquière*, etc. et, en outre, aux trois premières personnes du présent de l'indicatif : j'*acquiers*, tu *acquiers*, il *acquiert*.

Analogues : *Conquérir, s'enquérir, reconquérir, requérir.* — Le verbe *quérir* ne s'emploie qu'à l'infinitif, et avec les verbes *aller, venir, envoyer.*

372. — CONDUIRE. — Les verbes terminés à l'infinitif présent par UIRE se conjuguent comme *conduire, conduisant*, je *conduis*, je *conduisis, ayant conduit.*

Analogues: *Construire, déduire, détruire, éconduire, enduire, induire, introduire, instruire, nuire, produire, reconduire, reconstruire, réduire, reluire, reproduire, séduire, traduire.*

Obs. — *Luire* et *cuire* n'ont pas de passé défini, ni par conséquent d'imparfait du subjonctif.

Bruire n'est guère usité qu'à l'infinitif, à la 3ᵉ pers. du sing. du prés. de l'indic., et aux troisièmes personnes de l'imparfait : Il *bruit*; il *bruyait*, ils *bruyaient*, quoiqu'il n'ait pas de participe présent.

373. — CRAINDRE. — Les verbes en INDRE se conjuguent comme *craindre, craignant*, je *crains*, je *craignis, ayant craint.*

Il ont tous le participe présent en *gnant* et le passé défini en *gnis*. On supprime alors l'*n* de l'infinitif.

Obs.— Ces verbes ne prennent pas de *d* aux deux premières personnes du sing. du présent de l'indic. A la troisième ils remplacent le *d* par un *t* : Je *crains*, tu *crains*, il *craint*.

Les verbes en *indre* prennent un *e* avant l'*i* excepté *craindre, contraindre, plaindre; joindre* et ses dérivés.

Analogues : *Contraindre, plaindre, astreindre, restreindre, empreindre, peindre, dépeindre, feindre, geindre, enfreindre, ceindre, éteindre, étreindre, atteindre, teindre, déteindre, joindre, conjoindre, disjoindre, adjoindre, enjoindre, rejoindre, oindre, poindre.*

*

Poindre est défectif. Il n'a pas de participe présent, ni de passé défini, ni les temps qui s'en forment.

374. — OFFRIR. — Les verbes en FRIR se conjuguent comme *offrir, offrant, j'offre, j'offris, ayant offert.* Ce verbe n'est irrégulier que parce qu'il a le présent de l'indicatif terminé par un *e* muet : j'*offre* au lieu de j'*offris.*

Analogue : *Souffrir.*

375. — PARAITRE et CROITRE. — Les verbes en AITRE et en OITRE prennent un accent circonflexe sur l'*i* du radical toutes les fois qu'il est suivi d'un *t.* Ils se conjuguent comme *paraître, paraissant, je parais, je parus, ayant paru.*

Analogues : 1° *Comparaître, apparaître, reparaître, disparaître; connaître, méconnaître, reconnaître; paître, repaître; naître, renaître.* — 2° *Croître, accroître, décroître.*

OBSERV. — 1° *Croître* prend encore un accent circonflexe aux temps et aux personnes que l'on pourrait confondre avec ceux du verbe *croire* : Je *croîs,* tu *croîs* ; je *crûs,* tu *crûs; croîs; que* je *crûsse,* que tu *crûsses,* que nous *crûssions,* etc.

2° *Paître* n'est pas usité au passé défini ni au participe passé. — *Repaître* a un passé défini, je *repus,* et un participe passé, *repu, repue.*

3° *Naître* et *renaître* font au passé défini je *naquis,* je *renaquis. Naître* fait au participe passé *étant né; renaître* n'en a pas.

376. — RECEVOIR. — Les verbes en EVOIR se conjuguent comme *recevoir, recevant, je reçois, je reçus, ayant reçu.*

Irrégularités : Fut. et cond. je *recevrai,* je *recevrais;* 3e pers. du plur. de l'indic. prés. ils *reçoivent;* subj. prés. que je *reçoive,* que tu *reçoives,* qu'il *reçoive* (que n. recevions, que v. receviez), qu'ils *reçoivent.*

Analogues : *Apercevoir, concevoir, décevoir, percevoir, devoir, redevoir.*

(Les participes *dû* et *redû* prennent un accent circonflexe, mais au masculin singulier seulement.)

377. — RÉSOUDRE. — Les verbes en SOUDRE se conjuguent comme *résoudre, résolvant, je résous, je résolus, ayant résolu.*

Pour le présent de l'indicatif ils suivent la même règle que les verbes en *indre* : Je *résous,* tu *résous,* il *résout.*

Observ. — *Résoudre* a deux participes passés : *résolu*, *résolue*, et *résous* (sans féminin). Ce dernier n'est usité qu'en parlant des choses qui se changent en d'autres, ex.: *Brouillard* résous *en pluie.*

Absoudre et *dissoudre*, qui font au participe passé *absous, absoute; dissous, dissoute*, sont défectifs : ils manquent du passé défini, et, par conséquent, de l'imparfait du subjonctif.

378. — SENTIR, DORMIR, SERVIR. — Les verbes en TIR, en MIR, et en VIR, se conjuguent comme *sentir, sentant, je sens, je sentis, ayant senti.* — *Dormir, dormant, je dors, je dormis, ayant dormi.* — *Servir, servant, je sers, je servis, ayant servi.*

Les verbes terminés à l'infinitif par *tir, mir, vir*, perdent la consonne qui précèdent la terminaison *ir* aux deux premières personnes du singulier du prés. de l'indic. quand ces personnes ne sont pas terminées par *is : Sentir*, je *sens*, tu *sens*; dormir, je *dors*, tu *dors*; servir, je *sers*, tu *sers*. Il en faut excepter *vêtir* et ses composés qui conservent le *t :* Je *vêts*, tu *vêts*.

Tous ces verbes ont le participe présent en *tant, mant, vant : Sentant, dormant, servant.*

Analogues : 1º *Consentir, pressentir, ressentir ; mentir, démentir; partir, repartir* (partir de nouveau), *départir, se départir; sortir, ressortir* (sortir de nouveau); *se repentir.* — 2º *Dormir* et *s'endormir.* — 3º *Servir* et *desservir.* — 4º *Vêtir, dévêtir, revêtir.* (Ces trois verbes font au participe passé *vêtu, dévêtu, revêtu.*) (1)

Les autres verbes en *tir*, en *mir*, et en *vir*, qui ont le présent de l'indicatif en *is*, conservent le *t*, l'*m*, et le *v*, et ont le participe présent en *issant* : bâtir, je *bâtis*, *bâtissant*; affermir, j'*affermis*, *affermissant*; asservir, j'*asservis*, *asservissant.*

Observ. — 1º *Répartir*, signifiant *distribuer*, est régulier : je *répartis*, tu *répartis*, il *répartit*, nous *répartissons*, vous *répartissez*, ils *répartissent*, etc.

2º *Ressortir*, signifiant *être du ressort, dépendre d'une*

_____

(1) *Vêtir* fait *vêtant*, nous *vêtons*, je *vêtais*, que je *vête*, et non *vêtissant*, nous *vêtissons*, je *vêtissais*, etc., comme le disent quelques auteurs.

juridiction, est aussi régulier. Je *ressortis*, tu *ressortis*, il *ressortit*, nous *ressortissons*, vous *ressortissez*, ils *ressortissent*, etc. *Cette cause* RESSORTIT *des tribunaux de première instance.*

3o *Sortir*, signifiant *obtenir*, *avoir*, en termes de jurisprudence, est régulier, mais il n'est d'usage qu'aux 3es personnes : Il *sortit*, ils *sortissent*, il *sortissait*, etc. *Cette sentence* SORTIRA *son plein et entier effet.*

379. — SOUSTRAIRE. — Les verbes en TRAIRE se conjuguent comme *soustraire*, *soustrayant*, je *soustrais*, *ayant soustrait*.

Analogues : *Traire*, *distraire*, *extraire*, *abstraire*, *rentraire* (1).

Ces verbes n'ont point de passé défini ni d'imparf. du subj.

380. — TENIR, VENIR. — Les verbes en ENIR se conjuguent comme *tenir*, *tenant*, je *tiens*, je *tins*, *ayant tenu*. — *Venir*, *venant*, je *viens*, je *vins*, *étant venu*.

Irrégularités : Fut. et cond. je *tiendrai*, je *viendrais*, 3e pers. du plur. de l'indic. prés. ils *tiennent*, ils *viennent* ; subj. prés. que je *tienne*, que tu *tiennes*, qu'il *tienne* (que n. tenions, que v. teniez), qu'ils *tiennent*. — Que je *vienne*, que tu *viennes*, etc.

Analogues : 1o *Appartenir*, *s'abstenir*, *contenir*, *détenir*, *maintenir*, *obtenir*, *retenir*, *soutenir*. — 2o *Circonvenir*, *contrevenir*, *convenir*, *devenir*, *disconvenir*, *intervenir*, *prévenir*, *provenir*, *redevenir*, *revenir*, *se souvenir*, *se ressouvenir*, *subvenir*, *survenir*.

OBSERV. — *Venir* et ses dérivés prennent l'auxiliaire *être* dans leurs temps composés, excepté *circonvenir*, *subvenir*, et même *convenir* quand il a le sens de *être convenable* : *Cette proposition ne m'*A *pas convenu.*

IRRÉGULARITÉS PARTICULIÈRES.

381. — ALLER, *allant*, je *vais* (2), j'*allai*, *étant allé*.
Irrégularités : Fut. et cond. j'*irai*, j'*irais*. — 3e pers. du

(1) *Rentraire* est un terme technique. *Rentraire du drap*, c'est rejoindre deux morceaux de manière que la couture ne paraisse pas.
(2) On dit quelquefois je *vas* dans le langage familier.

plur. de l'indic. prés. ils *vont;* subj. prés. que j'*aille,* que tu *ailles,* qu'il *aille* (que n. allions, que v. alliez), qu'ils *aillent;* indic. prés. je *vais,* tu *vas,* il *va;* impér. *va.*

De même *s'en aller.* — Passé indéf. *Je m'en suis allé,* et non *je me suis* EN *allé;* condit. passé *nous nous* EN *serions allés,* et non *nous nous serions* EN *allés,* etc. Dans les temps composés de ce verbe l'auxiliaire doit être entre le participe et le pronom *en.*

OBSERV. — On emploie quelquefois les temps composés du verbe *être* pour ceux du verbe *aller.* Ainsi l'on dit : *J'ai été, j'avais été, j'aurais été,* etc., pour *je suis allé, j'étais allé, je serais allé.*

382. — S'ASSEOIR, *s'asseyant,* je m'*assieds,* je m'*assis,* *s'étant assis.*

Irrégularités : Fut. et cond. je m'*asseyerai* ou je m'*assiérai ;* je m'*asseyerais* ou je m'*assiérais.*

Quand on emploie ce verbe activement, comme dans ces phrases : *Asseoir un camp, asseoir une rente, asseoir la lessive,* etc., on le conjugue régulièrement : J'*assois,* tu *assois,* j'*assoyais,* j'*assoirai,* que j'*assoie,* etc.

De même : *Se rasseoir.*

383. — BOIRE. *buvant,* je *bois,* je *bus, ayant bu.*

Irrégularités : 3ᵉ pers. du plur. de l'indic. prés., ils *boivent;* subj. prés., que je *boive,* que tu *boives,* qu'il *boive* (que n. buvions, que v. buviez), qu'ils *boivent.*

384. — BOUILLIR, *bouillant,* je *bous,* je *bouillis, ayant bouilli.*

Au futur, qui se forme régulièrement, on doit dire : *Le pot* BOUILLIRA, et non pas *le pot* BOUILLERA, comme le disent certaines personnes.

385. — BRAIRE est régulier, mais il ne s'emploie guère qu'à l'infin. prés. et aux 3ᵉˢ pers. du prés. de l'indicatif, du futur, et du condit. : il *brait,* ils *braient;* il *braira,* ils *brairont;* il *brairait,* ils *brairaient;* qu'il *braie,* qu'ils *braient.*

386. — CLORE (point de participe présent), je *clos,* tu *clos,* il *clôt,* (point de passé défini), *clos, close.*

ENCLORE a les mêmes temps.

ÉCLORE n'est guère usité qu'à l'infinitif et aux troisièmes personnes de quelques temps : Il *éclôt,* ils *éclosent,* il *éclora,* il *éclorait;* qu'il *éclose* (quoiqu'il n'ait pas de participe prés.); part. passé *éclos, éclose.* Il prend l'auxiliaire *être* dans les temps composés.

387. — CONFIRE, *confisant,* je *confis,* je *confis,* part. passé *confit, confite.*

388. — DÉCHOIR (point de part. prés.), je *déchois,* je *déchus, déchu.*

Irrégularités : Fut. et cond. je *décherrai,* je *décherrais ;* plur. de l'indic. prés. nous *déchoyons,* (pas d'imparfait de l'ind.), subj. prés. que je *déchoie.*

ÉCHOIR, *échéant,* il *échoit* ou il *échet,* j'*échus, échu.*

Irrégularités : Fut. et cond. il *écherra,* il *écherrait ;* plur. de l'ind. ils *échoient* ou ils *échéent.* (Pas d'imparf. de l'indic. ni de subj. prés.)

CHOIR ne se dit guère qu'à l'infinitif présent : *Prenez garde de* CHOIR, et au part. passé *chu, chue.*

389. — CROIRE, *croyant,* je *crus,* je *crus, ayant cru.*

390. — DÉFAILLIR n'est plus guère usité qu'à l'infinitif, au pluriel du prés. de l'indic. nous *défaillons,* etc. — *Je sens* DÉFAILLIR *mon âme à cette idée horrible* (J.-J. Rousseau); *toutes les forces de mon âme* DÉFAILLENT *au seul soupçon de ce malheur.* (Id.)

391. — FAILLIR. Ce verbe n'est usité qu'au passé défini : Je *faillis,* et aux temps composés : J'ai *failli,* il *avait failli,* etc.

392. — FALLOIR (verbe unipersonnel). Il *faut,* il *fallut,* il *a fallu,* etc. — Point de part. présent. Cependant on dit : *il fallait, qu'il faille.*

393. — FÉRIR. Ce verbe, qui signifie *frapper,* n'est d'usage que dans cette locution : *Sans coup férir,* c'est-à-dire *sans combattre.*

394. — FRIRE n'est usité qu'au sing. de l'indic. prés. : je *fris,* tu *fris,* il *frit;* au fut. et au cond. je *frirai,* je *frirais;* à l'impérat. *fris;* au part. passé, *frit, frite.*

395. — GÉSIR (inusité), part. prés. *gisant.* Ce verbe est usité à ces personnes du prés. de l'indic.: Il *gît,* nous *gisons,* vous *gisez,* ils *gisent;* à l'imparf. je *gisais,* tu *gisais,* etc.

On l'emploie comme formule dans les épitaphes : *Ci-gît un tel.*

396. — HAIR. — Indic. prés. je *hais,* tu *hais,* il *hait;* impérat., 2ᵉ pers. du sing., *hais.*

Ce sont là les seules personnes de ce verbe qui ne prennent pas de tréma.

On écrit les deux prem. pers. plur. du passé déf. sans accent circonflexe : Nous *haïmes*, vous *haïtes*, et l'imparf. du subj. qu'il *haït*. Le tréma remplace l'accent.

397. — MOURIR, *mourant*, je *meurs*, je *mourus*, *étant mort*.

Irrégularités : Fut. et cond. je *mourrai*, je *mourrais*; 3ᵉ pers. du plur. de l'ind. prés. ils *meurent*; subj. prés. que je *meure*, que tu *meures*, qu'il *meure* (que n. mourions, que v. mouriez), qu'ils *meurent*.

Il prend l'auxiliaire *être* dans ses temps composés.

398. — OUIR n'est usité qu'à l'infinitif, et aux temps formés du participe passé *ouï*.

399. — PLEUVOIR (verbe unipersonnel), *pleuvant*, il *pleut*, il *plut*, il *a plu*, etc.; fut. et cond. il *pleuvra*, il *pleuvrait*. Dans le sens figuré on peut l'employer au pluriel : *Les bombes* PLEUVAIENT *sur les maisons*. (Volt.)

400. — POUVOIR, *pouvant*, je *peux* ou je *puis*, je *pus*, *ayant pu*.

Irrégularités : Fut et cond. je *pourrai*, je *pourrais*; indic. prés. ils *peuvent*; subj. prés. que je *puisse*, que tu *puisses*, qu'il *puisse*, que nous *puissions*, etc.

Quand le pronom *je* doit suivre le verbe, on préfère *puis* à *peux*. On dit mieux : PUIS-JE *vous être utile?* que PEUX-JE *vous être utile?*

401. — SAILLIR signifiant *jaillir* est régulier; mais on ne l'emploie guère qu'à l'infinitif et à la troisième personne de quelques temps : *Saillissant*, il *saillit*, il *saillissait*, il *saillira*, qu'il *saillisse*, etc. On dit plus ordinairement *jaillir*.

SAILLIR (être en saillie) ne s'emploie non plus qu'à l'infinitif et à la 3ᵉ personne de quelques temps : il *saille*, il *saillait*, il *saillera*, qu'il *saille*, etc.

402. — SAVOIR *sachant*, je *sais*, je *sus*, *ayant su*.

Irrégularités: Fut. et cond. je *saurai*, je *saurais*; prés. de l'indic. : nous *savons*, vous *savez*, ils *savent*; imparf. de l'indic. je *savais*, tu *savais*, etc.; impérat. *sache* (sachons, sachez).

403. — SEOIR (inusité, être convenable) ne s'emploie qu'au participe présent *seyant*, et aux troisièmes personnes de quelques temps : Il *sied*, ils *siéent*; il *seyait*, ils *seyaient*; — il *siéra*, ils *siéront*; — il *siérait*, ils *siéraient*; — qu'il *siée*, qu'ils *siéent*.

SEOIR dans le sens de *être placé, situé*, ne s'emploie qu'au part. prés. *séant*, et au part. passé, *sis, sise*.

MESSEOIR (n'être pas convenable) a les mêmes temps que *seoir*.

404. — SURSEOIR, *sursoyant*, je *sursois*, je *sursis*, *sursis*. Ce verbe, d'après les règles de la formation, ne doit prendre un *e* qu'au futur et au conditionnel : *Surseoir*, je *surseoirai*, je *surseoirais*.

405. — TAIRE, *taisant*, je *tais*, je *tus*, *ayant tu*.

406. — TISTRE, synonyme de *tisser*. On ne l'emploie qu'au part. *tissu*, et aux temps qui en sont formés : *Une étoffe bien* TISSUE. On dit aussi *une étoffe bien* TISSÉE, mais alors c'est le participe du verbe *tisser* qui se conjugue régulièrement.

407. — VOULOIR, *voulant*, je *veux*, je *voulus*, *ayant voulu*. — Irrégularités : Fut. et cond. je *voudrai*, je *voudrais* ; prés. de l'indic. ils *veulent* ; prés. du subj. que je *veuille*, que tu *veuilles*, qu'il *veuille* (que n. voulions, que v. vouliez), qu'ils *veuillent*.

Ce verbe a deux impératifs : *Veuille, veuillez* (sans 1re personne), expressions de politesse, et *veux, voulons, voulez*, dans le sens de commandement, d'exhortation.

SUPPLÉMENT AU PARTICIPE.

Participe passé avec l'auxiliaire AVOIR.

408. — Le participe passé accompagné de l'auxiliaire AVOIR s'accorde avec son *complément direct* quand ce complément est placé auparavant. Dans tout autre cas il reste invariable.

409 — Le complément direct placé avant le participe est ordinairement un des pronoms QUE, ME, TE, SE, LE, LA, LES, NOUS, VOUS, ou un nom précédé de QUEL, COMBIEN DE, QUE DE, etc.

Les livres QUE *vous m'avez* ENVOYÉS, *je* LES *ai* REÇUS.
Les lettres QUE *vous m'avez* ÉCRITES, *je* LES *ai* LUES.
Qui VOUS *a* SUSPENDUES, *innombrables étoiles* ?
QUELS PRODIGES *a* PRODUITS *le siècle de Louis XIV* !
COMBIEN DE MAUX *elle a* SOUFFERTS.
QUE DE PEINES *elle a* éprouvées !

Dans ces phrases le participe s'accorde avec les compléments directs, qui sont : *que, les, vous, quels prodiges, combien de maux, que de peines.* On trouve le complément direct en faisant la question *qui* ou *quoi* après le participe. Vous m'avez envoyé *quoi ?* — *Que* pour *lesquels* (livres) ; vous m'avez écrit *quoi ?* — *Que* pour *lesquelles* (lettres), etc.

Mais on écrira sans accord :

Vous m'avez ENVOYÉ *des livres ; j'ai* REÇU *ces livres.*
Vous m'avez ÉCRIT *des lettres ; j'ai* LU *ces lettres.*
Qui a SUSPENDU *ces innombrables étoiles ?*
Le siècle de Louis XIV a PRODUIT *des prodiges.*
Combien elle a SOUFFERT *de maux !*
Qu'elle a ÉPROUVÉ *de peines !*

Les compléments directs *livres, lettres, étoiles, prodiges, maux, peines,* sont placés après le participe.

410. — OBSERV. — Le participe des verbes pronominaux, quoique accompagné du verbe *être,* suit la même règle que le participe accompagné du verbe *avoir.* On écrira avec accord : *Elle s'est* BLESSÉE *à la jambe.* Elle a *blessé qui ?—se,* mis pour *elle ;* et sans accord : *Elle s'est* BLESSÉ *la jambe.* Elle a *blessé quoi ?* — *la jambe.* Il y a la même différence entre ces deux phrases : *Les chimères* QU'ils se sont CRÉÉES, et *ils se sont* CRÉÉ *des chimères.*

SUPPLÉMENT A L'ADVERBE.

Emploi de l'Adverbe.

411. — Les *adverbes* servent à modifier les mots auxquels ils se rapportent en désignant certaines circonstances, comme celles de *lieu,* de *temps,* de *manière,* d'*ordre,* de *comparaison,* de *quantité,* etc. : *Où, jamais, sagement, d'abord, mieux, beaucoup,* etc.

Complément des Adverbes.

412. — En général, les adverbes n'ont point de complément. Il faut en excepter :

1º Certains adverbes dérivés d'un adjectif comme : *Antérieurement, conformément, conséquemment, différemment, indépendamment, postérieurement, préférablement, relativement,* etc. : *Un homme de bien est respectable par lui-même et* INDÉPENDAMMENT *de tous les dehors qui l'entourent* (La Bruyère). *Nous devons aimer Dieu* PRÉFÉRABLEMENT *à toutes choses.*

413. — 2º Les adverbes de quantité : *Beaucoup, peu, trop, assez, moins, tant, autant,* etc. Ex. : TROP *de précipitation nuit aux affaires. Qui peut nier que Balzac n'eût* BEAUCOUP *d'esprit? Les étoiles sont* AUTANT *de soleils immenses attachés à un monde nouveau qu'ils éclairent* (Massillon). Les adverbes de quantité peuvent eux-mêmes être *sujets, compléments,* ou *attributs,* parce qu'ils tiennent la place d'un substantif. Ainsi, dans les exemples précédents, TROP est le sujet de *nuit,* BEAUCOUP complément direct de *eût,* AUTANT attribut de *étoiles.*

Formation des Adverbes en MENT.

414. — La plupart des adverbes qui expriment la manière dont une chose se fait, se terminent par la syllabe *ment,* et sont formés d'adjectifs.

Quand l'adjectif masculin se termine par une *voyelle,* pour former l'adverbe il suffit d'y ajouter la syllabe *ment : Sage,* SAGEMENT ; *vrai,* VRAIMENT ; *ingénu,* INGÉNUMENT. Cependant *impuni* fait IMPUNÉMENT.

Quand l'adjectif masculin se termine par une *consonne,* l'adverbe se forme du féminin : *Complet* (complète), COMPLÉTEMENT ; *grand* (grande), GRANDEMENT ; *bon* (bonne), BONNEMENT, etc. Cependant *gentil* fait gentiment.

415. — Les adjectifs terminés par *ant* ou par *ent* forment l'adverbe par le changement de *ant* en *amment* (avec un *a*), ou de *ent* en *emment* (avec un *e*) : 1° *Obligeant*, OBLIGEAMMENT ; *savant*, SAVAMMENT, etc. — 2° *Négligent*, NÉGLIGEMMENT ; *récent*, RÉCEMMENT, etc. Cependant *lent*, *présent*, et *véhément*, font *lentement*, *présentement*, *véhémentement*.

Observations sur certains adverbes.

416. — AINSI signifiant *de cette manière* est adverbe ; *L'orateur parla* AINSI ; AINSI *va le monde.*

Ainsi signifiant *par conséquent* est conjonction : AINSI *je conclus que....*

417. — ALENTOUR n'est plus employé aujourd'hui que comme adverbe ou comme substantif pluriel : *Aller* ALENTOUR ; *les* ALENTOURS *de cette ville sont très-agréables.*

A l'entour de, qu'on trouve quelquefois chez les poëtes, est une locution surannée. Ainsi il ne faut pas dire : *A l'entour de moi*, mais *autour de moi*.

418. — AUSSI est adverbe quand il modifie un adjectif ou un autre adverbe : *Il est* AUSSI *modeste que savant ; il n'a pas agi* AUSSI *prudemment qu'il le devait.*

Aussi est conjonction quand il signifie *c'est pourquoi* : *Cet homme a rendu de grands services*, AUSSI *l'a-t-on bien récompensé.*

419. — CEPENDANT signifiant *pendant cela*, *pendant ce temps-là*, est adverbe : *Nous nous amusons, et* CEPENDANT *la nuit vient.*

Cependant signifiant *néanmoins*, *toutefois*, est conjonction : *On disait qu'il ne viendrait pas*, CEPENDANT *le voici.*

420. — COMME exprimant la comparaison est adverbe : *Il est hardi* COMME *un lion* (c.-à-d. comme l'est un lion) ; *continuez* COMME *vous avez commencé ; il est* COMME *insensé* (c.-à-d. presque insensé).

Comme signifiant *comment* ou *combien* est encore adverbe : COMME *il vous a traité !* COMME *il vous répond !* COMME *il est changé !*

Comme est conjonction dans le sens de *lorsque*, *parce que* : *Alcée, son gouverneur, le soutint comme il allait tom-*

ber (Fénélon). COMME *ses raisons paraissaient bonnes, on s'y rendit.* (Voy. les mots explétifs, 3e partie).

421. — COMMENT est adverbe quand il marque la manière : COMMENT *vous portez-vous ?* COMMENT *avez-vous fait cela ?*

Comment est interjection quand il marque l'étonnement, la surprise : COMMENT ! *vous voilà !* COMMENT ! *ingrat, vous osez me traiter ainsi !*

422. — ENCORE est adverbe 1° quand il marque le temps : *Il n'est pas* ENCORE *arrivé;* 2° quand il signifie *de nouveau, de plus; donnez-lui* ENCORE *à boire; je le verrai* ENCORE *une fois.*

Encore est conjonction quand il signifie *du moins.* ENCORE *si vous naissiez à l'abri du feuillage dont je couvre le voisinage, vous n'auriez pas tant à souffrir.* (La Font.)

423. — PARTOUT, en un mot, est un adverbe : *Il y a* PARTOUT *des honnêtes gens.*

Par tout, en deux mots, se compose de *par* préposition et de *tout* adjectif indéfini : PAR TOUT *pays les pauvres se lèvent matin, travaillent la terre, vivent sous le ciel et dans les champs* (B. de St-Pierre.)

424. — PLUTOT marquant le choix, la préférence, s'écrit en un mot : PLUTÔT *souffrir que mourir, c'est la devise des hommes.* (La Font).

Plus tôt, en deux mots, signifie *plus vite* ou *de meilleure heure : Carthage, devenue riche* PLUS TÔT *que Rome, fut aussi* PLUS TÔT *corrompue* (Montesquieu) c.-à-d. plus vite. *Il s'est levé* PLUS TÔT *que de coutume* (c.-à-d. de meilleure heure). *Partez au* PLUS TÔT (c.-à-d. au plus vite).

Il ne faut pas confondre *plus tôt* signifiant *plus vite* ou de meilleure heure avec *plutôt* signifiant *à peine.* Dans ce dernier cas il s'écrit en un mot : *Le corps de l'homme n'est pas* PLUTÔT *arrivé à son point de perfection qu'il commence à déchoir* (Buffon), c'est-a-dire *à peine* le corps de l'homme est-il arrivé, etc.

425. — QUAND exprimant une circonstance de temps est adverbe : QUAND *viendra-t-il ?* QUAND *vous serez plus âgé,* etc.

Quand signifiant *bien que, quoique,* est conjonction : QUAND *je le voudrais, je ne le pourrais pas; je serai votre ami* QUAND *même vous ne le voudriez pas.* (Acad.)

426. — SURTOUT, en un mot, est un adverbe : SURTOUT *soyez laborieux.*

Sur tout, en deux mots, se compose de *sur* préposition et de *tout,* adj. ou pronom indéfini : *C'est un homme qui parle* SUR TOUT *à tort et à travers.*

427. — Y adverbe signifie *là,* et modifie toujours un verbe : *J'*Y *vais,* c'est-à-dire JE VAIS LÀ.

Y pronom signifie *à 'lui, à elle, à eux, à cela : J'*Y *tra-vaille,* c'est-à-dire *je travaille à cela.*

Adverbes-conjonctifs.

428. — Les adverbes *comme, combien, comment, quand, pourquoi, où,* placés entre deux membres de phrase, font office de conjonction, et peuvent alors s'appeler ADVERBES-CONJONCTIFS : *Voici* COMME *il conta l'aventure à sa mère* (La Font.) *Dites-moi* COMMENT *je dois agir dans cette occasion; faites-moi savoir* QUAND *vous viendrez; il nous a demandé* POURQUOI *vous n'êtes pas venu,* etc.

Locutions adverbiales.

429. — A COMPTE employé sans déterminatif est une locution adverbiale : *J'ai reçu mille francs* A COMPTE.

Employé substantivement, il prend un trait d'union, et reste invariable : *Je lui ai donné plusieurs* A-COMPTE.

430. — A L'ENVI (sans *e*) est une locution adverbiale qui signifie *avec émulation : Ils travaillent* A L'ENVI.—A L'ENVIE (avec un *e*) renferme un substantif : *Être en butte* A L'ENVIE, c.-à-d. à la jalousie.

431. — A PART signifiant *séparément* est une locution adverbiale : *Mettez cela* A PART.

A *part* signifiant *excepté* est une locution prépositive qui se place au commencement d'une phrase ; A PART *quelques auteurs, j'ai renoncé à tous les livres.*

432. — A PLOMB signifiant *perpendiculairement* est une locution adverbiale : *Le soleil lui donnait* A PLOMB *sur la tête.* (Acad).

Employé substantivement, il ne forme qu'un seul mot : *Il a un* APLOMB (une assurance) *imperturbable.*

433. — A PROPOS signifiant *convenablement* est une locution adverbiale : *Faites tout* A PROPOS.

On l'emploie aussi substantivement : *L'*A-PROPOS *fait le mérite de tout.* Alors il prend un trait d'union.

434. — A TÉMOIN est une locution invariable qui signifie *en témoignage* : *Je les ai pris tous* A TÉMOIN.

Le mot *témoin* mis pour A TÉMOIN reste invariable et se place toujours au commencement d'une phrase ou d'un membre de phrase : TÉMOIN *les victoires qu'il a remportées*, c.-à-d. *je prends* A TÉMOIN *les victoires*, etc.

Le moyen âge ne manquait ni de grandeur ni de force : TÉMOIN *ses actes et sa durée.* (Châteaub.)

Il varie partout ailleurs : *Vous m'êtes tous* TÉMOINS *que... Cette querelle eut pour* TÉMOINS *un grand nombre de personnes.* (Acad.)

Témoin suivi de la préposition *de* peut s'employer comme adjectif au commencement d'une phrase : TÉMOINS *de ma victoire, les bergers voulurent que je me revêtisse de la peau de ce terrible animal.* (Fénélon.)

435. — EN EFFET signifiant *réellement* est une locution adverbiale : *Il a raison* EN EFFET; et conjonctive lorsqu'il signifie *car* : *Il affirme que telle chose est;* EN EFFET, *peut-on en douter après tant d'expériences?*

436. — PEUT-ÊTRE signifiant *sans doute, probablement*, est une locution adverbiale qui prend un trait d'union : PEUT-ÊTRE *avez-vous raison, nous partirons* PEUT-ÊTRE.

Mais il ne faut pas de trait d'union dans cette phrase : *Cela* PEUT ÊTRE, qui peut se tourner ainsi : *Cela pourrait être* ou *cela pourrait bien être.*

437. —. TÊTE A TÊTE modifiant un verbe est une locution adverbiale : *Ils ont dîné* TÊTE A TÊTE.

C'est aussi un substantif composé : *Ils ont de fréquents* TÊTE-A-TÊTE. Alors il prend deux traits d'union, et peut être précédé d'un adjectif.

438. — UN JOUR exprimant une idée de passé ou d'avenir est une locution adverbiale : *Je lui dis* UN JOUR *qu'il m'était impossible de... Vous vous repentirez* UN JOUR *de n'avoir pas suivi nos conseils.*

Un jour signifiant *une journée* est un substantif : *Il a passé* UN JOUR *à la campagne.*

439. — OBSERV. — Les substantifs *moitié* et *partie* s'emploient adverbialement dans ces locutions : *C'est une étoffe* MOITIÉ *soie,* MOITIÉ *laine* (c'est-à-dire *à demi* soie, etc.); *le payement s'est fait* PARTIE *avec de l'argent,* PARTIE *avec des billets*, (c'est-à-dire *en partie*, etc.)

SUPPLÉMENT A LA PRÉPOSITION.

Emploi de la préposition.

440. — La *préposition* sert à marquer les divers rapports que les mots ont entre eux, comme un rapport de *direction*, de *supériorité*, d'*infériorité*, de *sortie*, de *but*, de *motif*, de *possession*, etc. : *Marcher* A *l'ennemi; monter* SUR *un arbre, se cacher* SOUS *la table, sortir* DE *la ville*, etc.

441. — Certains mots qui de leur nature sont prépositions deviennent adverbes quand on les emploie sans complément; tels sont : *Après, autour, avant, contre, depuis, derrière, devant, outre, proche, selon : Vous irez* DEVANT, *et lui* APRÈS. — *Tout* AUTOUR *il ne croissait ni herbe ni fleurs.* (Fénél.) — *N'allez pas si* AVANT. — *J'étais tout* CONTRE. — *Je ne l'ai point vu* DEPUIS. — *Regardez* DERRIÈRE. — *Les juges ont passé* OUTRE. — *Parler* POUR *et* CONTRE. — *Il demeure ici* PROCHE. — *Pensez-vous qu'il gagne son procès?* — SELON, *c'est* SELON.

Remarques sur certaines prépositions.

442. — AVEC s'emploie quelquefois sans complément et par rédondance, mais seulement dans le langage familier : *Il a pris son manteau, et s'en est allé* AVEC. (Acad.)

443. — DURANT se met quelquefois après son complément : *Sa vie* DURANT. *Un mois* DURANT. (La Font.)

444. — EN préposition peut se placer avant un nom, un pronom, un participe présent. *Il a voyagé* EN *Italie ; le vice porte* EN *soi quelque chose de honteux.* EN *faisant des heureux, un roi l'est à son tour.* (Volt.)

En pronom, qui signifie *de lui, d'elle, d'eux, d'elles, de cela*, se place ordinairement avant un verbe: *Qu'*EN *fera, dit-il, mon ciseau?* (La Font.) c'est-à-dire que mon ciseau fera-t-il *de lui?* — *Parcourez l'Italie, et admirez-*EN *les monnments*, c'est-à-dire les monuments *d'elle.*

445. — MALGRÉ employé en opposition avec *bon gré* est une locution adverbiale qui s'écrit en deux mots : *Bon gré, mal gré* (de gré ou de force.)

446. — PLEIN, adjectif de sa nature, n'est préposition que dans les phrases analogues à celle-ci : *Il a de l'argent* PLEIN *ses poches.* (Acad.)

Locutions prépositives.

447. — La plupart des *locutions prépositives* deviennent *locutions adverbiales* quand on retranche la préposition *de;* tels sont : *à côté, à couvert, à dessein, à l'abri, à notre insu, à l'opposite, à même, au delà, au-dessous, au-dessus, au-devant, au milieu, en deçà, en dedans, en dehors, vis-à-vis.*

448. — Les prépositions *à, de, par,* se joignent quelquefois à d'autres prépositions ou à d'autres mots pour former des locutions prépositives : A TRAVERS *les champs,* A PART *sa vivacité; il est peint* D'APRÈS *nature; discerner le bien* D'AVEC *le mal;* DE PAR *le roi;* DE PAR *le monde;* PAR DEVERS *soi;* PAR-DESSOUS *la table;* PAR-DESSUS *la muraille,* etc.

449. — QUANT, suivi de *à* ou des articles *au, aux,* forme une locution prépositive, signifiant *pour, à l'égard de, relativement à,* et s'écrit par un *t : Cet homme a le cœur bon;* QUANT A *la tête, elle est mauvaise* (Girault-Duvivier.) QUANT AU *métier,* QUANT AUX *choses de la guerre, il n'y entend rien.*

On écrit dans le même sens : QUANT A *moi,* QUANT A *toi,* QUANT A *lui,* QUANT A *nous,* etc.

Quand, écrit par un *d* (1), est un adverbe ou une conjonction signifiant *lorsque, à quelle époque, quoique :* QUAND *les hommes cesseront-ils de se nuire?* (Gir.-Duv.)

---

(1) Quand dans le sens de *lorsque* peut aussi être suivi de *à* ou de *au : Vous voulez toujours avoir raison* QUAND, A *vrai dire, vous avez tort. Vous avez l'air de travailler* QUAND, AU *contraire, vous rêvez à autre chose*

SUPPLÉMENT A LA CONJONCTION.

Emploi de la conjonction.

450. — Les *conjonctions* servent à marquer de diverses manières la liaison des idées. Les unes, que les grammairiens appellent *copulatives*, expriment simplement la liaison, comme *et, ni;* les autres marquent la *comparaison*, l'*opposition*, l'*alternative*, le *motif*, la *condition*, etc., tels sont : *Comme*, *mais*, *ou, pourquoi, si*, etc.

Remarques sur certaines conjonctions.

451. — POURQUOI signifiant *pour quelle chose, pour laquelle chose*, est conjonction : *Vous étiez absent, voilà* POURQUOI *l'on vous a oublié.* (Acad.)

Pourquoi signifiant *par quelle raison* est adverbe d'interrogation : POURQUOI *ne le ferais-je pas ?* (Id.)

452. — QUE est *pronom, adverbe*, ou *conjonction.*

1° Pronom *relatif* quand il peut se tourner par *lequel, laquelle, lesquels, lesquelles* : *Le livre* QUE *j'ai lu*, c.-à-d. LEQUEL (livre); *les livres* QUE *j'ai lus*, c.-à-d. LESQUELS (livres). *Devinez ce* QUE *j'ai fait aujourd'hui*, c.-à-d. devinez *la chose* LAQUELLE, etc. — Il est aussi pronom *indéfini* quand on peut le tourner par *quelle chose: Il ne sait* QUE *dire*, c.-à-d. *quelle chose.*

2° Adverbe modificatif quand il signifie *combien* : QUE *Dieu est puissant!* c'est-à-dire COMBIEN *puissant Dieu est.* (1) Il est aussi adverbe de quantité : QUE *de services il*

----

(1) Pour trouver aisément l'adjectif ou l'adverbe modifiés par *que*, il suffit de remplacer ce *que* par l'adverbe *très*, dont il est l'équivalent. Ainsi dans cette phrase : QUE *votre éclat est peu durable, charmantes fleurs!* le mot *que* modifie *peu*, parce que l'on pourrait dire : *Votre éclat est* TRÈS-PEU *durable.* De même dans celle-ci : Qu'*un ami véritable est une douce chose!* (La Font.) le mot *que* modifie *douce* parce que l'on peut dire : *Un ami véritable est une* TRÈS-*douce chose.*

5

m'a rendus! C'est-à-dire COMBIEN *de services.* (1) — *Ne... que*
et *ne... plus que* signifiant *seulement* forment une locution
adverbiale : *L'égoïste* NE songe QU'à soi, c.-à-d. *seulement à*
soi; il N'a PLUS QUE *deux lieues à faire,* c.-à-d. *seulement*
deux lieues.

3° Conjonction quand il ne sert qu'à lier deux membres
de phrase : *Il est certain* QUE *l'habitude du travail est une*
grande richesse.

Il est toujours conjonction quand il correspond aux adverbes *plus, moins, autant, tant, mieux, si, aussi, tellement,*
plutôt, à peine, etc. : *Il a remporté* PLUS *de victoires* QUF...
J'aurai MOINS *de complaisance* QUE... *Je ne lui croyais pas*
AUTANT *de prudence* QUE... *Il a* TANT *de richesses* QUE... etc.

453. — SI signifiant *en cas que, pourvu que, à moins que,*
supposé que, est une conjonction conditionnelle : SI *vous*
voulez être heureux, aimez la vertu.

Si signifiant *tellement, à tel point, aussi,* est adverbe : *Il*
est SI *sage,* SI *savant, qu'on le cite pour modèle; je ne con-*
nus jamais un SI *brave homme,* c.-à-d. *un aussi* brave
homme.

Locutions conjonctives.

454. — PARCE QUE, écrit en deux mots, est une conjonction signifiant *attendu que, par la raison que :* PARCE
QU'il *est méchant, faut-il que vous le soyez aussi?* c.-à-d.
par la raison que.

Par ce que, écrit en trois mots, n'est plus une conjonction; c'est *par* préposition, suivi des pronoms *ce* et *que,* signifiant *par la chose que, par les choses que,* ou *d'après*
ce que : Vois PAR CE QUE *je suis ce qu'autrefois je fus.*
(Delille).

---

(1) Le mot *que,* marquant la quantité, peut être suivi de
la préposition *de :* QUE *j'ai de chagrin!* c'est-à-dire QUE DE
chagrin j'ai! Le complément de l'adverbe peut même se
trouver à la fin d'une phrase assez étendue :

Adorable vertu, QUE *tes divins attraits*
Dans un cœur qui te perd laissent de longs regrets!
(Racine.)

De longs regrets est le complément indirect de *que :* Tes
divins attraits laissent quoi? — QUE DE *longs regrets.*

455. — QUOIQUE, écrit en un mot, est une conjonction, et signifie *bien que* : QUOIQU'*il soit pauvre, il est honnête homme.*

Quoi que, en deux mots, est un pronom indéfini suivi d'une conjonction et signifiant *quelque chose que* : QUOI QUE *vous écriviez, évitez la bassesse.* (Boileau.)

OBSERV. — Dans le sens de *quelque chose que,* le pronom *quoi* est 1° complément direct : QUOI QU'*il fasse,* QUOI QU'*il dise;* 2° sujet réel : QUOI QU'*il en soit,* QUOI QU'*il arrive,* QUOI QU'*il en coûte.* (Dans ce dernier cas le verbe est unipersonnel).

SUPPLÉMENT A L'INTERJECTION.

Emploi de quelques interjections.

456. — Les principales interjections sont : *Ah! eh! ô! oh! hélas!*

457. — *Ah!* sert à exprimer la joie, la douleur, l'admiration : AH! *que vous me faites plaisir!* AH! *la vie est pour nous un cercle de douleur.* (Volt). AH! *que cela est beau!* — Cette interjection s'écrit quelquefois *ha* pour marquer la surprise, l'étonnement : HA, *vous voilà?* (1)

458. — *Eh!* marque aussi la surprise, la douleur : EH! *qui l'aurait pu croire?* EH! *qui n'a pas pleuré quelque perte cruelle?* (Delille). — Cette interjection s'écrit *hé* pour attirer l'attention sur ce qui suit ou pour témoigner la commisération : HÉ, *bonjour, monsieur du corbeau!* (La Font.) HÉ, *pauvre homme, que je vous plains!*

---

(1) *Ah!* et *ha,* qui tous deux peuvent s'employer pour exprimer l'étonnement, se distinguent en ce que l'un exprime un sentiment prolongé et se prononce avec lenteur, tandis que l'autre exprime un sentiment prompt et vif, et se prononce avec rapidité.

De même *eh! oh!* se prononcent avec lenteur, au lieu que *hé, ho,* doivent se prononcer brièvement.

459. — *O* (sans *h*) se place, comme signe d'exclamation, avant les noms ou les pronoms qui représentent les personnes ou les choses auxquelles on s'adresse : O *mon fils, craignez Dieu, et ne craignez rien de plus.* — O sert aussi à marquer divers mouvements de l'âme: O *temps ! ô mœurs ! O douleur ! ô regrets !* — O *bonté divine, que nous ne saurions ni imiter ni comprendre ! ô dureté des hommes, qu'une telle bonté ne touche ni n'amollit point !* (Massillon.)

Le point d'exclamation (!) ne se place jamais immédiatement après l'interjection *ô.*

460. — *Oh!* s'écrit ainsi lorsqu'il n'est pas suivi d'un substantif, et sert à exprimer un sentiment de douleur, de surprise, ou simplement à affirmer plus fortement ce que l'on dit : OH ! *qu'il est cruel de n'espérer plus !* (Fénélon.) OH ! OH ! *je n'y prenais pas garde.* OH ! *n'en doutez pas.* — Cette interjection ne doit s'écrire *ho* que quand on s'en sert pour appeler : *Allons,* HO! *messieurs, debout, debout, vite; c'est trop dormir.* (Molière).

461. — EH BIEN, HÉ BIEN. — EH QUOI, HÉ QUOI.

Les auteurs écrivent indifféremment *eh bien, hé bien,* pour exhorter ou pour exprimer un aveu : EH BIEN, *travaillez donc.* — *J'ai fait cela,* HÉ BIEN, *quel mal y a-t-il?* — *Eh quoi, hé quoi,* pour marquer l'étonnement, l'indignation : EH QUOI, *vous n'êtes pas encore parti!* — HÉ QUOI! *charger ainsi cette pauvre bourrique!* (La Font.)

REMARQUES DÉTACHÉES.

ORTHOGRAPHE DE CERTAINS SUBSTANTIFS.

Pluriel des noms propres.

Un nom propre, quoique précédé de l'article pluriel, reste au singulier toutes les fois qu'on peut supprimer cet article : *Les* TURENNE, *les* CONDÉ, *ont ajouté à la gloire des armes françaises*, c'est-à-dire *Turenne, Condé, ont ajouté*, etc.

Si le sens ne permet pas de supprimer l'article, le nom propre se met au pluriel : *Les* CICÉRONS *sont rares*, c'est-à-dire les orateurs comparables à Cicéron. On écrit de même : *Des* ALEXANDRES, *des* CÉSARS, *des* NAPOLÉONS, pour désigner de grands conquérants ; *des* NÉRONS, *des* TIBÈRES, pour des princes cruels, etc.

Substantifs composés.

Les substantifs et les adjectifs sont les seuls mots qui varient dans les substantifs composés. Pour en connaître l'orthographe, il faut les décomposer :

Un PORTE-CLEFS. — Un homme qui porte des clefs.
Un COUVRE-PIEDS. — Un objet qui couvre les pieds.
Un ESSUIE-MAINS. — Linge qui sert à essuyer les mains.
Des APPUIS-MAIN. — Des appuis pour la main.
Des GARDES-CHASSE. — Des gardiens pour la chasse.
Des GARDE-MANGER — Où l'on garde le manger.

Quand un substantif composé est formé de deux mots unis par une préposition, le premier seul prend la marque du pluriel : Un *arc-en-ciel*, des ARCS-EN-CIEL ; un *chef-d'œuvre*, des CHEFS-D'ŒUVRE, etc. Cependant on écrit sans s : Des *coq-à-l'âne*, des *pied-à-terre*, des *tête-à-tête*.

ORTHOGRAPHE DE CERTAINS ADJECTIFS.

Nu, demi, feu.

Nu et *demi* placés avant un substantif restent in-variables et prennent un trait d'union : *Nu-tête*, *nu-jambes*. — *Un* DEMI-*volume*, *une* DEMI-*heure*. Mais ils varient et ne prennent plus le trait d'union après le substantif : *Tête* NUE, *jambes* NUES. — *Un volume et* DEMI, *deux heures et* DEMIE. (L'adjectif *demi* ne prend jamais la marque du pluriel.)

Feu, qui signifie *défunt*, ne s'accorde que quand il est joint immédiatement au substantif : *La* FEUE *reine*, *votre* FEUE *sœur*. Mais on écrira sans accord : FEU *la reine*, FEU *votre sœur.*

Vingt et cent.

Vingt et *cent* prennent la marque du pluriel quand ils sont multipliés par un autre nombre : *Quatre-*VINGTS *chevaux*, *huit* CENTS *hommes*. — *Nous étions cent quatre-*VINGTS *à deux* CENTS (sous-ent. *personnes*).

Vingt et *cent*, quoique multipliés par un autre nombre, restent invariables : 1º quand ils sont sui-vis d'un autre adjectif numéral : *Quatre-*VINGT-*dix chevaux*, *huit* CENT *trente hommes* ; 2º quand ils sont mis pour *vingtième* et *centième* : *Numéro quatre-*VINGT, *page deux* CENT.

Mil, mille, milles.

Mil s'écrit en une syllabe quand on cite une des années de l'ère (époque) chrétienne : *L'an* MIL *huit cent quarante-neuf*.

Mille s'écrit en deux syllabes et sans *s* quand il s'emploie pour désigner le nombre dix fois cent : *Ils étaient plus de* MILLE *et m'ont laissé ravir notre pauvre Robin*. (La Font.)

Mille est substantif et prend une *s* quand il dé-

signe une mesure itinéraire : *Trois* MILLES *d'Angle-*
terre valent à peu près une lieue de France.

OBSERV. — *Millier, milliard, million, billion, etc.,*
sont aussi des substantifs, et, comme tels, susceptibles de la marque du pluriel.

Tout, quelque, même.

Tout, quelque, même, sont adjectifs quand ils déterminent un substantif ou un pronom.

1º TOUT *ami,* TOUTE *amitié; ils sont* TOUS *arrivés, elles*
sont TOUTES *arrivées.*

2º QUELQUE *ouvrage,* QUELQUES *ouvrages ;* QUELQUES
grands biens qu'il possède, c.-à-d. QUELQUES *biens qu'il*
possède.

3º *Les* MÊMES *hommes, les* MÊMES *personnes ; ces hommes*
MÊMES, *ces femmes* MÊMES.

Tout, quelque, même, sont adverbes quand ils
modifient un adjectif. Ex :

1º TOUT *aimable qu'elle est,* TOUT *héroïque qu'est cette*
action, TOUT *savants qu'ils sont.* (Dans ces exemples, *tout*
a le sens de *tout à fait.*)

2º QUELQUE (1) *immenses que soient vos richesses,* QUEL-
QUE *rares que soient leurs talents.*

3º *Les peuples* MÊME *sauvages et barbares reconnaissent*
un Dieu; les plus sages MÊME *commettent des fautes.*
(*Même* signifie ici *jusqu'à :* JUSQU'*aux peuples sauvages,*
etc. ; JUSQU'*aux plus sages,* etc.)

1ʳᵉ *Remarque.* — L'adverbe *tout* suivi d'un adjectif *féminin* commençant par une *consonne* ou par
une *h aspirée,* varie par euphonie. Ex :

TOUTE *spirituelle qu'elle est,* TOUTES *spirituelles qu'elles*
sont.

Elle était TOUTE *honteuse, elles étaient* TOUTES *honteuses.*

2ᵉ *Remarque.* — *Quelque* suivi d'un *verbe* ou des
pronoms *il, ils, elle, elles, en,* s'écrit en deux mots,
et alors *quel,* adjectif, s'accorde avec le sujet ou

---

(1) *Quelque* ne perd l'e que dans *quelqu'un, quelqu'une.*

les sujets du verbe, qui sont toujours placés après quand ce sont des substantifs. Ex :

QUEL *que soit cet homme,* QUELS *que soient ces hommes.*

QUELLE *que soit cette femme,* QUELLES *que soient ces femmes.*

Ces hommes, QUELS *qu'ils soient ; ces femmes,* QUELLES *qu'elles soient.*

QUELS *que soient ton culte et ta patrie;* QUELLES *que soient sa sagesse et sa piété.*

3ᵉ *Remarque.* — *Même* après un ou plusieurs substantifs est adverbe quand il a le sens de *aussi* ou de *jusqu'à:*

Après cette maladie, ses amis MÊME *avaient peine à le reconnaître ;* c.-à-d. non-seulement les autres, mais *aussi* ses amis, ou *jusqu'à* ses amis.

Les poissons, les oiseaux, les arbres MÊME*, changent pour nous de climat.* (B. de St.-Pierre.)

PONCTUATION.

Les signes de ponctuation sont : Le *point,* la *virgule,* le *point-virgule,* les *deux points,* le *point interrogatif,* le *point exclamatif :*

1º Le *point* (.) s'emploie quand le sens est entièrement terminé : *Le cœur d'une mère est le chef-d'œuvre de la nature.* (Grétry.)

2º La *virgule* (,) s'emploie pour séparer les divers membres d'une énumération :

La force, la santé, la joie, s'évanouiront comme un beau songe (Fénélon .

La véritable grandeur est libre, douce, familière, populaire (La Bruyère).

Il prit, quitta, reprit la cuirasse et la haire. (Volt.)

On met entre virgules les mots qui peuvent se retrancher des phrases sans que la pensée de l'auteur en soit altérée :

Le lion, terreur des forêts,
Chargé d'ans, et pleurant son antique prouesse,
Fut enfin attaqué par ses propres sujets,
Devenus forts par sa faiblesse. (La Font.)

C'est pour la même raison qu'on met entre deux virgules ces petites propositions *dit-il, dit-on, reprit-il, s'écria-t-il, pour ainsi dire, à dire vrai, à mon avis, à la vérité, en un mot, en général,* etc.

3° Le *point virgule* (;) se met entre deux propositions qui ont une certaine relation entre elles quand la seconde n'est liée avec la première ni par une conjonction ni par un pronom relatif. Ex :

> *La mort ne surprend point le sage;*
> *Il est toujours prêt à partir.* (La Font.)

4° On fait usage des *deux points* (:) avant une citation, et alors les deux points équivalent à un point et doivent être suivis d'une majuscule : *Souvenez-vous de cet adage : Aide-toi, le ciel t'aidera.*

On emploie aussi les deux points pour annoncer ce que l'on va dire, et dans ce cas on ne fait pas usage de la majuscule :

> *Travaillez, prenez de la peine :*
> *C'est le fonds qui manque le moins.* (La Font.)

5° *Le point interrogatif* (?) et le *point exclamatif* (!) se mettent à la fin des phrases qui expriment l'interrogation ou l'admiration :

Qu'y a-t-il de plus beau ? l'univers. — De plus fort ? la nécessité. — De plus difficile ? de se connaître. — De plus facile ? de donner des avis. — De plus rare ? un véritable ami. (Barthélemy.)

Que l'homme est vil! que l'homme est auguste! quel contraste de richesse et de pauvreté, d'abjection et de grandeur! (Le Tourneur.)

Le point interrogatif et le point exclamatif n'équivalent pas toujours à un point, et, par conséquent, ne doivent pas toujours être suivis de la majuscule. Ainsi dans la première phrase, en détruisant la tournure interrogative, on dirait : *Ce qu'il y a de plus beau, c'est l'univers ; ce qu'il y a de plus fort, c'est la nécessité,* etc.

Il en est de même dans ces phrases: *Quand partez vous? me demanda-t il?—Que vois-je! s'écria-t-elle.*

*

ANALYSE GRAMMATICALE.

462. — Analyser grammaticalement, c'est décomposer les mots d'une phrase de manière à faire connaître leur nature et la fonction qu'ils remplissent.

Sujet et compléments.

463. — Le *sujet* est ordinairement énoncé par un nom ou par un pronom. Cependant il peut l'être quelquefois par un infinitif, par une expression quelconque employée substantivement, ou par une proposition entière, comme dans les phrases suivantes : MENTIR *est un vice;* PEU *lui suffit; vos* POURQUOI *ne finissent pas; il faut* QUE L'HOMME MEURE.

Qu'est-ce qui est un vice? — *mentir* (sujet). *Qu'est-ce qu'il faut?* — *que l'homme meure* (sujet.)

464. — COMPLÉMENTS. — Les *compléments* soit directs, soit indirects, peuvent être énoncés par les mêmes expressions que le sujet. Ex : *Vous osez* MENTIR; *il passe son temps* A LIRE; *nous avons* ASSEZ *d'argent; il se contente* DE PEU; *je sais que l'âme* EST IMMORTELLE; *il se moque du* QU'EN DIRA-T-ON.

Vous osez quoi? — *mentir* (complément direct); *il passe son temps à quoi?* — *à lire* (complément indirect); *je sais quoi?* — *que l'âme est immortelle; il se moque de quoi?* — *du qu'en dira-t-on,* etc.

465. — Le complément indirect s'offre souvent sous la forme d'un complément direct. Ainsi quand on dit : *Je vais* SORTIR; *nous nous voyons tous les* ANS; *cette audace lui coûta la* VIE;

Le chagrin vint FLÉTRIR *la fleur de ses beaux jours;* (Volt.)
Le pauvre allait le VOIR, *et revenait heureux;* (Id.)

les infinitifs *sortir, flétrir, voir,* et les substantifs *ans,* et *vie,* sont des compléments indirects.

Attribut, Apposition, Apostrophe.

466. — ATTRIBUT. — On appelle *attribut* le mot qui se place après le verbe *être* pour exprimer la

qualité, la manière d'être du sujet. Ex : *L'amitié
est un* DON *du ciel; les yeux sont le* MIROIR *de l'âme.*
Don est attribut de *amitié*, *miroir* celui de *yeux*. —
Dans cette phrase : *La bonne grâce est au corps* CE
QUE *le bon sens est à l'esprit* (La Rochef.), le pronom
ce est l'attribut de *grâce*, et *que* (mis pour lequel)
celui de *sens*.

Il en est de même après certains verbes neutres
ou passifs, tels que *devenir*, *rester*, *partir*, *naître*,
sembler, *être nommé*, *être élu*, etc. Ex : *L'un naît*
ROI, *l'autre* BERGER (Lemare.); *tout vous est aquilon*,
tout me semble ZÉPHYR (La Fontaine.); *Cicéron fut
nommé* CONSUL. Les mots *roi*, *berger*, *zéphyr*, *consul*,
sont attributs de *l'un*, de *l'autre*, de *tout*, et de *Cicéron*.

467. — Par un dérangement de l'ordre grammatical, l'attribut peut être placé avant le verbe et le
sujet, ce qui arrive le plus souvent avec le verbe
être. Pour ne point confondre le sujet avec l'attribut, il est essentiel de faire une question avant
le verbe. Ex : *La première* VERTU *du chrétien est la
charité.* Qu'est-ce qui est la première vertu du
chrétien ? — la *charité*. Le mot *charité* est le sujet,
et cela revient à dire : *La charité est la première*
VERTU *du chrétien*, phrase dans laquelle *vertu* figure
comme attribut.

> *La plus belle victoire est de* VAINCRE *son cœur.* (La Font.)

Qu'est-ce qui est la plus belle victoire ? — De
vaincre.

468. — L'attribut peut être énoncé par un nom,
par un adjectif, par un pronom, par un infinitif, et
par un adverbe.

469. — APPOSITION. — Quand un substantif est
joint à un autre soit pour le qualifier, soit pour
l'expliquer, l'union de ces deux substantifs forme
ce qu'on appelle *apposition*. Ainsi quand on dit :

> *Le lion* ROI *des bois, l'aigle* TYRAN *des airs,*
> *Et la baleine enfin,* SOUVERAINE *des mers,*

les mots *roi, tyran, souveraine*, sont employés adjectivement et qualifient *lion, aigle, baleine*, par apposition.

Dans ces expressions : Maître *corbeau*, mère *écrevisse*, sire *loup*, l'empereur *Napoléon*, le général *Kléber*, le poëte *Virgile*, commis *voyageur*, apprenti *serrurier*, les mots *maître, mère, sire, empereur*, etc. forment aussi apposition.

470. — L'apposition peut même avoir lieu avec deux substantifs unis par la préposition *de*, lorsque ces deux substantifs désignent un seul et même objet : *La ville* DE *Paris, le fleuve* DE *la Seine, le mois* DE *janvier, le vicomte* DE *Turenne, la marquise* DE *Maintenon, monsieur* DE *Caylus, la comédie* DU *Misanthrope*; etc., la préposition est alors explétive, c'est-à-dire superflue, et ces expressions sont équivalentes à : *Paris ville*, la *Seine fleuve, janvier mois*, etc. Il n'en est pas de même quand on dit : *Les monuments* DE *Paris, le cours* DE *la Seine, le retour* DE *janvier*, etc. parce que les substantifs expriment deux objets différents.

471. — APOSTROPHE. — Le nom qui désigne la personne ou la chose à laquelle on adresse momentanément la parole, n'a pas d'autre fonction que d'être pris en apostrophe. Dans ce cas on peut toujours le faire précéder de l'interjection *ô*. Ex : Seigneur, *soyez nous propice; mon* fils, *ayez compassion des malheureux; innombrables* étoiles, *qui vous a suspendues au firmament?*

Fonctions particulières de chaque espèce de mots.

472. — SUBSTANTIF. — Le *substantif* est commun ou propre, masculin ou féminin, singulier ou pluriel. Il est *sujet, complément direct, complément indirect*, placé par *apposition*, ou pris en *apostrophe*.

473. — ARTICLE. — L'*article* est simple ou composé, masculin ou féminin, singulier ou pluriel. Il sert à déterminer la signification du substantif.

Les articles partitifs *du, de la,* et *des* mis pour *quelque* ou *quelques,* peuvent précéder un sujet ou un complément.

474. — ADJECTIF. — L'*adjectif* est qualificatif ou déterminatif; — *déterminatif,* il est ou *numéral,* ou *démonstratif,* ou *possessif,* ou *indéfini.* Il qualifie ou détermine un nom, un pronom, ou un infinitif.

L'adjectif placé après le verbe *être,* et après un verbe neutre ou passif, est *attribut.*

475. — PRONOM. — Le *pronom* est ou *personnel,* ou *démonstratif,* ou *possessif,* ou *relatif,* ou *indéfini.* Il a le genre et le nombre des mots auxquels il se rapporte; il a aussi la même fonction qu'aurait le substantif dont il rappelle l'idée. Pour trouver aisément sa fonction, il faut voir où l'on placerait ce nom.

476. VERBE. — Le *verbe* est ou *actif,* ou *passif,* ou *neutre,* ou *pronominal,* ou *unipersonnel.* Il faut en indiquer le mode, le temps, la personne, et le nombre.

Le verbe à l'*infinitif* est *sujet, complément,* ou *attribut*; il peut aussi avoir quequefois le sens du participe présent. Ex : *Je les ai vus* PARTIR, c.-à-d. *partant. Partir* est alors modificatif du pronom *les.*

Dans cette phrase : *Sparte elle-même a laissé* DORMIR *ses lois* (J. J. Rouss.) le mot *lois* n'est point le complément de *dormir,* qui est un verbe neutre, mais bien celui de *a laissé: Sparte a laissé ses lois dormir* ou *dormant.*

Il voit NAÎTRE *et* MOURIR *les superbes empires.* (L. Rac.) c.-à-d. il voit les empires *naissant* et *mourant.*

Partout on voit MÛRIR, *partout on voit* ÉCLORE,
Et les fruits de Pomone et les présents de Flore. (Volt.)

477. — PARTICIPE. — Le participe *présent* est un modificatif du substantif ou du pronom auxquels il se rapporte. Lorsqu'il est précédé de *en,* il est toujours complément indirect.

Le participe *passé*, employé sans auxiliaire, qualifie un substantif ou un pronom comme l'adjectif, et dans ce cas on peut l'appeler *participe-adjectif*.

478. — ADVERBE. — L'*adverbe* modifie un verbe, un adjectif, ou un autre adverbe.

L'adverbe de quantité peut être sujet, complément, ou attribut. Il en est de même de quelques adverbes modificatifs :

LE MOINS *qu'on peut laisser de prise aux dents d'autrui, c'est* LE MIEUX. (La Font.)

LE TROP *d'attention qu'on a pour le danger fait le plus souvent qu'on y tombe.* (Id.)

Les choses D'ICI-BAS *ne me regardent plus* (Id.)

Rien ne ressemble mieux à AUJOURD'HUI *que* DEMAIN.
(La Bruyère.)

Les hommes D'AUTREFOIS *étaient, dit-on, plus robustes que ceux* D'AUJOURD'HUI. (Acad.)

Il n'est pas certain que nous voyions DEMAIN, *mais il est certainement possible que nous ne le voyions pas.* (Pascal.)

479. — PRÉPOSITION. — La préposition forme avec son complément un complément indirect d'un verbe, d'un nom, d'un adjectif, d'un pronom, et d'un adverbe de quantité.

Il faut se rappeler que la préposition *de* employée pour *quelque* dans un sens partitif peut précéder un sujet ou un complément direct. Ex : *Notre armée compte* DE *braves officiers*, c'est-à-dire quelques braves officiers.

Les prépositions *à* ou *de* avant un infinitif sont employées par euphonie lorsque cet infinitif est complément direct, c'est-à-dire lorsqu'il répond à la question *quoi* faite après le premier verbe : *Il aime* A *jouer; je lui recommande* DE *travailler.* Il *aime quoi? — à jouer; je lui recommande quoi? — de travailler.*

480. — CONJONCTION, INTERJECTION. — Il suffit de désigner nominativement la *préposition*, la *conjonction*, et l'*interjection*, sans leur assigner aucune fonction.

MODÈLE D'ANALYSE.

481. — Il est un Dieu dans le ciel qui voit tout ce que nous faisons et qui nous en demandera compte un jour.

IL	pron. impers. masc. sing. sujet apparent de *est*.
EST (existe)	verbe unipers. à l'indic. prés. 3⁰ pers. du sing.
UN (un seul)	adjectif num. card. masc. sing. dét. *Dieu*.
DIEU	subst. prop. masc. sing. sujet réel de *est*.
DANS	préposition.
LE	art. simp. masc. sing. dét. *ciel*.
CIEL	subst. com. masc. sing. compl. indir. de *est*.
QUI	pron. relat. à *Dieu*, masc. sing. sujet de *voit*.
VOIT	verbe act. à l'indic. prés. 3⁰ pers. du sing.
TOUT	adj. indéf. masc. sing. dét. *ce*.
CE	pron. dém. masc. sing. compl. dir. de *voit*.
QUE (lequel)	pron. relat. à *ce*, mas. sing. compl. dir. de *faisons*.
NOUS	pron. pers. masc. plur. sujet de *faisons*.
FAISONS	verb. act. à l'indic. prés. 1⁰ pers. du plur.
ET	conjonction.
QUI	pron. relat. à *Dieu*, masc. sing. sujet de *demandera*.
NOUS (à nous)	pron. pers. masc. plur. compl. ind. de *demandera*.
EN (de cela)	pron. pers. masc. singul. compl. indir. de *compte*.
DEMANDERA	verbe act. au fut. simp. 3⁰ pers. du sing.
COMPTE	subst. com. masc. sing. compl. dir. de *demandera*.
UN JOUR	loc. adv. modif. *demandera*.

AUTRE MODÈLE D'ANALYSE.

La jeune fille malade à sa chèvre.

Toi, dont le lait doit me guérir,
Chevrette, va *brouter* (1) l'herbage,
Mais sans t'écarter du bocage;
D'ici je te verrai *bondir* (2).

L'*an* (3) passé j'étais si légère
Quand je te suivais dans les champs!
Mais aujourd'hui mes pieds tremblants
Semblent *s'attacher* (4) à la terre.

Le ciel que je trouvais si beau
Maintenant attriste mon âme;
Et je m'éteins comme la *flamme* (5)
Qui meurt la *nuit* (6) sur un flambeau!

Hier ma tête était brûlante,
Et j'ai vu ma mère *pleurer* ... (7)
Mais j'ai feint *de* (8) tout *ignorer* (9).
Sa douleur est si déchirante!

O ma chevrette, guéris-moi
Pour que ma mère soit heureuse;
Et, dans la *saison* (10) rigoureuse,
A mon tour j'aurai soin de toi!

Au jardin la chèvre fidèle
Errait *seule* (11) l'*hiver* (12) suivant,
Broutant un peu d'herbe nouvelle
Sur le sol d'un tombeau récent.

(J. Chopin.)

---

(1) *Va* étant essentiellement neutre, *brouter* est complément indir. de ce verbe. — (2) *Bondir*, mis pour *bondissant*, est un modificatif du pronom *te*. — 3) *An* compl. indir. de *étais*. — (4) *Semblent s'attacher*, ayant le sens de *sont attachés*, l'infinitif *attacher* est l'attribut de *pieds*. — (5) *Flamme* sujet de *s'éteint*, sous-entendu. — (6) *Nuit*, compl. ind. de *meurt*. — (7) *Pleurer*, pour *pleurant*. — (8) *De*, prép. explétive. — (9) *Ignorer*, compl. dir. de *ai feint*. — (10) *Saison*, compl. indir. de *aurai soin*, qui sont ici identifiés. — (11) *Seule*, attribut de *chèvre*. — (12) *Hiver* compl. indir. de *errait*.

Fin de la deuxième partie.

TROISIÈME PARTIE.

SYNTAXE.

482. — SYNTAXE veut dire arrangement, construction des mots et des phrases selon les règles de la grammaire.

L'objet de la syntaxe est donc de montrer comment les mots s'unissent et se combinent pour exprimer nos pensées.

DES FIGURES GRAMMATICALES.

483. — Les figures sont, en général, des manières de parler que la passion ou l'imagination emploient, et qui donnent plus d'énergie ou de grâce à la pensée.

484. — Les figures de syntaxe sont : L'*inversion*, l'*ellipse*, le *pléonasme*, la *syllepse*, l'*énumération*, la *synonymie*, la *gradation*, l'*apposition*, le *gallicisme*.

Inversion.

485. — L'*inversion* est un dérangement de l'ordre grammatical.

L'ordre grammatical des mots consiste à placer d'abord le sujet, puis le verbe, et chaque complément après le mot auquel il appartient.

486. — L'inversion est beaucoup plus commune en poésie qu'en prose ; elle forme même une des différences caractéristiques des deux langages, car il y a beaucoup d'inversions qui contribuent à la beauté du style poétique, et qui seraient en prose des tours vicieux.

Chateaubriand fait une double inversion lorsque, après avoir tracé le portrait de la femme impie, il s'écrie : *Que* DIFFÉRENT *est le* SORT *de la femme reli-*

gieuse ! — Le sujet *le sort* se trouve renvoyé après le verbe, et l'adjectif est placé avant le substantif ; mais par cette inversion l'exclamation acquiert une vivacité que ne lui aurait pas donnée l'ordre grammatical.

Il y a encore inversion dans les phrases suivantes :

Autour de lui grondaient le TONNERRE *et les* VENTS.
(La Harpe.)

AINSI *tomba en un moment cette* PUISSANCE *qui faisait trembler tant de peuples.* (Fénélon.)

BIENTÔT A LA POUSSIÈRE *se joint une* FUMÉE *épaisse qui troublait l'air et qui ôtait la respiration.* (Id.)

A TOUT CE *qu'on pouvait lui dire de plus touchant il ne répondait que par des gémissements et des sanglots.* (Id.)

A ces mots sort de l'antre UN LION GRAND ET FORT.
(La Fontaine.)

487. — L'inversion est commune :

1° Avec l'interrogation : QUEL BESOIN *si pressant avez-*VOUS *de rimer?* (Molière.) QUEL AVANTAGE *a-t-*ON *que n'ait pas un autre* HOMME ? (Id.)

2° Avec les expressions *à peine, aussi, peut-être, en vain, au moins, du moins, encore, toujours,* etc., le pronom sujet se place généralement après le verbe : A PEINE *eut-*IL *fini qu'il partit;* AUSSI *l'avons-*NOUS *accueilli avec faveur;* PEUT ÊTRE *viendra-t-*IL ; AU MOINS *conviendrez* VOUS *qu'il avait tort,* etc.

488. — L'inversion est vicieuse quand elle nuit à la clarté du style, et quand elle a quelque chose de forcé et de peu naturel.

Ellipse.

489. — L'*Ellipse* est une figure par laquelle on supprime, pour donner plus d'énergie à la pensée, certains mots que l'esprit peut facilement suppléer.

En voici des exemples :

Donnez-moi, disait saint Augustin, un royaume tout composé de vrais chrétiens : QUELLE PAIX! QUELLE FÉLI-

CITÉ! QUELLE IMAGE *du ciel sur la terre!* (Massillon) Sous-entendu *sera.*

On se repent rarement de parler peu, SOUVENT *de parler trop :* MAXIME *usée et triviale que tout le monde sait et que tout le monde ne pratique pas.* (La Bruyère.) Sous-entendu *on se repent* (avant *souvent*), et *c'est une* (avant *maxime*).

Celui qui rend un service doit l'oublier, celui qui le reçoit S'EN SOUVENIR. (Barthélemy.) Sous-entendu *doit.*

Point de grandes choses sans de grandes peines. (Volt.) Sous-entendu *il n'y a.*

Nul bien sans mal, nul plaisir sans mélange. (La Font.) Sous-entendu *n'est.*

L'ennui vient du sentiment de notre vide ; la paresse, de notre impuissance ; la langueur, de notre faiblesse ; la tristesse, de notre misère. (Vauvenargues.) Sous-entendu *vient.*

490. — L'ellipse est vicieuse lorsqu'elle nuit à la clarté du style, ce qui arrive toutes les fois que les mots sous-entendus ne se présentent pas naturellement à l'esprit.

491. — Marmontel et plusieurs autres grammairiens regardent comme irrégulière l'ellipse par laquelle on sous-entend au pluriel un verbe exprimé au singulier. Ex. :

Le peuple jouit de ses refus, et les courtisans de ses grâces. (Montesquieu parlant d'un roi.) Sous-entendu *jouissent.*

Que la loi soit sévère et les hommes indulgents. (Vauvenargues.) Sous-entendu *soient.*

Pléonasme.

492. — Le *pléonasme* est le contraire de l'ellipse. C'est une figure par laquelle on emploie ou l'on répète des mots qui ne sont pas nécessaires au sens, mais qui peuvent donner à la phrase plus de force ou de grâce. En voici des exemples :

Il fallut donc me contenter d'avoir vu DE MES YEUX *les pyramides, sans les avoir touchées* DE MES MAINS. (Châteaubriand.)

Ces mots *de mes yeux* et *de mes mains*, sans être nécessaires à l'expression, contribuent à son énergie.

Il *partira enfin des trésors de la colère divine le* cou-
*terrible qui réduira en poudre la puissance et la grandeur
de l'homme inique.* (Massillon.)

Ils *tombent ces* palais *que l'art en vain décore.*(C. Delav.)

Ce *qu'ici l'on proscrit, ailleurs on* le *révère.* (Volt.)

Ce *qui doit finir peut-*il *nous paraître long ?* (Massillon.)

Ce jour, ce triste jour, *éclaire-t-*il *mes yeux?* (Volt.)

Cicéron agit seul, et seul *se sacrifie.* (Id.)

Moi, *je trahirais ma patrie ! Vous m'accusez,* moi, *de
vous tromper !*

498. — Quand le pléonasme n'ajoute rien à la
force ou à la grâce du discours, il est vicieux. Tels
sont les pléonasmes suivants :

Les temps simples d'un verbe sont ceux où il n'entre
uniquement que *ce verbe.* (Grammaire de Bonneau et
Lucan.)

Ne que, signifiant *seulement,* le mot *uniquement*
forme une surabondance inutile.

Il n'est plus toléré de penser et d'écrire seulement *pour
l'*unique *plaisir de penser et d'écrire.* (Napoléon Landais.)

Seulement et *unique* signifient la même chose , et
l'un n'ajoute rien à l'autre.

Vous vous êtes fait un monde fantastique d'illusions
fausses *et* mensongères. (id.)

Toutes les illusions étant fausses et mensongères, c'est ne rien dire de plus que d'ajouter ces deux
épithètes au mot *illusions.*

*Elle était venue d'abord environnée de la pompe des hon-
neurs;* puis ensuite *en fugitive, sans entourage de grandeur.* (Id.)

Puis et *ensuite* signifiant la même chose, l'un des
deux est de trop.

Le mot *mille* forme aussi un pléonasme vicieux
dans la phrase suivante : *L'homme est si vain et si
léger, qu'étant* plein *de* mille *causes essentielles
d'ennui, la moindre bagatelle suffit pour le divertir.*
(Pascal.)

Syllepse.

494. — La *syllepse* est une figure par laquelle l'accord d'un mot a lieu, non avec celui auqnel il se
rapporte grammaticalement, mais avec un autre
qui, par son énergie, attire sur lui l'attention, quoique souvent il ne soit que dans la pensée.

La Bruyère emploie la syllepse lorsqu'il dit en
parlant des femmes et du style épistolaire :

Ce sexe va plus loin que le nôtre dans ce genre d'écrire :
ELLES TROUVENT *souvent sous* LEUR *plume des tours et des
expressions qui souvent en nous ne sont que l'effet d'une
pénible recherche.*

C'est encore par syllepse qu'on dit : TOUT *Rome était*
consterné (Vertot); c'est-à-dire *tout le peuple de Rome. Si*
PEAU D'ANE *m'était* CONTÉ, *j'y prendrais un plaisir extrême* (La Font.); pour le *conte de Peau d'âne. Une multitude*
*d'*ÉTOILES BRILLENT *au ciel, la moitié de ces* BLÉS SONT
mûrs; brillent et sont se mettent au pluriel quoique leurs
sujets *multitude* et *moitié* soient singuliers.

*Cet homme connaît aussi bien les littératures étrangères
que* CELLE *de son pays* (Acad.), c.-à-d. la *littérature.*

*Le cygne est l'emblème de la grâce, premier trait qui
nous frappe, même avant* CEUX *de la beauté* (Buffon.),
c.-à-d. avant les *traits.*

495. — Il en est de la syllepse comme de toutes
les autres figures : elle n'est bonne qu'autant qu'elle
est naturelle. Il y a des tours qu'on s'efforcerait
vainement de justifier par la syllepse ; telle est cette
phrase de Buffon :

*Les nègres blancs sont des nègres dégénérés de leur race;
ce ne* SONT *pas une espèce d'hommes particulière et constante.* La correction exige : *Ce n'*EST *pas une espèce.*

Énumération.

496. — L'*énumération* consiste à placer à la suite
les uns des autres plusieurs mots pour en faire un
dénombrement rapide. Les vers suivants renferment trois énumérations remarquables :

Dans un chemin MONTANT, SABLONNEUX, MALAISÉ,
Et de tous les côtés au soleil EXPOSÉ,
   Six forts chevaux tiraient un coche.
FEMMES, MOINES, VIEILLARDS, *tout était descendu ;*
   L'attelage SUAIT, SOUFFLAIT, ÉTAIT RENDU. (La Font.)

Synonymie.

497. — La *synonymie* consiste à employer deux mots équivalents pour exprimer une seule et même idée. Ex :

La véritable FORCE, *la seule* ÉLÉVATION *de l'esprit et du cœur* CONSISTE *à maîtriser ses passions.* (Massillon.)

Quoi donc ! une fausse GLOIRE, *un vain* TITRE *de conquérant qu'un prince veut acquérir,* ALLUME *la guerre dans des pays immenses !* (Fénelon.)

Il a montré une RÉSERVE, *une* RETENUE DIGNE *d'éloges.*
   (Massillon.)

Dans ces exemples le dernier substantif devient l'expression dominante : voilà pourquoi les verbes et l'adjectif restent au singulier.

Gradation.

498. — La *gradation* est une sorte d'énumération dont tous les membres sont placés par ordre d'énergie ; en voici des exemples :

   Un charlatan se vantait d'être
   En éloquence si grand maître
   Qu'il rendrait disert un BADAUD,
   Un MANANT, *un* RUSTRE, *un* LOURDAUD ;
Oui, messieurs, un LOURDAUD, *un* ANIMAL, *un* ANE,
Que l'on m'amène un ANE, *un* ANE. RENFORCÉ ;
   Je le rendrai maître passé. (La Font.)

   Le renard, ayant mis la peau,
Répétait les leçons que lui donnait son maître ;
D'abord il s'y prit MAL, *puis un peu* MIEUX, *puis* BIEN,
   Puis enfin il N'Y MANQUA RIEN. (Id.)

Apposition.

499. — L'*apposition*, dont il a été question dans l'analyse grammaticale, peut aussi être rangée au nombre des figures, car c'est souvent un tour qui contribue à la grâce et à l'énergie du style. Ex :

LYNX *envers nos pareils, et* TAUPES *envers nous,*
Nous nous pardonnons tout, et rien aux autres hommes
(La Font.)
J'ai lu chez un conteur de fables,
*Qu'un second Rodilard, l'*ALEXANDRE *des chats,*
*L'*ATTILA, *le* FLÉAU *des rats,*
Rendait ces derniers misérables. (Id.)
Henri IV, ce brave GUERRIER, *ce bon* PRINCE, *ce* GRAND
HOMME *si au-dessus de son siècle, ne fut connu de tout le*
monde qu'après sa mort. (Voltaire.)
L'histoire, CE FLAMBEAU *des sciences morales, doit pres-*
que tout au dix-huitième siècle. (Cousin.)

500. — Il y a une autre espèce d'apposition qui ne contribue pas moins que la première à la grâce du style, et
qui consiste à employer comme qualification un nom précédé de l'article *au* ou de la préposition *à.*

Le peuple vautour
AU BEC RETORS, A LA TRANCHANTE SERRE,
Pour un chien mort se fit, dit-on, la guerre...
Cette fureur mit la compassion
Dans les esprits d'une autre nation
AU COU CHANGEANT, AU COEUR TENDRE ET FIDÈLE.
(La Font.)

Gallicisme.

501. — Le *gallicisme* est une locution toute particulière à la langue française, contraire aux règles
ordinaires de la grammaire, mais autorisée par
l'usage, et qu'on ne pourrait traduire littéralement
dans une autre langue.

502. — On appelle en général *idiotismes* ces tours de
phrase qui appartiennent spécialement à une langue, et
l'on donne à chacun de ces idiotismes un nom tiré de cette
langue même; ainsi l'on dit : un *hellénisme* (pour le grec),
un *germanisme* (pour l'allemand), un *latinisme*, un *angli-*
cisme, un *italisme*, etc.

503. — Les gallicismes sont extrêmement variés; en voici quelques exemples :

Il m'en souvient (équivalant à *je m'en souviens*). — *Enfin vous* L'EMPORTEZ. (Vous avez l'avantage). — *Nous l'avons* ÉCHAPPÉ BELLE (nous avons échappé à un grand danger). — *Il a* BEAU *dire, on ne le croira pas.* (quoi qu'il dise *ou* il dit en vain). — *Vous* NE LAISSEREZ PAS *de venir* (vous viendrez cependant). — *Il* VIENT *de mourir,* (il est mort il y a un instant *ou* depuis peu.) — *Il va venir* (il viendra bientôt). — *Il* Y VA *de ma vie* (ma vie est compromise). — *Il m'en* VEUT (il a de l'animosité contre moi). — *Il* NE FAIT QUE *jouer* (il joue continuellement). — *Il* NE FAIT QUE DE *sortir* (il est sorti tout à l'heure.)

504. — La conjonction *que* sert à former un grand nombre de gallicismes ; en voici quelques-uns :

La vie s'achève QUE *l'on a à peine ébauché son ouvrage.* (La Bruyère.) *Que* est mis pour *et.*

Insensé QUE *j'étais de croire à leur bonne foi !* pour *combien j'étais insensé.*

La cruelle QU'ELLE (la mort) EST, *se bouche les oreilles.* Cela équivaut à : *La cruelle se bouche.*

Si j'étais QUE DE *vous, je m'y prendrais de cette manière.* (Si j'étais vous *ou* à votre place.)

505. — Le pronom *ce* joint au verbe *être* forme aussi souvent gallicisme : C'EST *vous qui l'avez dit.* C'EST *à moi qu'il aura affaire.* — *Est-ce vous qui viendrez?*

Ces gallicismes donnent de l'énergie à l'expression ; pour en être convaincu il suffit d'y substituer le tour équivalent : *Vous l'avez dit.* — *Il aura affaire à moi.* — *Viendrez-vous?*

AUTRES TERMES DE GRAMMAIRE.

Mots explétifs.

506. — Les mots *explétifs* sont de véritables gallicismes. Ce sont des mots qui entrent dans une phrase sans être nécessaires au sens, mais qui ser-

vent très-souvent à exprimer avec plus de force le
sentiment dont on est affecté.

507. — Ainsi les pronoms *me*, *moi*, *vous*, *en*, *y*,
sont explétifs dans ces locutions :

Prends ton pic. et ME *romps ce caillou qui te nuit;*
   *Comble-*MOI *cette ornière.* (La Font.)

On VOUS *happe notre homme, on* VOUS *l'échine, on* VOUS
l'assomme. (Idem.) — *Ils* EN *vinrent aux mains; il* EN *impose; je m'*EN *tiens à cela ; c'*EN *est fait ; quoi qu'il* EN *soit.*
— *Il* Y *a des gens; il* Y *va de ma vie; qu'il* Y *revienne,* etc.

508. — La préposition *de* est souvent explétive
avant un adjectif ou un infinitif, et même avant
un substantif.

Il n'y a rien DE *sûr et* DE *réel que la vérité.* (Massillon.)
Il y a DE *certaines louanges qui sont des satires.* (Acad.)
Il y eut cent hommes DE *tués. Qu'y a-t-il* DE *nouveau ? —
C'est un péché* DE *mentir* (mentir est un péché); *il est
doux* DE *mourir pour la patrie* (mourir pour la patrie est
doux.)

Un avorton DE *mouche en cent lieux le harcèle.* (La Font.)
   Ce monseigneur DU *lion-là
   Fut parent de Caligula.* (Idem.)

509. — Les conjonctions *que*, *comme*, et les prépositions *en*, *pour*, *quant à*, *jusqu'à*, sont aussi employées comme explétives dans ces phrases :

Qu'est-ce QUE *l'âme?* (Quelle chose est l'âme?); *c'est un
devoir* QUE *d'obliger ses amis* (obliger ses amis est un devoir). — *C'est un poids bien pesant* QU'*un nom trop tôt fameux.* (Volt.) — *Il est parti* COMME *simple matelot.* COMME
magistrat, il ne peut tolérer votre conduite. POUR *moi, je
suis prêt. Et je parle* EN *soldat plus qu'*EN *ambassadeur.*
                                        (Volt.)

Où il a prêché, les paroissiens ont déserté; JUSQU'AUX
marguilliers ont disparu. (La Bruyère.)

510. — *Mais*, *que*, *et*, s'emploient quelquefois comme explétifs au commencement d'une phrase : MAIS *d'où vient
qu'au renard Ésope accorde un point?* (La Font.) QUE *s'il
m'allègue...* QUE *si vous m'objectez...* (Acad.) — ET *véritablement on ne saurait nier que...* ET *voilà que tout d'un
coup...* (Acad.)

6

511. — *Et, ni,ou,* employés sans être nécessaires, peuvent aussi être considérés comme mots explétifs :

Et *le feu des éclairs et l'abîme des flots*
Montraient partout la mort aux pâles matelots. (Volt.)
Ni *l'or ni la grandeur ne nous rendent heureux.* La Font.)
   Libéral, il nous donne
Ou *des fleurs au printemps ou des fruits en automne.*
      (Id.)

Oui et *non* sont aussi quelquefois mots explétifs :
Oui, *c'est un Dieu caché que le Dieu qu'il faut croire.*
      (L. Racine.)
Non , *je ne verrai point détruire mon ouvrage.* (Volt.)

Sens propre, sens figuré.

512. — Le sens d'un mot est *propre* lorsque ce mot conserve sa signification primitive : *Le* LION *est le roi des animaux.* Il est *figuré* si l'on donne à ce mot une autre signification qui a du rapport avec la première : *C'est un* LION (c.-à-d. il est très-brave.)

Quand on applique les mots *enflammé* et *brûlé* au bois, à ce qui brûle réellement, le sens est propre ; mais si l'on dit d'une personne qu'elle est *enflammée* de colère, qu'elle *brûle* du désir, le sens est figuré. Si l'on dit d'un vaisseau qu'il flottait sur la *mer*, sans *gouvernail* ni *boussole*, à la merci des *orages*, les mots sont pris dans le sens propre. Dans la phrase suivante les mêmes expressions sont prises dans le sens figuré :

Je méditais sur le triste sort des mortels, FLOTTANTS *sur cette* MER *des opinions humaines, sans* GOUVERNAIL, *sans* BOUSSOLE, *livrés à leurs passions* ORAGEUSES. (J.-J. Rouss.)

Hiatus.

513. — L'*hiatus* est la rencontre de deux voyelles dont l'une finit un mot, et dont l'autre commence le mot suivant. L'hiatus n'est pas permis en poésie ; en prose on l'évite quand il est trop dur ; tels sont les suivants : *Il* ALLA A *Alexandrie ; il* CRIA ET APPELA A *son secours.*

Etymologie.

514. — On entend par *étymologie* la formation d'un mot dérivant d'un ou de plusieurs autres. Ainsi le mot *dériver* a pour étymologie la préposition *de* et le mot *rive; amitié* est un dérivé d'*ami*, *épaulette* vient du mot *épaule*, *piédestal* de *pied*, *visser* de *vis*, *berline* de *Berlin*, *faïence* de *Faenza* (ville d'Italie où elle a été inventée), *calepin, quinquet, daguerréotype*, du nom de leurs inventeurs *Calepin, Quinquet, Daguerre*, etc.

515. — La plupart des mots français étant dérivés du latin et du grec, c'est surtout pour ceux qui connaissent ces deux langues qu'est utile l'attention à l'étymologie. Il suffira de citer quelques exemples :

1° *Latin.* — CALORIFÈRE vient de *calor* (chaleur) et de *ferre* (porter); DISCIPLE de *discere* (apprendre); DIVAGUER de *vagari* (errer); ÉQUITATION de *equus* (cheval); INGRÉDIENT de *ingredi* (entrer); ITINÉRAIRE de *iter, itineris* (route); MENSUEL de *mensis* (mois); ORAL de *os, oris*, (bouche); OVIPARE de *ovum* (œuf); VIVIPARE de *vivus* (vivant) et de *parere* (mettre au monde); RÉMINISCENCE de *reminisci* (se ressouvenir); SCOLAIRE de *scola* (école); THÉSAURISER de *thesaurus* (trésor); VERBE de *verbum* (parole); VOCIFÉRER de *vox, vocis* (voix, cri); etc.

2° *Grec.* — De *anthrôpos* (homme) dérivent : ANTHROPOPHAGE (mangeur d'hommes), MISANTHROPE (qui fuit les hommes), PHILANTHROPE (ami des hommes); — de *cacos* (mauvais) dérivent : CACOCHYME (plein de mauvaises humeurs), CACOGRAPHIE (mauvaise orthographe), CACOLOGIE (locution vicieuse), CACOPHONIE (mauvaise consonnance); — de *lithos* (pierre) dérivent : LITHOGRAPHE (qui dessine ou écrit sur une pierre), LITHOLOGIE (partie de l'histoire naturelle qui a les pierres pour objet), LITHOLOGUE (celui qui s'occupe de lithologie), LITHOTRITIE (Action de broyer la pierre dans la vessie), AÉROLITHE (pierre tombée du ciel); — de *monos* (seul) dérivent : MONARCHIE (gouvernement d'un seul), MONASTÈRE (couvent, où l'on vit dans la solitude), MONOLITHE (d'une seule pierre), MONOSYL-

LABE (mot d'une seule syllabe), MONOTONE (sur le même ton); — de *phusis* (nature) dérivent : PHYSIQUE (science de la nature), PHYSICIEN (qui s'occupe de la physique), PHYSIOLOGIE (science qui traite des phénomènes naturels), PHYSIONOMIE (traits naturels du visage); — de *polus* (plusieurs) dérivent: POLYGLOTTE (dictionnaire —, écrit en plusieurs langues; cet homme est *une polyglotte*, c.-à-d. il possède plusieurs langues), POLYGONE (qui a plusieurs angles), POLYSYLLABE (mot de plusieurs syllabes), POLYTECHNIQUE (qui embrasse plusieurs arts ou sciences); — de *techné* (art) dérivent : TECHNIQUE (propre à un art), TECHNOLOGIE (traité des arts), ARCHITECTURE (art de bâtir); — de *udór* (eau) dérivent : HYDRAULIQUE (art qui enseigne à conduire et à élever les eaux), HYDRE (serpent qui vit dans les rivières et dans les étangs), HYDROGÈNE (principe de l'eau), HYDROGRAPHIE (description des mers, art de naviguer), HYDROPHOBE (qui a l'eau en horreur), HYDROPISIE (épanchement d'eau dans une partie du corps).

516. — Parmi les noms de peuples il existe un grand nombre d'irrégularités que l'usage seul peut faire connaître. Ainsi Abyssinie a pour dérivé *Abyssin*; Afrique *Africain* ; Albi *Albigeois*; Allemagne *Allemand*; Andalousie *Andalous*; Amérique *Américain*; Anjou *Angevin*; Annam (Inde) *Annamite*; Artois *Artésien*; Asie *Asiatique*; Auvergne *Auvergnat*; Barbarie *Barbaresque*; Bavière *Bavarois*; Béarn *Béarnais* ; Berry *Berrichon*; Biscaye *Biscayen* ou *Basque*; Bordeaux *Bordelais*; Bourgogne *Bourguignon*; Cafrerie *Cafre*; Calabre *Calabrois*; Canada *Canadien* ; Candie *Candiote*; Castille *Castillan*; Catalogne *Catalan*; Caux *Cauchois*; Champagne *Champenois* ; Corse *Corse* ; Croatie *Croate*; Danemark *Danois* ; Epire *Epirote*, Esclavonie *Esclavon* ou *Slave*; Flandre *Flamand*; Florence *Florentin*; Franche-Comté *Franc-Comtois* ; Gand *Gantois*; Gascogne *Gascon* ; Hanovre *Hanovrien*; Indoustan *Indou*; Laponie *Lapon*; Lorraine *Lorrain*; Madagascar *Malegache*; Malabar *Malabare*; Malaca *Malais*; S¹-Malo *Malouin* ; Mans *Manceau* ; Mantoue *Mantouan* ; Maroc *Marocain* (on écrit par un *q maroquin*, cuir de bouc ou de chèvre); Mexique *Mexicain*; Moldavie *Moldave*; Moravie *Morave*; Moscou *Moscovite*; Naples *Napolitain*; Ninive *Ninivite*; Padoue *Padouan*; Parme *Parmesan*; Périgord *Périgourdin*; Pérou *Péruvien*; Perse *Persan*; (et autrefois *Perse*); Piémont *Piémontais*; Pise *Pisan* ; Poitou *Poitevin*; Pologne *Polonais*; Provence *Provençal*; Prusse *Prussien* ; Russie *Russe*; Rochelle *Rochelois*; Sardaigne *Sarde*; Savoie *Savoisien* et *Savoyard*; Saxe *Saxon*, Sparte *Spartiate*; Tartarie *Tartare*; Toscane *Toscan*; Tours *Tourangeau* ; Turquie *Turc* ; Tyrol *Tyrolien*; Valachie *Valaque*; Valais *Valaisan*; Venise *Vénitien*; etc.

SYNTAXE DU SUBSTANTIF.

§ 1. DU GENRE.

Noms des deux genres.

517. — AIGLE est *masculin* au propre comme au
au figuré : *L'*AIGLE FIER *et* AUDACIEUX. — C'est un
AIGLE, c.-à-d. *un homme d'un talent supérieur.* — LE
GRAND AIGLE *de la Légion-d'Honneur.* — *Du papier*
GRAND AIGLE.

Quand on l'emploie pour désigner la femelle ou
dans le sens d'enseigne, il est féminin : *L'*AIGLE *est*
FURIEUSE *quand on lui ravit ses aiglons.* (Buffon.)
*L'*AIGLE IMPÉRIALE, *l'*AIGLE ROMAINE.

518. — AMOUR est *masculin* au singulier et *féminin* au pluriel ; *L'*AMOUR DIVIN, UN FOL AMOUR ; *de*
FOLLES AMOURS, *des* AMOURS INSENSÉES.

Cependant quelques auteurs emploient le masculin au pluriel : *L'amour du jeu réunit* TOUS *les autres* AMOURS. (Boiste.) *Il est des* AMOURS EMPORTÉS
aussi bien que des DOUCEREUX. (Molière.) *Que d'actes
de vertu, que d'*AMOURS GÉNÉREUX, *ont ennobli des déserts, et sont inconnus à notre orgueil!* (B. de Saint-
Pierre.)

Amour dans le sens mythologique est toujours
masculin ; *Ces* PETITS AMOURS *sont bien* PEINTS.

519. — AUTOMNE est des deux genres : UN BEL
AUTOMNE ; UN AUTOMNE *fort* SEC ; UNE AUTOMNE FROIDE
et PLUVIEUSE. (Acad.).

Cependant, par raison d'analogie, le masculin
est préférable, les autres saisons étant de ce genre.

520. — COUPLE est *masculin* quand il présente à
l'esprit l'idée d'union, d'assortiment entre deux
personnes ou deux choses : UN COUPLE *bien* ASSORTI
(en parlant de deux époux), UN COUPLE *d'amis,* UN
COUPLE *de fripons,* UN BEAU COUPLE *de vases.* (Châ-

teaubriand.) UN COUPLE *de pigeons suffit pour peupler une volière.* (Guizot.)

Couple est *féminin* quand il désigne simplement le nombre deux : *Acheter* UNE COUPLE *de pigeons, manger* UNE COUPLE *d'œufs. Je suis bien aise que vous ayez cet automne* UNE COUPLE *de beaux-frères.* (Mme de Sévigné.)

521. — DÉLICE est *masculin* au singulier et *féminin* au pluriel : *C'est* UN *bien* GRAND DÉLICE *que de contribuer au bonheur des autres.* (Trévoux) *O véritable religion, que les* DÉLICES *sont* PUISSANTES *sur les cœurs!* (Châteaubriand.)

Pour éviter la rencontre des deux genres dans la même phrase, J.-J. Rousseau a dit : *UN de mes plus* GRANDS DÉLICES *était surtout de laisser toujours mes livres encaissés.....*

522. — ENFANT est *féminin* au singulier quand on l'applique spécialement à une fille : *Soyez sage,* MA CHÈRE ENFANT. *C'était de* TOUS *mes* ENFANTS CELLE *que j'ai toujours le plus aimée.* (Racine, lettre à sa sœur.)

523. — EXEMPLE est du *masculin,* même en parlant d'un modèle d'écriture : UN BEL EXEMPLE *d'écriture.*

524. — FOUDRE est *féminin,* au propre comme au figuré, dans le style familier : LA FOUDRE *sillonne les nues.* (Acad.) *Le prince est en colère, et* LA FOUDRE *est près de tomber.* (Id.)

Cependant dans le style relevé on peut aussi l'employer au *masculin* : CE FOUDRE *était encore* ENFERMÉ *dans la nue.* (Racine, parlant d'Alexandre.) On peut donc dire également *le foudre vengeur* et *la foudre vengeresse.*

Foudre, désignant un grand capitaine, un grand orateur, est nécessairement *masculin* : UN FOUDRE *de guerre,* UN FOUDRE *d'éloquence.*

Foudre est encore *masculin* : 1° Quand il désigne

la représentation de la foudre : UN FOUDRE AILÉ, UN FOUDRE SCULPTÉ. (Acad.) 2º Une sorte de tonneau d'une grande capacité.

525. — GENS, considéré comme synonyme de *hommes*, veut toujours l'adjectif qui le suit au *masculin ;* mais il exige, par euphonie, que les adjectifs qui le précèdent *immédiatement* se mettent au *féminin* lorsque la consonnance est différente dans les deux genres. Ainsi l'on dit : *De* BONNES GENS, *de* MÉCHANTES GENS, *de* SOTTES GENS, etc.

Si le mot *gens* est immédiatement précédé de deux adjectifs, les deux adjectifs se mettent au féminin pourvu que le dernier ait une terminaison particulière à ce genre. Ainsi l'on dit : *Les* PREMIÈRES BONNES GENS, QUELLES MÉCHANTES GENS ! Si la terminaison est la même pour les deux genres, les deux adjectifs se mettent au masculin . *Les* PREMIERS *honnêtes* GENS, QUELS *braves* GENS !

On dit encore : *Il s'accommode de* TOUTES GENS. (Acad.) Cependant l'adjectif *tout* se met au masculin : 1º Quand le mot *gens* est accompagné d'un article ou d'un adjectif déterminatif : TOUS *les gens,* TOUS *ces gens;* 2º quand il est joint à un adjectif dont la terminaison est la même pour les deux genres : TOUS *les honnêtes* GENS, TOUS *ces braves* GENS. Mais on dirait : TOUTES *les vieilles* GENS, TOUTES *ces sottes* GENS, parce que les adjectifs *vieilles* et *sottes* ont une terminaison différente du masculin ; 3º quand le mot *gens* est suivi d'un adjectif ou de quelque autre déterminatif : *Ce sont* TOUS GENS *éclairés* (Molière.); *ce sont* TOUS GENS *d'esprit.* (Ac.)

Quand l'adjectif a la même consonnance dans les deux genres, l'euphonie n'exige plus qu'on emploie le féminin : *Voyez un peu* QUELS GENS *je vous cite.* (Pascal.) Cependant l'Académie écrit au féminin : QUELLES GENS, *de* TELLES GENS, *les* MEILLEURES GENS.

Lorsque le mot *gens* est placé, par inversion, après.

le verbe dont il est le sujet, les adjectifs se mettent au masculin: *Oh! qu'*HEUREUX *sont les* GENS *d'être instruits en cette doctrine !* (Pascal.) parce qu'alors l'adjectif ne se trouve pas immédiatement avant le mot *gens*. On écrira pour la même raison : INSTRUITS *par l'expérience, les vieilles* GENS *sont soupçonneux.* C'est comme si l'on disait : *Les vieilles gens,* INSTRUITS *par l'expérience, etc.*

526. — *Gens,* employé dans un sens plus restreint et désignant des professions, des personnes d'une même réunion, ou des domestiques, veut encore le masculin : CERTAINS GENS *d'affaires, de robe, d'épée, d'Église,* etc. (Acad.) *Votre discours me persuade que les* PRINCIPAUX GENS *de lettres de Paris se regardent comme des frères.* (Voltaire.) *Nous étions, dans cette réunion,* TOUS GENS *de bonne humeur.* (Acad.)

527. — HYMNE est masculin quand il désigne :

1° Un cantique en l'honneur de la Divinité :

Seigneur, QUELS HYMNES *sont dignes de vous ?* (Acad.)
Et au figuré : *L'*HYMNE ÉTERNEL *de la prière*
　　　　　　Trouvera partout des échos. (Lamotte.)

2° Une sorte de poëme : UN HYMNE GUERRIER, UN HYMNE NATIONAL.

Il s'emploie au *féminin* quand il exprime un chant d'église : *Les* BELLES HYMNES *de Santeul; les* ANCIENNES HYMNES *de l'Église.*

528. — OEUVRE est *masculin* quand il désigne l'ouvrage d'un musicien, d'un graveur, etc. : LE PREMIER, LE SECOND OEUVRE *de Grétry.*

On dit aussi : LE GRAND OEUVRE (la pierre philosophale, l'art de faire de l'or).

Dans le sens de travail important, grande entreprise, on emploie indifféremment le masculin et le féminin : LE GRAND *œuvre de la rédemption des hommes; l'œuvre de la création fut* ACHEVÉE *en six jours.* (Acad.)

Dans ses autres acceptions *œuvre* est toujours *féminin : Faire* UNE BONNE ŒUVRE, *de* BONNES ŒUVRES. — *J'ai acheté les* ŒUVRES *de Racine* RELIÉES *en maroquin.* — *Il y a dans cette église* UNE BELLE ŒUVRE (banc des marguilliers).

529. — ORGE est *féminin : Ces* ORGES *sont belles.* Il n'est *masculin* que dans ces deux expressions consacrées par l'usage : *De l'*ORGE MONDÉ, *de l'*ORGE PERLÉ.

530. — ORGUE est *masculin* au singulier et *féminin* au pluriel : *Voilà* UN ORGUE *bien* HARMONIEUX ; *il y a de* BELLES ORGUES *dans cette ville.*

Pour éviter la rencontre des deux genres dans la même phrase, Châteaubriand a dit : *L'orgue de Saint-Marc à Venise est* UN *des plus* BEAUX ORGUES *de l'Italie.*

531. — PAQUES ou PAQUE, employé sans article, ou sans adjectif qui le précède, est *masculin :* PAQUES *est* TARDIF *cette année,* PAQUES *a été* PLUVIEUX *et* FROID.

Cependant on écrit : *Le dimanche de* PAQUES FLEURIES (pour désigner le jour des Rameaux); *le dimanche de* PAQUES CLOSES (pour désigner le dimanche de la Quasimodo).

Précédé de l'article ou d'un adjectif, *Pâques* est *féminin :* LA *pâque des Juifs* (sans pluriel); *faire de* BONNES *pâques* (sans singulier.)

532. — PÉRIODE est *masculin* quand il désigne : 1° Le plus haut point où une chose puisse arriver : *Sa gloire est à* SON *plus* HAUT PÉRIODE ; 2° Un espace de temps indéterminé : *Dans* UN CERTAIN PÉRIODE *de temps,* LE DERNIER PÉRIODE *de la vie.*

Période est *féminin* quand il désigne : 1° Un espace de temps déterminé : *Dans* UNE PÉRIODE *d'environ dix siècles* (Voltaire); 2° lorsqu'il est employé comme terme de science : LA PÉRIODE *d'un astre, d'une maladie, d'une fièvre.* — *Les* DIFFÉRENTES PÉ-

MODES *de l'histoire.* — UNE PÉRIODE HARMONIEUSE (phrase à plusieurs membres).

533. — PERSONNE, employé comme substantif, est *féminin* quand il est accompagné d'un article ou d'un adjectif déterminatif : NULLE PERSONNE ; TOUTE PERSONNE ; *je ne connais pas de* PERSONNE *plus* IGNORANTE. (Ici *de* équivaut à *une* : Je ne connais pas *une* personne, etc).

Personne, employé comme pronom indéfini, c'est-à-dire signifiant *nul individu, aucun individu,* est *masculin* singulier : PERSONNE *n'est plus* IGNORANT (nul individu) ; *je ne connais* PERSONNE *d'aussi* HEUREUX *que cette femme* (aucun individu). (Acad.)

Personne signifiant *quelqu'un* est aussi *masculin :* Y a-t-il PERSONNE *d'assez* HARDI *pour affronter ce danger ?*

534. — QUELQUE CHOSE, considéré comme un seul mot, est *masculin* singulier dans le sens de *une chose, un objet.* Alors c'est un pronom indéfini: *On m'offrit* QUELQUE CHOSE, *et je* LE *refusai ; l'aumône lui apprenait tous les jours à retrancher* QUELQUE CHOSE *de* NOUVEAU. (Bossuet.)

Quelque chose est *féminin* singulier quand on peut le tourner par *quelle que soit la chose,* et alors *chose* est un substantif déterminé par l'adjectif *quelque :* QUELQUE CHOSE *qu'il ait* DITE, *il n'a pu se justifier.*

La différence de ces deux expressions est bien marquée dans ces deux exemples de Marmontel :

QUELQUE CHOSE *qu'il m'a* DIT *me fait soupçonner.*

QUELQUE CHOSE *qu'il m'ait* DITE, *il ne m'a point persuadé.*

535. — AUTRE CHOSE sans article, et l'expression *grand'chose,* sont aussi du genre *masculin :* AUTRE CHOSE *est* PROMIS, AUTRE CHOSE *est* ACCORDÉ. — *Il n'a pas fait* GRAND'CHOSE *de* BON.

536. — Substantifs qui changent de genre en changeant de signification.

MASCULIN.	FÉMININ.
AIDE, celui qui aide.	AIDE, celle qui aide; assistance.
COCHE, voiture ou bateau.	COCHE, entaille, ou truie.
CRITIQUE, auteur qui critique.	CRITIQUE, censure.
ÉCHO, répétition du son.	ÉCHO, nom d'une nymphe.
ENSEIGNE, porte-drapeau.	ENSEIGNE, inscription, drapeau.
GARDE, homme armé.	GARDE, garde-malade; guet; corps de gens armés.
GREFFE, bureau d'un tribunal.	GREFFE, branche entée.
GUIDE, celui ou celle qui conduit.	GUIDE, lanière de cuir.
JUJUBE, extrait de la jujube.	JUJUBE, fruit du jujubier.
LAQUE, vernis de la Chine.	LAQUE, gomme des Indes.
MERCI, remerciement.	MERCI, grâce, discrétion.
OFFICE, devoir, charge, service divin.	OFFICE, lieu où l'on prépare le service de la table.
PARALLÈLE, comparaison.	PARALLÈLE, sorte de ligne.
PENDULE, balancier.	PENDULE, horloge.
PLATINE, métal.	PLATINE, pièce d'un fusil.
POURPRE, maladie; couleur.	POURPRE, étoffe.
RÉGLISSE, extrait de la réglisse.	RÉGLISSE, plante.
REMISE, carrosse de louage.	REMISE, abri, lieu couvert.
SATYRE, dieu de la Fable.	SATIRE, critique.
SOLDE, complément d'un payement.	SOLDE, paye.
TROMPETTE, musicien.	TROMPETTE, instrument.

OBSERV. Il y a encore d'autres substantifs susceptibles des deux genres, mais qui sont trop connus pour qu'il soit nécessaire d'en parler, comme *livre* (volume) et *livre* (poids); *manœuvre* (ouvrier) et *manœuvre* (opération); *mémoire* (écrit) et *mémoire* (souvenir) etc.

537. — Substantifs dont le genre peut embarrasser.

SUBSTANTIFS MASCULINS.

Accessoire.	Artifice.	Équilibre.	Mânes.
Acte.	As.	Équinoxe.	Monticule.
Adage.	Aspic.	Érésipèle.	Obélisque.
Aérolithe.	Astérisque.	Esclandre.	Obus.
Age.	Atome	Escompte.	Octogone.
Air.	Atre.	Espace.	Omnibus.
Ais.	Auditoire.	Esquif.	Ongle.
Alambic.	Augure.	Essaim.	Opprobre.
Albâtre.	Auspice.	Eucologe.	Opuscule.
Aloi.	Autel.	Évangile.	Orage.
Alvéole.	Automate.	Exercice.	Oratoire.
Amadou.	Auvent.	Exergue.	Orchestre.
Amalgame.	Axe.	Exorde.	Ordinaire.
Ambre.	Centime.	Héliotrope.	Ordre.
Amiante.	Concombre.	Hémisphère.	Organdi.
Amidon.	Crabe.	Hémistiche.	Organe.
Amphibie.	Décombres.	Hexagone.	Orifice.
Amulette.	Échange.	Holocauste.	Ouvrage.
Anévrisme.	Éclair.	Hôpital.	Ovale.
Angelus.	Élixir.	Horoscope.	Parafe.
Angle.	Ellébore.	Hortensia.	Pécule.
Anniversaire.	Éloge.	Hospice.	Pétale.
Antidote.	Embauchoir.	Hôtel.	Planisphère.
Antre.	Emblème.	If.	Pleurs.
Apanage.	Émétique.	Incendie.	Rebours.
Apologue.	Emplâtre.	Indice.	Simple.
Appel.	Empois.	Insigne.	Socque.
Appendice.	Entr'acte.	Interligne.	Squelette.
Appétit.	Entre-côtes.	Intervalle.	Sulfate.
Argent.	Éphémère.	Inventaire.	Trombone.
Armistice.	Épiderme.	Iris.	Ulcère.
Aromate.	Épilogue.	Isthme.	Uniforme.
Arome.	Épisode.	Ivoire.	Ustensile.
Arrérages.	Épithalame.	Légume.	Vivres.

538. — SUBSTANTIFS FÉMININS.

Agrafe.	Disparate.	Estafette.	Ode.
Aire.	Ébauche.	Estampe.	Offre.
Alcôve.	Ébène.	Estompe.	Ogive.
Alèze.	Écaille.	Étable.	Oie.
Allonge.	Écarlate.	Étape.	Omoplate.
Alose.	Écharde.	Étoffe.	Onomatopée.
Amarre.	Échoppe.	Extase.	Ophthalmie.
Améthyste.	Écritoire.	Fibre.	Optique.
Amorce.	Écume.	Hécatombe.	Orbite.
Ampoule.	Écumoire.	Hémorragie.	Orfraie.
Anagramme.	Écurie.	Horloge.	Oriflamme.
Ancre.	Égide.	Hydre.	Ornière.
Anémone.	Églogue.	Hyperbole.	Ortie.
Anse.	Embuscade.	Hypothèque.	Ouïe.
Antichambre.	Empreinte.	Hypothèse.	Outre.
Apothéose.	Encaustique.	Idole.	Paroi.
Après-dinée.	Enclume.	Idylle.	Patère.
Après-midi.	Énigme.	Iliade.	Pédale.
Après-soupée.	Entraves.	Image.	Plinthe.
Arabesques.	Enveloppe.	Immondice.	Prémices.
Arbalète.	Épée.	Impasse.	Primeur.
Argile.	Épice.	Imposte.	Primevère.
Arrhes.	Épigramme.	Insomnie.	Recrue.
Artère.	Épigraphe.	Insulte.	Salamandre.
Astuce.	Épitaphe.	Losange.	Sandaraque.
Atmosphère.	Épithète.	Matricule.	Sentinelle.
Aubépine.	Épopée.	Mésange.	Stalle.
Auberge.	Équerre.	Molécule.	Ténèbres.
Auréole.	Équivoque.	Mœurs.	Urne.
Autruche.	Ère.	Nacre.	Usure.
Avalanche.	Escadre.	Oasis.	Védette.
Avaloire.	Escarole.	Obsèques.	Vêpres.
Avant-scène.	Esquinancie.	Ocre.	Vertèbre.
Dinde.	Esquisse.	Octave.	Vicomté.

§ II. DU NOMBRE.

Nombre de certains substantifs.

539. — Les noms qui désignent les métaux, les aromates, ne prennent pas la marque du pluriel lorsqu'ils sont pris dans un sens général : *L'or, l'argent*, le *fer*, l'*acier*, le *cuivre*, l'*étain*, le *plomb*; le *baume*, la *myrrhe*, l'*encens*, l'*absinthe*, le *genièvre*, etc. Cependant plusieurs de ces noms peuvent se mettre au pluriel lorsqu'on les emploie dans un sens plus restreint : *On connaît les* FERS *de Perse, d'Arabie, et surtout les* ACIERS *fameux connus sous le nom de damas.* (Buffon.)

540. — Les noms qui désignent les vertus ou les vices, et en général les êtres imaginaires ou abstraits, n'ont pas de pluriel : *La justice*, la *modestie*, l'*orgueil*, l'*avarice*; — l'*enfance*, la *jeunesse*, la *faim*, la *soif*, etc.

541. — Certains substantifs changent quelquefois de signification en changeant de nombre. Au singulier ils expriment une qualité ou une faculté; au pluriel les actions ou les effets provenant de cette qualité ou de cette faculté. Exemples :

BONHEUR : *Il a certains petits* BONHEURS *qui n'appartiennent qu'à lui*; c.-à-d. des instants heureux. (Mme de Sév.)

COURAGE : *Les grands* COURAGES *ne se laissent point abattre par l'adversité*; c.-à-d. les hommes doués d'un grand courage. (Académie.)

DOUCEUR : *Il préférait les* DOUCEURS *d'une vie privée à l'éclat de la royauté*; c.-à-d. les agréments. (Fénélon.)

IGNORANCE : *On trouve dans cet écrit autant* d'IGNORANCES *que de mots*; c.-à-d. autant de fautes. (Bossuet.)

MÉPRIS : *Je ne suis pas fait pour souffrir vos* MÉPRIS; c.-à-d. vos paroles méprisantes. (Académie.)

PAUVRETÉ : *C'est un grand diseur de* PAUVRETÉS; c.-à-d. de choses basses et triviales. (Laveaux.)

SANTÉ : *Il fallait voir comme nous nous portions des* SANTÉS *à tous moments*, c.-à-d. des toasts. (Le Sage.)

VUE : *Si les biens nous viennent, recevons-les de la main*

de Dieu; mais n'ayons pas des VUES *trop vastes; c.-à-d. des desseins.* (Mme de Maintenon.)

542. — Il y a des noms qui n'ont pas de singulier, tels que *ancêtres, annales, archives, arrhes, broussailles, décombres, dépens, entraves, entrailles, fiançailles, frais, funérailles, hardes, mânes, matériaux, mathématiques, mœurs, mouchettes, obsèques, pincettes, pleurs, prémices, ténèbres, vêpres, vivres,* etc.

OBSERV. — Bossuet, parlant de l'enfer, emploie le mot *pleurs* au singulier : *C'est là qu'il y aura* UN PLEUR *éternel.*

Pluriel des noms propres.

543. — Par emphase, c'est-à-dire pour donner plus de force à l'expression, on peut faire usage de l'article pluriel avant un nom propre quoiqu'on ne désigne qu'un seul individu, et dans ce cas le nom propre ne prend pas la marque du pluriel. Ex :

Que diraient LES BOILEAU, LES RACINE, *s'ils voyaient toutes les barbaries de nos jours?* (Voltaire.)

Les vrais gens de lettres et les vrais philosophes ont beaucoup plus mérité du genre humain que LES ORPHÉE, LES HERCULE, *et les* THÉSÉE. (Idem.)

Dans ces manières de parler l'article est explétif et peut se retrancher. Et c'est à cette marque qu'on reconnaît aisément que le nom propre doit rester invariable : *Que diraient Boileau, Racine,* etc.

Comme l'article, l'adjectif déterminatif est aussi quelquefois explétif avant le nom propre. Ex :

Les BOSSUET, *les* BOURDALOUE, *se firent entendre à* UN *Condé, à* UN *Turenne, à* UN *Colbert, et à cette foule d'hommes supérieurs qui parurent en tout genre.* (Volt.) On pourrait dire : *Bossuet, Bourdaloue,* se firent entendre *à Condé, à Turenne, à Colbert,* etc.

544. — La plupart des grammairiens emploient le singulier dans les noms propres lorsque le nombre des individus est déterminé : *Les deux*

Rousseau ; *les deux* Corneille ; etc. Cependant les
auteurs et l'Académie elle-même font quelquefois,
dans ce cas, usage du pluriel : *Les deux* Mithri-
dates (Bossuet); *les deux* Antonins. (Montesquieu.)

Les trois Horaces *combattent pour Rome, les trois* Cu-
riaces *pour Albe.* (Vertot.)

Les trois Maries *apportèrent des onguents précieux pour
embaumer le corps de Notre-Seigneur.* (Académie.)

545. — On donne généralement la marque du
pluriel aux noms propres quand ils désignent des
familles, des dynasties, plusieurs pays : Les *Grac-
ques*, les *Scipions*, les *Tarquins*, les *Guises*, les *Mont-
morencis*, les *Stuarts*, les *Condés*, les deux *Castilles*,
les deux *Amériques*, etc.

*Les pyramides de l'Égypte s'en vont en poudre, et les
graminées du temps des* Pharaons *subsistent encore.*

(B. de Saint-Pierre.)

546. — Observ. — Les grammairiens écrivent aussi au
pluriel des *Elzévirs*, des *Didots*, pour désigner des édi-
tions d'*Elzévir*, de *Didot*; des *Raphaëls*, des *Poussins*, pour
désigner des tableaux de *Raphaël*, du *Poussin*. Au contraire ils font usage du singulier quand il s'agit de plusieurs exemplaires du même ouvrage : Douze *Télémaque*,
vingt *La Fontaine*, trente *Imitation*, etc.

547. = Les noms propres prennent la marque du
pluriel quand ils sont employés comme noms
communs. Dans ce cas l'article ou l'adjectif déterminatif ne sont plus explétifs, ce sont des mots
nécessaires à la pensée :

Un *Auguste aisément peut faire* des Virgiles. (Boileau.)

On ne voit plus de Thésées, *encore moins* d'Hercules;
*les hommes et même les héros d'aujourd'hui sont des pyg-
mées.* (X. de Maistre.)

Dans ces deux phrases on ne peut supprimer le
déterminatif ni la préposition *de*, qui en tient la
place, et l'on ne pourrait dire : *Auguste* aisément
peut faire *Virgile*; on ne voit plus *Thésée*, etc.

On dit de même : des *Cicérons* pour de grands orateurs;
des *Alexandres*, des *Césars*, pour des conquérants; des

Nérons, des Tibères, pour des princes cruels ; *des Aristar-
ques* pour des critiques justes et sévères ; des *Zoïles* pour
des critiques jaloux et passionnés.

548. — En résumé, le nom propre est employé
comme nom commun toutes les fois qu'on peut
tourner par *les hommes comparables à...*

Dans cette phrase : *Un coup d'œil de Louis enfantait des* CORNEILLES. (Delille), on peut dire : *Un coup
d'œil de Louis enfantait* DES HOMMES COMPARABLES *à
Corneille.*

Substantifs composés.

549. — On appelle *substantifs composés* deux ou
plusieurs mots qui concourent à l'expression du
même objet.

550. — Ordinairement les substantifs composés prennent
le trait d'union : *Passe-partout, réveille-matin, pied-à-
terre,* etc. Quelques-uns s'écrivent en un mot ; ce sont :
*Becfigue, chèvrefeuille, contredanse, contrevent, hautbois,
marchepied, portecrayon, portefaix, portefeuille, porte-
manteau, pourboire, pourparler, tirelire.* On peut y ajouter *entr'acte, grand'mère, grand'tante, grand'messe,* etc.
qui ne forment qu'une seule expression. Ces mots suivent
la règle générale et prennent la marque du pluriel : *Des
becfigues,* des *portemanteaux,* des *pourboires,* des *entr'actes,*
des *grand'mères,* etc. (Académie.)

551. — Les *substantifs* et les *adjectifs* sont les
seuls mots qui puissent varier dans les noms composés ; et ces mots s'écrivent au singulier ou au
pluriel suivant que le sens dans lequel ils sont employés exige l'un ou l'autre nombre.

552. — Il suffit, en général, de décomposer le
mot pour en connaître l'orthographe. Ex :

Un *porte clefs* (homme qui porte des clefs). *Porte*
reste invariable parce que c'est un verbe ; *clefs* se
met au pluriel parce que le sens indique ce nombre.

On écrit de même : Un *porte-mouchettes* (plateau qui

porte des mouchettes); un *mille-pieds* (insecte qui a un grand nombre de pieds); un *serre-papiers* (cabinet où l'on serre les papiers; ustensile de bureau); un *gobe-mouches* (oiseau qui se nourrit de mouches, et au figuré : homme crédule, ou qui s'occupe de bagatelles); etc.

D'après cette règle on doit encore écrire avec une *s*, même au singulier : Un *brèche-dents*, un *casse-noisettes*, un *chasse-mouches*, un *couvre-pieds*, un *cure-dents*, un *entre-côtes*, un *essuie-mains*, un *garde-meubles*, un *Quinze-Vingts* (aveugle attaché à l'hôpital de ce nom). Cependant l'Académie, dans ces mots, n'emploie l'*s* qu'au pluriel.

Par le même moyen il sera facile de trouver l'orthographe des mots suivants : Un *appui-main*, des *appuis-main* (des appuis pour la main); un *avant-coureur*, des *avant-coureurs* (des coureurs en avant); un *Hôtel-Dieu*, des *Hôtels-Dieu* (des Hôtels de Dieu); des *terre-pleins* (des lieux pleins de terre); des *blanc-seings* (des seings en blanc), etc.

553. — OBSERVATION. — Le mot *garde* varie quand il est employé comme substantif pour désigner des personnes : Une *avant-garde*, des *avant-*GARDES; un *garde-chasse*, des GARDES-*chasse*; un *garde-côte*, des GARDES-*côtes*; etc. — Quand le mot *garde* est employé comme verbe, il reste invariable, et alors il ne peut s'appliquer aux personnes : Un *garde-fou* (parapet), des GARDE-*fous*; un *garde-feu*, des GARDE-*feu*; un *garde-manger*, des GARDE-*manger*; etc.

D'après la décomposition, les mots suivants s'écrivent au singulier comme au pluriel : Des *abat-jour*, des *à-compte*, des *boute-feu* (1), des *brûle-tout*, des *casse-cou*, des *casse-tête*, des *contre-poison*, des *coupe-gorge*, des *coupe-jarret* (1), des *entre-sol*, des *passe-port* (1), des *perce-neige*, des *perce-oreille*, des *porte-drapeau*, des *serre-tête*, des *réveille-matin*, etc.

554. — 1re *Remarque.* — Quand un substantif est formé de deux mots unis par une préposition, le premier, seul, peut prendre la marque du pluriel : Un *arc-en-ciel*, des

(1) L'Académie écrit : Des *boute-feux*, des *coupe-jarrets*, des *passe-ports*; le singulier nous semble préférable d'après la définition même de l'Académie.

arcs-en-ciel; un *chef-d'œuvre,* des *chefs-d'œuvre;* une
eau-de-vie, des *eaux-de-vie;* etc. — Dans les mots suivants le sens ne permet pas de mettre la marque du pluriel au premier mot : Des *coq-à-l'âne* (discours où l'on
passe du coq à l'âne); des *boute-en-train* (*bouter* vieux mot
qui signifie *mettre*); des *pied-à-terre* (lieux où, pour ainsi
dire, l'on n'a qu'un pied à terre); des *tête-à-tête* (entre-
tiens où l'on est seul à seul, tête contre tête); etc.

555. — *2ᵉ Remarque.* — Quand on joint à un substantif
un mot qui ne s'emploie pas seul, il prend ordinairement
l'accord : Des *chats-huants;* des *loups-cerviers;* des *loups-
garous;* des *pies-grièches;* des *porcs-épics;* etc. Il faut en
excepter : Des *havre-sacs,* des *vice-rois,* des *pique-niques*
(un *pique-nique* est un repas où chacun paye son écot).

Noms dérivés des langues étrangères.

556. — Dès qu'on a fait passer un mot d'une
autre langue dans la nôtre, il doit participer à
toutes les propriétés des mots français. On écrira
donc avec une s au pluriel : Des *agendas,* des *al-
bums,* des *biftecks,* des *bravos,* des *clubs,* des *duos,*
des *échos,* des *factotums,* des *folios,* des *pensums,*
des *pianos,* des *placets,* des *quolibets,* des *récépissés,*
des *tilburys,* des *toasts,* des *villas,* des *visas,* des
zéros, etc.

557. — Cependant on écrit sans s, 1º les mots composés :
Des *auto-da-fé,* des *ecce-homo,* des *ex-voto,* des *fac-si-
mile,* des *in-folio,* des *in-douze,* des *in-octavo,* des *in-
quarto,* des *post-scriptum,* des *vade-mecum,* etc. — 2º Les
noms de prières, d'hymnes, de psaumes : Des *Ave,* des
Confiteor, des *Credo,* des *De profundis,* des *Magnificat,* des
Miserere, des *Pater,* etc.

558. — L'Académie écrit encore au pluriel comme au
singulier les mots suivants : Des *accessit,* des *alibi,* des
alinéa, des *aparté,* des *déficit,* des *duplicata,* des *errata,*
des *excat,* des *impromptu,* des *lazzi,* des *mémento,* des
nota, des *quiproquo,* des *recto,* des *solo,* des *verso,* des
vivat.

559. — Les mots empruntés de l'italien restent également invariables : Des *carbonari,* des *concetti,* des *dilet-*

tanti, des *lazaroni*, des *quintetti*, dont le singulier est *car-bonaro*, *concetto*, *dilettante*, *lazarone*, *quintetto*. On écrit de même : Des *cicerone* (que l'on prononce *chichéroné*), ce-lui qui montre aux étrangers les curiosités d'une ville.

Mots invariables pris substantivement.

560. — Les mots invariables de leur nature ne prennent pas la marque du pluriel quand ils sont employés accidentellement comme substantifs : Les *oui*, les *non*, les *car*, les *pourquoi*, les *si*, ainsi que ces expressions : Les *ouï-dire*, les *on dit*, les *qu'en dira-t-on*, les *sot-l'y-laisse*, etc.

> Les QUAND, les QUI, les QUOI, *pleuvent de tous côtés,*
> *Sifflent à son oreille en cent lieux répétés.* (Voltaire).

Substantifs non précédés de l'article.

561. — L'attention au sens et la décomposition de la phrase sont les seuls moyens de distinguer le nombre d'un substantif employé sans article. Il faut examiner avec soin si la phrase présente un sens distributif ou collectif, indéterminé ou déterminé. Cependant le choix du nombre dépend souvent de la nature de l'objet et du point de vue de l'écrivain. Ex :

562. — SENS DISTRIBUTIF ET COLLECTIF.

*Il est arrivé d'*ÉCHELON *en* ÉCHELON *au grade de géné-ral.* (Acad.) — Sens distributif, c'est-à-dire par chaque échelon.

Il est arrivé, par ÉCHELONS, *au grade de général.* (Id.) — Sens collectif, c'est-à-dire par tous les échelons. Il en est de même dans cette phrase : *On ne monte à la fortune que par* DEGRÉS. (Stanislas.)

On écrira encore dans le sens distributif : *Entasser* SOU *sur* SOU (un sou sur un sou), *accumuler* CRIME *sur* CRIME, *il n'y est pas demeuré* PIERRE *sur* PIERRE.

Et dans le sens collectif : *Entasser* PAROLES *sur* PAROLES (des paroles sur d'autres paroles), *il fait* FOLIES *sur* FO-LIES, *il entasse* PAPIERS *sur* PAPIERS.

563. — Sens indéterminé et déterminé.

On me servit une copieuse fricassée de pieds de mouton. (Le Sage). — Sens indéterminé.

Les races de moutons *d'Espagne ont dégénéré en Angleterre.* (Acad). — Sens déterminé.

On écrira de même dans le sens indéterminé : *Un marchand de* vin, *d'*étoffe (qui vend du drap, de l'étoffe); *des peaux de* lièvre, *de* renard; *des arbres couverts de* neige; *des troncs d'*arbre.

Et dans le sens déterminé : *Un marchand de* vins *fins, d'*étoffes *de soie; des peaux de* lièvres *blancs, de* renards *noirs; une montagne couverte de* neiges *éternelles; des troncs d'*arbres *creux.*

564. — Nature des mots, point de vue de l'écrivain.

Les enfants des sauvages n'ont ni caprices *ni* humeur *parce qu'ils ne désirent que ce qu'ils savent pouvoir obtenir.* (Châteaub.) — Dans ce sens le mot *humeur* ne peut s'employer au pluriel, au lieu que le mot *caprices* offre une idée de pluralité.

Paris est une ville de plaisirs *où cependant les sept huitièmes des habitants meurent de* chagrin. (J.-J. Rousseau.) — C'est-à-dire Paris est le séjour *des plaisirs; le chagrin* y fait mourir les sept huitièmes des habitants.

La nature ne fait ni princes, *ni* riches, *ni* grands seigneurs. (J.-J. Rouss.), c'est-à-dire la nature ne fait pas *les princes, les riches,* etc.

D'après la nature des mots et le sens que l'usage y attache, on écrira au singulier : *Du jus d'*orange, *une salade de* chicorée, *de* laitue, *du bouillon de* poulet, *un bouquet de* giroflée, *un sac de* blé, *de l'huile d'*olive, *un lit de* plume, *un plat de* viande, *de* poisson, *de* gibier. Tous ces mots présentent une idée d'unité: *Du jus extrait de l'orange, une salade faite avec de la chicorée, de la laitue,* etc.

Et au pluriel : *Du jus d'*herbes, *une salade de* pissenlits, *de* raiponces, *du bouillon de* grenouilles, *un bouquet de* roses, *un sac de* haricots, *un baril d'*olives, *un paquet de* plumes, *un plat d'*écrevisses, *d'*asperges, *d'*artichauts Dans ces expressions le complément du premier substantif offre à l'esprit une idée de pluralité:

Du jus *extrait de plusieurs herbes*, une salade *faite avec des pissenlits, des raiponces*, etc.

D'après les observations qui précèdent, il faut écrire au singulier : *Des jeux d'*ENFANT, *des contes de* VIEILLE, *des fruits à* NOYAU, *des hommes à* IMAGINATION. Et au pluriel : *La marelle est un jeu d'*ENFANTS (il y a réunion d'enfants), *des contes de* FÉES (sur les fées), *des fruits à* PÉPINS, *des hommes à* PRÉJUGÉS, *à* VISIONS, *à* SYSTÈMES, *à* PRÉTENTIONS, *à* TALENTS, etc. Dans les premiers exemples le sens est indéterminé; dans les derniers, au contraire, le sens est collectif.

565. — 1ʳᵉ *Remarque.* Quand le substantif présente à l'esprit l'objet dans un état de décomposition ou de confusion, on emploie le singulier : *Du sirop de* GROSEILLE, *de la gelée de* POMME, *du sucre de* BETTERAVE, *de la marmelade d'*ABRICOT, *du lait d'*AMANDE, etc. — Au contraire, on écrira au pluriel : De la *compote d'*ABRICOTS, *une friture de* POMMES *de terre, une assiette de* GROSEILLES, *un panier de* FRAISES, *de la conserve de* FRAMBOISES, etc.

Cependant l'Académie ne semble pas se conformer à cette distinction.

566. — 2ᵉ *Remarque.* — Avec l'adjectif *quelque* on peut employer les deux nombres suivant le sens de la phrase : *Cette affaire souffrira* QUELQUE DIFFICULTÉ, (c.-à-d. de la difficulté), *et cette affaire souffrira* QUELQUES DIFFICULTÉS (c.-à-d. des difficultés). *Cette nouvelle m'a fait* QUELQUE PLAISIR (un certain plaisir); *que de peines pour* QUELQUES PLAISIRS ! (pour un petit nombre de plaisirs).

567. — 3ᵉ *Remarque.* — Les substantifs précédés de l'adjectif *tout* se mettent indifféremment au singulier ou au pluriel, pourvu, toutefois, qu'ils puissent s'employer aux deux nombres :

En TOUTE CHOSE *il faut considérer la fin.* (La Font.)

Ceux que nous appelons anciens étaient véritablement nouveaux en TOUTES CHOSES. (Pascal.)

Il parle de sa noblesse à TOUT PROPOS. (Acad.)
Il l'admire à TOUS COUPS, *le cite à* TOUS PROPOS.
(Molière.)

Dans TOUT PAYS *les bras d'un homme valent plus que sa subsistance.* (Volt.)

En TOUS PAYS, *tous les bons cœurs sont frères* (Florian.)

Ou dit également : De *tout côté* et de *tous côtés*, de *toute
sorte* et de *toutes sortes*, de *toute part* et de *toutes parts*, à
tout moment et à *tous moments*, etc. (Acad.) La raison en
est qu'on peut donner au mot *tout* le sens distributif
(c'est-à-dire celui de *chaque*) et le sens collectif.

Il y a cependant des cas où le sens du mot et l'euphonie
demandent le singulier : De *toute nature*, de *toute espèce*,
à *toute heure*, en *toute occasion*, de *tout point*, etc.

SYNTAXE DE L'ARTICLE.

Emploi de l'article.

568. — L'*article* s'emploie avant les substantifs
pris dans un sens déterminé, c'est-à-dire dont la
signification est fixe et précise :

L'HOMME *est un être raisonnable*; L'ANIMAL *est un être
sans raison*. (Buffon.)

La *fleur est* LA *fille* DU *matin*, LE *charme* DU *printemps*,
LA *source* DES *parfums*, LA *grâce* DES *vierges*, L'*amour* DES
poëtes. (Châteaub.)

569. — Pour donner plus de vivacité à la phrase
on peut supprimer l'article :

1º Dans les énumérations : *Le requin avale tout ce qui
tombe des vaisseaux à la mer* : CORDES, TOILES, GOUDRON,
BOIS, FER, *et jusqu'à des couteaux* (B. de Saint-Pierre.)

2º Dans les phrases sentencieuses : BONHEUR *et* MAL-
HEUR *partagent notre vie* (Rigaud.) *Courtes* LETTRES *et
longues* AMITIÉS *sont ma devise*. (Volt.)

3º Lorsqu'un substantif est employé pour en qualifier un
autre : *Le mensonge est* BASSESSE. (Marmontel.) *La sévérité
dans les lois est* HUMANITÉ *pour le peuple*. (Vauvenargues.)

4º Lorsque les substantifs sont pris en apostrophe :

PERSES, ASSYRIENS, *vous êtes disparus*;

PARTHES, CARTHAGINOIS, ROMAINS, *vous n'êtes plus*.

(L. Racine.)

570. — L'article sert à faire distinguer aisément
un même mot pris dans un sens indéterminé et
dans un sens déterminé. Ainsi quand on dit:

Homme de COUR, *fils de* GÉNÉRAL, *eau de* RIVIÈRE,

manquer de SECOURS, le sens est vague, indéterminé, car on parle d'une cour, d'un général, d'une rivière, de secours quelconques, et c'est pour cela qu'on ne fait pas usage de l'article. Si l'on dit, au contraire : *Homme de* LA COUR, *fils* DU GÉNÉRAL, *eau de* LA RIVIÈRE, *manquer* DES SECOURS *de l'amitié*, l'idée se fixe sur un objet particulier : voilà pourquoi on fait usage de l'article.

EMPLOI DES ARTICLES DU, DES, DE LE, DE LA.

Sens partitif.

571. — On emploie les articles *du, des, de le, de la*, dans un sens partitif, c'est-à-dire lorsqu'on ne désigne qu'une partie d'un tout, et alors ces articles sont équivalents à *quelque* ou à *plusieurs*. Ex:

Une morale nue apporte DE L'*ennui.* (La Font.)

La religion veut que nous fassions DU *bien à ceux qui nous font* DU *mal.* (Massillon.)

572. — *Exception.* — Lorsqu'un substantif pris dans un sens partitif est précédé d'un adjectif, l'article se remplace par la préposition *de* (1), à moins que l'adjectif et le substantif ne forment une expression inséparable. Ex :

L'abbé de Saint-Pierre appelait les hommes DE GRANDS *enfants ; on pourrait appeler réciproquement les enfants* DE PETITS *hommes.* (J.-J. Rousseau.)

Qu'il est doux d'errer dans les bois, sur les collines, au fond des vallons, sur DE DOUCES *pelouses, qu'embellissent chaque jour* DE NOUVELLES *fleurs et* DE NOUVEAUX *parfums!* (B. de St-Pierre.)

---

(1) Dans la phrase suivante on fait usage de l'article parce que le sens n'est pas partitif, mais général : *Comme le ciel se rit* DES VAINS *projets des hommes!* (Regnard.)

On devrait aussi faire usage de l'article même dans un sens partitif, si l'idée se trouvait déterminée par ce qui suit : *J'ai acheté* DU GRAND *papier de votre magasin*, et non pas *de grand papier.*

573. — Au contraire, à cause de la liaison de l'adjectif avec le substantif, on doit dire avec l'article :

On voit qu'il se travaille à dire DES BONS MOTS. (Mol.)

Il y a DES JEUNES GENS *qui se croient* DES GRANDS SEIGNEURS.

On dit pour la même raison : DES *petits pois,* DES *petits-maîtres,* DES *petites-maîtresses,* DES *Petites-Maisons* (hospice pour les fous), DES *grands hommes,* DES *honnêtes gens,* DES *beaux esprits,* DES *beaux-arts,* DES *belles-lettres,* etc.

574. — Cependant, même lorsqu'il y a un adjectif placé avant le substantif, on peut faire usage de l'article :

1° Quand il s'agit d'un choix à faire entre deux objets : *Donnez moi* DU *bon vin,* DE LA *bonne viande, achetez* DU *meilleur pain.* (Dans ces exemples on fait allusion à un bon et à un mauvais vin, à une bonne et à une mauvaise viande, etc.)

2° Quand on veut donner plus de force à l'expression, ou pour fixer l'attention sur un objet : *Voilà de* LA *vraie poésie. Les soldats engraissaient ; ils mangeaient* DU *bon pain,* DE LA *bonne viande, et buvaient* DE L'*excellent vin.* (Thiers.) Dans ces exemples, il n'y a pas idée de choix, mais besoin de s'exprimer avec force.

Comme la peau de l'âne est très-dure et très-élastique, on en fait DU *gros parchemin.* (Buffon.)

Nous vous traitons comme un homme qui débite DE LA *fausse monnaie.* (Volt.)

Sens général.

575. — On remplace par la préposition *de* les articles *du, des, de le,* et *de la,* dans un sens vague, général, et indéterminé. Ainsi l'on dit : *Une statue* DE *marbre, un habit* DE *drap, un grand nombre* DE *fables, un champ couvert* DE *morts,* etc. Mais si l'on

ajoute au substantif quelques mots qui en déterminent le sens, on fait ordinairement usage de
l'article : *Une statue* DU *marbre le plus précieux, un*
habit DU *drap le plus fin, un grand nombre* DES *fables*
de La Fontaine. La terre est couverte DES *hommes*
que Télémaque renverse. (Fénélon).

576. -- 1ʳᵉ *Remarque.* -- Lorsque les mots ajoutés
au substantif ne le déterminent que d'une manière
insuffisante, on se sert de la préposition *de* qui
donne alors à la phrase un sens vague et partitif :
Une statue DE *marbre de Paros, un habit* DE *drap fin,*
DE *drap de Sédan, un grand nombre* DE *fables choi-*
sies. La mer était couverte DE *voiles que les vents en-*
flaient. (Fénélon.)

577. — 2ᵉ *Remarque.* — Après un collectif partitif ou un adverbe de quantité on emploie *de* dans
un sens vague :

Une MULTITUDE DE *passions divisent les hommes oisifs*
dans les villes. (B. de Saint-Pierre.)

La vertu a BEAUCOUP DE *prédicateurs et* PEU DE *mar-*
tyrs. (Helvétius.)

Cependant *bien* (1) et *la plupart* demandent toujours l'article :

En vérité, s'il y a BIEN DES *mauvais acteurs, il faut*
convenir qu'il y a encore plus de mauvais critiques.

(Le Sage.)

La PLUPART DU *monde ignore ses véritables intérêts.*

(Acad.)

Sens négatif·

578. — Après un verbe accompagné d'une négation on fait généralement usage de la préposition
de : *Je n'ai point* D'*argent, il n'a point* D'*amis, nous*
n'avons pas reçu DE *lettres*, etc.

---

(1) **Malgré** cela, on dit *bien d'autres* et non *bien des*
·*autres.*

579. — Mais si l'expression, négative dans un sens, est affirmative dans un autre, on peut faire usage de l'article : *Je n'ai pas* DE L'ARGENT *pour le dépenser follement.* (Acad.) *Cette mère n'a* DES YEUX *que pour son fils aîné* (id.) C'est comme si l'on disait : *J'ai de l'argent, mais ce n'est pas pour*, etc. *Cette mère a des yeux, mais ce n'est que pour*, etc. La force de la négation retombe alors sur la seconde proposition.

580. — *Remarque.* — La préposition *sans* équivalant à *ne pas* donne à la phrase un sens négatif et veut la préposition *de : Il parle* SANS *faire* DE *fautes* (c.-à-d. et il ne fait pas de fautes). Si la préposition *sans* est elle-même précédée d'une autre négation, la phrase devient affirmative, et alors on fait usage de l'article : *Il* NE *peut parler* SANS *faire* DES *fautes* (Acad.), c.-à-d. chaque fois qu'il parle, il fait des fautes.

OBSERVATION.

581. — Pour fixer l'attention d'une manière plus particulière sur un objet, ou pour marquer opposition, les auteurs emploient souvent l'article quoiqu'il ne soit pas rigoureusement nécessaire. Ex :

De toutes les églises grecques, la Russie est la seule qui NE *voie* PAS DES *synagogues à côté de ses temples.* (Volt.)

Que si l'on n'a PAS DU *respect pour les vieillards, on n'en aura pas non plus pour les pères.* (Montesquieu.)

Aussi N'*envoie-t-il jamais* DES *innocents dans les prisons, il n'y fait mettre que des coupables.* (Le Sage.)

Avant l'âge de raison, l'enfant NE *reçoit* PAS DES *idées, mais des images.* (J.-J. Rousseau.)

Pour la même raison, Florian a pu dire avec la préposition *sans* :

Soyons contents du nécessaire, SANS *jamais souhaiter* DES *trésors superflus.*

Interrogation négative.

582. — Avec l'interrogation négative on fait usage de l'article si l'interrogation équivaut à une affirmation. Ex : *N'avez-vous pas* DES AMIS ? — *N'a-t-il pas* DE L'ARGENT ? — *Pourquoi nous plaindre ?* N'avons-*nous pas* DU PAIN ?

Mais si l'interrogation est une véritable question marquant le doute, la privation, il ne faut pas employer l'article. Ex: *N'avez-vous point* DE *parents ?* — *N'a-t-il pas* DE *pain?*

Article avant plus, moins, mieux.

583. — Pour que l'article *le* varie avant *plus, moins, mieux,* deux choses sont nécessaires : 1° que ces adverbes soient suivis d'un adjectif ; 2° qu'il y ait une comparaison se rapportant à l'objet qualifié par l'adjectif :

Paris est peut-être la VILLE *du monde* LA *plus* SENSUELLE *et où l'on raffine le plus sur les plaisirs.* (Montesquieu.)

La nature a des beautés qui ne sont pas LES *moins* TOUCHANTES. — Sous-ent. BEAUTÉS. (B. de Saint-Pierre.)

*Il s'élève quelquefois dans l'*AME LA *mieux* RÉGLÉE *des nuages qui la troublent.* (Fénélon.)

Dans ces phrases les objets auxquels se rapportent les adjectifs *sensuelle, touchantes,* et *réglée,* sont comparés avec d'autres objets.

584. — Quoique les adverbes *plus, moins, mieux,* soient suivis d'un adjectif, l'article *le* reste invariable lorsque la comparaison ne s'applique pas aux objets qualifiés par l'adjectif :

Paris est peut-être la ville du monde où les FORTUNES *sont* LE *plus* INÉGALES. — C.-à-d. plus inégales que partout ailleurs. (J.-J. Rousseau.)

C'est dans les pays chauds que les EFFETS *de la corruption sont* LE *plus* RAPIDES *et* LE *plus* DANGEREUX. — C.-à-d. plus rapides que dans les autres pays.

(B. de Saint-Pierre.)

C'est dans le temps que les grands HOMMES *sont* LE *plus* COMMUNS, *dit Tacite, que l'on rend le plus de justice à leur mérite.* (Thomas) c.-à-d. plus communs que dans d'autres temps.

*La lune n'est pas aussi éloignée de la terre que le soleil, lors même qu'*ELLE *en est* LE *plus* ÉLOIGNÉE. (Lemare.) c.-à-d. plus éloignée qu'à d'autres époques.

Dans ces phrases on ne veut pas comparer les *fortunes* avec d'autres *fortunes*, les *effets* avec d'autres *effets*, etc. La comparaison tombe sur les lieux, ou sur les temps, et non sur les objets qualifiés par les adjectifs.

585. — *Exception.* — Malgré la comparaison, l'article *le* avant *plus, moins, mieux,* resterait nécessairement invariable s'il n'était pas suivi d'un adjectif. Ainsi l'on dit : *C'est elle qui travaille* LE *plus.* — *Ce sont eux qui ont perdu* LE *moins.* — *C'est nous qui écrivons* LE *mieux.*

586. — 1ʳᵉ *Remarque.* Le participe placé après *plus, moins, mieux,* empêche la variabilité de l'article lorsqu'il forme un temps composé passif, neutre, ou pronominal; mais si le participe est pris adjectivement, *le* peut se changer en *la* ou en *les* :

Souvent la fortune relève ceux qu'elle a LE *plus* ABAISSÉS. (Fénélon.) c'est-à-dire qu'elle a abaissés *le plus,* verbe actif.

Ce sont eux qui se sont LE *plus distingués ; c'est elle qui s'en est* LE *mieux trouvée,* c.-à-d. qui *se sont distingués le plus, qui s'en est trouvée le mieux,* verbes pronominaux. — Suivant l'Académie, on peut dire également : *De vos deux sœurs la cadette est celle qui est* LE PLUS *ou* LA PLUS *aimée.* La raison en est qu'on peut considérer *aimée* comme faisant partie d'un temps composé, passif ou comme adjectif.

587. — 2ᵉ *Remarque.* Un adverbe mis à la suite de *plus, moins, mieux,* n'empêche pas que l'article ne varie, pourvu qu'il y ait un adjectif et une comparaison suffisante; ainsi l'on dira en parlant de deux lettres: *Voici* LA PLUS *correctement écrite,* et à propos d'une édition d'un ouvrage : *Celle-ci est* LA PLUS *scrupuleusement corrigée.*

Les Chaldéens, les Indiens, les Chinois, me paraissent être les nations LES PLUS *anciennement policées.* (Volt.)

588. — 3e *Remarque.* Certaines expressions qui ont le sens d'un adjectif, telles que *à charge, à même, à portée, à craindre, en crédit,* peuvent permettre la variabilité de l'article avant *plus, moins, mieux* :

Nous regardons l'or et l'argent comme les poisons LES PLUS *à craindre pour un État.* (Barthélemy.)

Répétition, omission de l'article et de l'adjectif déterminatif.

589. — L'article et l'adjectif déterminatif se répètent avant chaque substantif. Ex :

Certaines plantes représentent, dans leurs fleurs, DES *insectes et* DES *reptiles, tels que* DES *limaçons,* DES *mouches,* DES *chenilles,* DES *lézards, etc.* (B. de Saint-Pierre.)

Il y a des feuilles qui résistent des années entières AUX *vents,* AUX *pluies,* A LA *gelée, et* AU *soleil le plus ardent.*

(Id.)

590. — 1re *Exception.* — La liaison intime qui existe entre certaines expressions permet quelquefois la suppression du déterminatif. MES *frères et sœurs,* VOS *parents et amis,* LES *dimanches et fêtes,* LES *eaux et forêts,* LES *arts et métiers, ingénieur* DES *ponts et chaussées,* LE *flux et reflux de la mer,* etc.

591. — 2e *Exception.* — Lorsqu'on emploie deux mots pour désigner le même objet, on ne répète pas le déterminatif. Ex : LE *sujet ou nominatif,* L'*hyperbole ou exagération,* LES *Péruviens ou habitants du Pérou,* etc.

Cependant, par euphonie, on répète le déterminatif quand il ne peut convenir aux deux substantifs. Ex : LE *décalogue ou* LES *dix commandements,* UN *trope ou* UNE *figure de mots,* UN *Elzévir ou* UNE *édition d'Elzévir,* etc.

592. — OBSERV. — L'usage permet aussi d'employer quelquefois un déterminatif pluriel avec des substantifs singuliers. Ainsi, quoiqu'il soit plus

régulier de dire : MON *père et* MA *mère;* LE *lundi,* LE
mardi, et LE *mercredi,* on dit aussi : MES *père et
mère; le ministre donne audience* LES *lundi, mardi,
et mercredi.*

Déterminatif avec deux adjectifs unis par *et.*

593. — Quand deux adjectifs unis par *et* qualifient le même objet, on ne doit pas répéter le déterminatif : LE BON *et* NAÏF *La Fontaine,* LA SIMPLE *et*
BELLE *nature,* CE GRAND *et* SUPERBE *cheval;* et non
pas : LE *bon et* LE *naïf La Fontaine;* LA *simple et* LA
belle nature, etc.

Mais on dira : LE PREMIER *et* LE SECOND *étage,* MON
PETIT *et* MON GRAND *cheval,* parce qu'il ne s'agit pas
du même étage ni du même cheval.

Pour LA VRAIE *et* INTIME *confiance, gardez-vous de la
donner jamais aux méchants.* (Fénélon.)

Je vous ai montré par des expériences sensibles LES
VRAIES *et* LES FAUSSES *maximes par lesquelles on peut régner.* (Id.)

La *confiance* est en même temps *vraie et intime,* mais
les *maximes* ne peuvent être *vraies et fausses* tout à la
fois. De là l'omission et la répétition de l'article dans ces
deux phrases.

594. — Cependant, même dans le cas où deux
adjectifs ne qualifient pas le même objet, on peut
ne pas répéter l'article lorsque ces adjectifs sont
placés après le substantif; LES *philosophes* ANCIENS
et MODERNES ; L'*histoire* SAINTE *et* PROFANE; LES *lois*
DIVINES *et* HUMAINES ; LES *administrations* CIVILES *et*
MILITAIRES, etc, (1).

_____

(1) On peut aussi dire: *Les* PHILOSOPHES *anciens et les*
PHILOSOPHES *modernes,* ou bien : *Les philosophes anciens
et* LES *modernes.* Cependant l'euphonie ne permet pas de
dire: *Les lois divines et* LES *humaines ; les administrations
civiles et* LES *militaires.*

Cette tournure de phrase équivaut à celle ci : *Les philosophes soit anciens, soit modernes*, etc.

595. — 1ᵗᵉ Observ. — Il faut éviter de mettre le déterminatif et le substantif au pluriel avec des adjectifs au singulier, et de dire, par exemple: Les histoires *ancienne et moderne*, les *premier et second* étages. Il faut dire : L'histoire *ancienne et la moderne* (ou du moins l'histoire ancienne et moderne), le *premier* et le *second* étage.

Néanmoins dans les phrases énumératives, pour éviter des répétitions désagréables à l'oreille, on emploie quelquefois le substantif au pluriel avec des adjectifs au singulier : *La couronne civique donnait plus de priviléges que* les couronnes *murale, obsidionale, et navale.*

(B. de Saint-Pierre.)

On peut aussi, dans certains cas, répéter l'article avant chaque adjectif. Ex : *Les religions dominantes,* la *grecque,* la *romaine,* l'*égyptiaque,* la *syriaque, avaient leurs mystères.* (Volt.)

596. — 2ᵉ Observ. — De même après l'article et des adjectifs au singulier on ne doit pas mettre le substantif au pluriel : *Le quinzième et le seizième* siècle; *le quatrième et le sixième* livre *de l'Énéide; l'une et l'autre* saison. Ces manières de parler sont elliptiques; c'est comme si l'on disait : *Le* quinzième siècle *et le* seizième siècle; une saison *et l'*autre saison, etc.

SYNTAXE DE L'ADJECTIF.

§ I. DE L'ADJECTIF QUALIFICATIF.

Place de l'adjectif.

597. — Parmi les adjectifs qualificatifs, les uns se placent avant, les autres après le substantif. Le goût et l'euphonie sont les seuls guides que l'on puisse consulter à cet égard. Ex : *Une* vieille *maison, une maison* neuve; *une* fausse *piété, une piété* sincère; *un* profond *savoir, un savoir* éminent; etc. Quelques-uns peuvent se placer indifféremment soit avant, soit après : '*Un* fidèle *ami, un ami* fi-

DÈLE ; *un* VASTE *génie, un génie* VASTE ; *un* RARE *mé-rite, un mérite* RARE, etc.

598. — Certains adjectifs changent de signification selon qu'ils sont placés avant ou après le substantif.

Un HONNÊTE *homme* — un homme probe.
Un homme HONNÊTE — un homme poli.
Un GRAND *homme* — célèbre par son génie.
Un homme GRAND — de haute taille.
Un PAUVRE *homme* — sans esprit.
Un homme PAUVRE — sans fortune (1).

Rapport de l'adjectif.

599. — Il est élégant de commencer une phrase par un adjectif pourvu que le rapport en soit facile à saisir, et qu'il ne nuise en rien à la clarté de la phrase :

ENFANTÉS *par l'orgueil, tous les* CRIMES *en foule Inondent l'univers ; le fer luit, le sang coule.* (L. Racine.)

NÉES *le plus ordinairement de l'orgueil, les* VERTUS *humaines y trouvent souvent leur tombeau.* (Massillon.)

Dans ce cas les adjectifs se rapportent ordinaire-

---

(1) De même on met une différence entre un *brave homme* (qui a de la probité) et un *homme brave* (qui a du courage) ; — *un cruel homme* (ennuyeux) et un *homme cruel* (qui a de la cruauté) ; — une *fausse clef* (clef contrefaite) et une *clef fausse* (clef faussée) ; — une *fausse porte* (porte dérobée) et une *porte fausse* (simulée) ; — le *grand air* (air vif) et un *air grand* (imposant) ; — un *mauvais air* (air ignoble, vicié) et un *air mauvais* (méchant) ; — une *méchante épigramme* (mal faite) et une *épigramme méchante* (mordante) ; — un *nouvel habit* (neuf) et un *habit nouveau* (d'un nouveau genre) ; — un *plaisant homme* (original) et un *homme plaisant* (facétieux) ; — les *propres termes* (les termes mêmes) et les *termes propres* (choisis) ; — un *unique tableau* (seul) et un *tableau unique* (sans pareil), etc.

ment au sujet du premier verbe. Cependant ils peuvent aussi se rapporter quelquefois au complément ou à un autre mot pourvu qu'il n'y ait pas d'équivoque à craindre Voltaire, parlant d'une de ses pièces, a pu dire :

SIFFLÉ *ou* TOLÉRÉ, *sachez que* JE VOUS *aime de tout mon cœur.*

De même Racine fait dire à Hippolyte parlant à Aricie :

PRÉSENTE, JE VOUS *fuis;* ABSENTE, JE VOUS *trouve.*

Dans ces deux exemples les circonstances indiquent clairement le rapport des adjectifs.

600. — On peut aussi commencer une phrase par un ou plusieurs adjectifs qualificatifs ne se rapportant ni à un sujet ni à un complément pourvu que le rapport soit suffisamment indiqué par un adjectif possessif.

Une fois NÉS, *la douleur est* NOTRE *partage.*

ENDORMI *sur le trône, au sein de la mollesse.*

Le poids de SA *couronne accablait sa faiblesse,*

(Volt. parlant de Henri III.)

Notre équivaut à de nous, sa à de lui.

Accord de l'adjectif.

601. — I. Un adjectif qui se rapporte à deux ou à plusieurs noms singuliers se met au pluriel. Ex :

Les Arabes ont le visage et le corps BRÛLÉS *de l'ardeur du soleil.* (Buffon.)

La nature à doué le chat d'une légèreté, d'une patience, et d'une sagacité MERVEILLEUSES (B. de Saint-Pierre.)

La même règle s'applique aux substantifs pris adjectivement :

Notre siècle aura pour GUIDES *l'érudition et l'expérience.*

(Thiers.)

Dieu donne à l'homme pour SOUTIENS *l'espérance et la résignation.* (Acad.)

602. — II. Si les noms sont de différent genre, l'adjectif se met au pluriel masculin. Ex :

L'orgueil et la volupté sont BLESSÉS *par le mystère de la croix.* (P. Lacordaire.)

Dans la Laponie, la ronce, le genièvre, et la mousse, font SEULS *la verdure de l'été.* (Buffon) (1).

603. — III. Cependant il y a des cas où l'on peut violer cette règle par euphonie. Ainsi l'on dit: *Le mépris et la haine* GÉNÉRALE (Massillon), et non pas *généraux.* — *Un ton et une manière si* FOLLE (Mme de Sévigné), et non pas si *fous.*

604. — IV. Dans certaines phrases l'adjectif, quoique placé à la suite de deux substantifs, ne se rapporte qu'au dernier; ce qui a lieu toutes les fois que le sens permet de supprimer le dernier substantif et l'adjectif. Ex:

De leurs dépouilles élevez de magnifiques trophées à la gloire de la religion et de la nation FRANÇAISE. (Anquetil.)

La force de sa constitution, sa jeunesse, et sa gaîté NATURELLE, *le mettaient au-dessus de toutes les épreuves.*

(Montesquieu.)

Voici des êtres dont la taille et l'air SINISTRE *inspirent la terreur.* (Barthélemy.)

605. — V. Lorsqu'un adjectif est placé après deux noms unis par une préposition, il s'accorde tantôt avec l'un, tantôt avec l'autre. Le sens et l'attention peuvent seuls indiquer le rapport:

Il y avait des TABLES *d'or et d'argent* CISELÉES.

(Châteaub.)

---

(1) Il faut éviter les consonnances désagréables que pourrait produire l'union d'un adjectif avec deux substantifs de différent genre. Ainsi l'Académie dit: *L'ail a une* ODEUR *et un* GOÛT *très-*FORTS, et non *un goût et une odeur très-forts.* Cependant quand l'adjectif se trouve séparé des substantifs par plusieurs mots, le rapprochement du masculin et du féminin n'a plus rien de choquant. Ex: *L'opéra est un spectacle où les* YEUX *et les* OREILLES *sont plus* SATISFAITS *que l'esprit.* (Volt.)

Une figure d'OR MASSIF; *une croix* d'ARGENT MASSIF.

(Laveaux.)

Les hommes ont toujours quelque petit GRAIN *de folie* MÊLÉ *à leur science.* (Volt.)

*Les productions de cet artiste ont le mérite de l'*ORIGINA-LITÉ, UNIE *à toute la pureté classique.* (Acad.)

Le lendemain arriva une ESCORTE *de cavaliers* ENVOYÉE *par le sultan.* (Alb. Montémont.)

*Cet assemblage d'*HOMMES VENUS *de tous les pays fut le noyau de la colonie.* (Acad.)

On écrira de même : *Des* BOUTONS *de métal* RONDS, *des boutons de* MÉTAL JAUNE; *des* BAS *de soie* BLANCS, *un écheveau de* SOIE BLANCHE, etc.

Synonymie, gradation, exclusion.

606. — Dans plusieurs cas un adjectif placé après deux noms ne s'accorde qu'avec le dernier ; ce qui arrive :

1° Quand les deux noms sont synonymes ou équivalents :

Toute sa vie n'a été qu'un travail, qu'une occupation CONTINUELLE. (Massillon.)

Il a montré une réserve, une retenue DIGNE *d'éloges.* (Id.)

Elle est d'une résignation, d'une patience ADMIRABLE.

607. — 2° Quand il y a gradation :

César avait un courage, une intrépidité EXTRAORDINAIRE.

(Domergue.)

C'est un homme d'un esprit, d'un talent SUPÉRIEUR.

(Acad.)

608. — 3° Avec deux substantifs unis par la conjonction *ou* :

Quel est ce berger OU *ce dieu* INCONNU *qui vient orner notre bocage?* (Fénelon.)

Dans cette phrase la conjonction *ou* donne exclusion au premier substantif parce que la qualité ne peut convenir qu'à l'un des deux sujets.

Il n'en est pas de même dans les phrases suivantes :

Leurs vices ou *leurs vertus sont* OBSCURS *comme leur destinée.* (Massillon.)

Quel est le bon père de famille qui ne gémisse de voir son fils ou *sa fille* PERDUS *pour la société?* (Voltaire.)

Les Samoïèdes se nourrissent de chair ou *de poisson* CRUS. (Buffon.)

Dans ces trois dernières phrases il y a division sans exclusion, c'est-à-dire que la qualification se rapporte aux deux substantifs, mais dans des circonstances différentes.

On écrit également: *Il faut dans cet emploi un homme* ou une femme AGÉS si l'on veut dire que tous les deux doivent l'être; on mettra *âgée* au féminin si cette qualité ne convient qu'à la femme. Ex: *Il faut dans cet emploi un homme, ou une femme* AGÉE. Dans ce cas on met une virgule avant la conjonction *ou*.

Accord sylleptique.

609. — Par syllepse, on fait quelquefois rapporter un adjectif à un substantif qui n'est que dans la pensée :

1er Ex. *Tout notre mal vient de ne pouvoir être* SEULS. (La Bruyère.), c'est-à-dire de ce que nous ne pouvons être seuls.

2e Ex. *Il n'y a que les grands cœurs qui sachent combien il y a de gloire à être* BON. (Fénélon), c'est-à-dire combien il y a de gloire pour un homme à être bon.

3e Ex. *Combien de gens croient pouvoir mépriser le peuple qui sont* PEUPLE *eux-mêmes* (Académie), c'est-à-dire qui sont du peuple, etc.

Accord elliptique.

610. — Souvent aussi un infinitif exprimé ou sous-entendu exige l'invariabilité de l'adjectif.

1er Ex. *Je vous payerai aux plus courtes échéances* POSSIBLE (de Ségur), c'est-à-dire qu'il me sera possible de payer. *Ils ne songent qu'à payer le moins d'impôts* POSSIBLE (Id.), sous-entendu qu'il est possible de payer.

Cette ellipse n'a lieu avec l'adjectif *possible* que quand

il est précédé de *le plus, le moins.* Dans tout autre cas il s'accorde avec le substantif auquel il est joint : *Il a éprouvé tous les malheurs* POSSIBLES. (Acad.)

2ᵉ Ex. *Profitez des conseils que nous avons jugé* NÉCESSAIRE *de vous donner,* c'est-à-dire qu'*il était* nécessaire de vous donner.

Cette ellipse a lieu également avec les adjectifs *bon, convenable, essentiel, important, indispensable, utile,* etc., suivis de la préposition *de* et d'un infinitif.

611. — *Remarque.* — L'adjectif se rapportant au pronom *nous* se met au singulier lorsque ce pronom est mis pour *moi* ou pour un mot singulier. Un auteur dit en parlant de lui-même : PÉNÉTRÉ *de cette vérité, nous sommes* PERSUADÉ, etc.

On l'a fait apercevoir plusieurs fois de sa faute, mais NOUS *sommes* OPINIATRE, *nous ne voulons pas nous corriger.* (Acad.)

Dans le dernier exemple *nous* est mis pour *il* ou *elle,* mais ce tour ne peut avoir lieu que dans le style familier.

Nu, demi, feu, franc, proche, dru.

612. — NU. — L'adjectif *nu* reste invariable quand il est placé avant le substantif auquel il se rapporte, et se joint à ce substantif par un trait d'union. Ex: *Il était* NU-*tête et* NU-*jambes, les pieds chaussés de petites sandales.* (Volt.)

Placé après le substantif, il suit la règle générale : *Il avait la tête et les jambes* NUES, etc.

OBSERV. — Quand cet adjectif est précédé de l'article, il prend l'accord : *La* NUE *propriété* (terme de jurisprudence).

613. — DEMI. — Le mot *demi* peut s'employer de trois manières, comme adjectif, comme substantif, et comme adverbe.

Adjectif, il suit la même règle que le mot *nu,* et s'accorde, mais seulement en genre, quand il est placé après le substantif. Ex : *Un* DEMI-*volume, une* DEMI-*heure.* — *Deux volumes et* DEMI, *six heures et* DEMIE. C'est comme si l'on disait : *Deux volumes,* plus *un demi-volume; six heures,* plus *une demi-heure.*

Substantif, le mot *demi* est susceptible des deux genres et des deux nombres :

1° *Demi* subst. masc. (la moitié d'un entier): *Quatre* DEMIS *valent deux unités.* (Acad.)

2° *Demie* subst. fém. (une demi-heure): *Cette horloge sonne les heures et les* DEMIES.

Demi précédé de *à* et suivi d'un adjectif forme une locution adverbiale qui reste nécessairement invariable, et ne prend jamais le trait d'union : *Les grâces étaient encore* A DEMI *peintes sur son visage pâle.* (Fénélon.) Le sens permet alors de rejeter la locution *à demi* après l'adjectif: *Les grâces étaient peintes* A DEMI, etc.

Demi précédé de *à* et suivi d'un substantif n'est plus un adverbe, mais un adjectif: *Parler* A DEMI-*voix, cette demoiselle est* A DEMI-*pension.* (Acad.) Alors on fait usage du trait d'union.

OBSERV. — Les particules *mi* et *semi* demandent aussi le trait d'union : *La* MI-*carême, la* MI *août, à* MI-*jambes; une* SEMI-*preuve.*

614. — FEU. — L'adjectif *feu* ne varie que quand il est immédiatement joint au substantif: *La* FEUE *reine, votre* FEUE *tante.* S'il en est séparé par l'article ou par un adjectif déterminatif, il reste invariable : FEU *la reine,* FEU *votre tante.* Selon l'Académie, cet adjectif ne s'emploie pas au pluriel.

615. — FRANC. — L'adjectif *franc* ne s'accorde que quand il est placé après le substantif: *Des paquets* FRANCS *de port, des lettres* FRANCHES *de port.* — Placé avant, il est employé adverbialement et reste invariable : *Vous recevrez* FRANC *de port les marchandises que je vous adresse.*

616. — PROCHE. — *Proche* est adjectif, quand il est synonyme de *voisin* ou de *rapproché : Les maisons* PROCHES *de la rivière sont sujettes aux inondations.* (Acad.) *Ces maisons que je croyais éloignées de la ville en sont* PROCHES.

Proche forme avec *de* une locution prépositive lorsqu'il est synonyme de *près de : On a construit ces maisons* PROCHE DU *mur d'enceinte.* On peut donc écrire avec une *s* ou sans *s : Les maisons qui sont* PROCHES OU PROCHE *de la ville.*

617. — DRU. — *Dru* adjectif signifie *vif, robuste,* ou *épars : Ces merles sont* DRUS; *l'herbe est bien* DRUE *dans cette prairie.*

Dru placé après un verbe qu'il modifie est adverbe et invariable : *Les balles pleuvaient* DRU *comme mouches; ces blés sont semés bien* DRU. Il se joint souvent au mot *menu : La pluie tombait* DRU *et* MENU.

Mots désignant certaines couleurs.

618. — I. L'usage ne permet pas de faire varier les substantifs employés pour désigner certaines couleurs, tels que *amarante, aurore, carmin, cerise, garance, jonquille, orange, marron, paille, ponceau, pourpre,* etc : *Des draps* AMARANTE, *des satins* AURORE, *des rubans* PAILLE, *des ceintures* ORANGE, etc. Dans ces sortes d'expressions il y a ellipse du mot *couleur;* c'est comme s'il y avait : *Des draps de la couleur de l'amarante,* etc. — On écrit aussi : *Des papiers* VÉLIN, c.-à-d. imitant l'uni du vélin.

Il faut en excepter les substantifs *cramoisi, écarlate,* et *rose,* qui sont passés à l'état d'adjectifs : *De la soie* CRAMOISIE, *des fleurs* ÉCARLATES, *des robes* ROSES.

619. — II. Les mots *orangé* et *mordoré* sont de véritables adjectifs, qui, par conséquent, sont susceptibles d'accord : *Des rubans* ORANGÉS (de couleur

d'orange), *des souliers* MORDORÉS (d'un brun mêlé
de rouge). Ces adjectifs s'emploient quelquefois
substantivement: L'ORANGÉ *est une belle couleur.*
(Laveaux). Le MORDORÉ *est une couleur sérieuse.*

(Acad.)

620. — III. Les adjectifs *gorge-de-pigeon, nacarat,*
et *feuille-morte,* restent invariables : *Des taffetas*
GORGE-DE-PIGEON, *des velours* NACARAT, *des plumes*
FEUILLE-MORTE. Les adjectifs *nacarat* et *feuille-morte*
s'emploient quelquefois substantivement, et sont
alors du masculin : LE NACARAT *tire sur le rouge de
la nacre de perle;* UN BEAU FEUILLE-MORTE. (Acad.)

621. — IV. Le mot *couleur* employé comme adjectif reste invariable : *Des rubans* COULEUR *de feu.* Il
est même quelquefois employé comme substantif
masculin : *Cette bordure est* d'UN BEAU COULEUR *de
rose.* (Acad.)

622. — V. Lorsqu'on fait usage de deux adjectifs
qui se suivent immédiatement, l'usage le plus commun est de laisser ces adjectifs au masculin singulier : *Des étoffes* ROSE TENDRE, *des cheveux* CHA-
TAIN CLAIR, *des draps* BLEU FONCÉ, *des chevaux* GRIS
BLANC, e¹c.

On décompose ainsi ces expressions: *Des étoffes
d'un rose tendre, des cheveux d'un châtain clair.* Alors
le premier adjectif est pris substantivement.

Adjectifs composés.

623. — I. Il en est des adjectifs composés comme
des substantifs : pour en connaître l'orthographe,
il suffit de les décomposer: *Des arbres* CLAIR-SEMÉS
(c.-à-d. clairement semés), *des enfants* NOUVEAU-
NÉS (c.-à-d. nouvellement nés), *des hommes* TOUT-
PUISSANTS (tout à fait puissants), *des femmes* DEMI-
MORTES (à demi mortes), etc.

Légère et COURT-VÊTUE *elle allait à grands pas.* (La Font.)

Quelquefois cependant l'euphonie exige que l'adjectif varie quoiqu'il soit employé comme adverbe : *Des femmes* TOUTES-PUISSANTES, *des roses* FRAÎCHES ÉCLOSES, FRAÎCHES CUEILLIES (1).

624. — II. Dans ces expressions : *Les nouveaux* MARIÉS, *les nouveaux* DÉBARQUÉS, *les nouveaux* VENUS, *la nouvelle* VENUE, les mots *mariés, débarqués,* et *venus,* sont pris substantivement. Quant à ces mots *des* AVEUGLES-NÉS, *des* PREMIERS-NÉS, ce sont de véritables substantifs composés.

625. — III. Dans *ivre-mort,* l'Académie fait varier les deux mots sans trait d'union : *Des hommes* IVRES MORTS. Au contraire, elle met un trait d'union dans *mort-né,* mais elle laisse le mot *mort* invariable : *Des enfants* MORT-NÉS.

§ II. DE L'ADJECTIF DÉTERMINATIF.

626. — L'adjectif déterminatif ajoute au substantif une idée de nombre, d'indication, de possession, de généralité. De là quatre sortes d'adjectifs déterminatifs : *numéraux, démonstratifs, possessifs,* et *indéfinis.*

ADJECTIFS NUMÉRAUX.

Vingt, cent, et mille.

627. — Les adjectifs numéraux cardinaux sont invariables, excepté *vingt* et *cent.*

Vingt et *cent* multipliés par un autre nombre prennent la marque du pluriel quand ils se rapportent à un substantif exprimé ou sous-entendu : *Quatre-*VINGTS *chevaux ; deux* CENTS *hommes.* — Com-

---

(1) Sans que l'euphonie l'exige, l'Académie fait varier l'adjectif *aigre* dans cette expression : *Des oranges* AIGRES-DOUCES.

*bien étaient-ils dans cette réunion ? cent quatre-*VINGTS
à deux CENTS (sous ent. individus).

On écrira donc : *Deux cent* VINGT *chevaux, onze
mille* CENT *hommes,* parce que *vingt* et *cent* ne sont
pas multipliés par d'autres nombres.

Exception. — Vingt et *cent* suivis d'un autre adjectif numéral, ou bien mis, par abréviation, pour
vingtième et *centième,* restent toujours invariables :
*Quatre-*VINGT-*dix chevaux ; deux* CENT *cinquante
hommes. — Numéro quatre-*VINGT, *page deux* CENT.

628. — *Mille* suivi d'un ou de plusieurs autres
nombres perd sa dernière syllabe quand on cite
l'une des années de l'ère chrétienne : *L'imprimerie
a été découverte en l'an* MIL *quatre cent trente-six.*

On écrit *mille* en deux syllabes lorsqu'on parle
des années qui ont précédé notre ère : *Le déluge
arriva l'an du monde* MILLE *six cent cinquante-
cinq.*

Mille désignant une mesure itinéraire, ainsi que
millier, milliard, million, billion, etc., sont des substantifs, et, par conséquent, susceptibles de la marque du pluriel : *Les* MILLES *de Suède sont plus longs
que les* MILLES *d'Angleterre. — On compte en France
environ trente-deux* MILLIONS *d'habitants.*

629. — OBSERV. — On met un trait d'union dans
les locutions numérales, excepté avant et après
cent, mil, ou *mille,* et quand on les unit par la conjonction *et.* Cette conjonction ne s'emploie guère
qu'avant *un* depuis *vingt et un* jusqu'à *soixante et un.*

Adjectifs numéraux employés substantivement.

630. — Les adjectifs numéraux *ordinaux* employés comme substantifs prennent l'accord : *Les
deux* CINQUIÈMES ; *les neuf* DOUZIÈMES.

Les adjectifs numéraux *cardinaux* employés
comme substantifs restent invariables : *Les* QUA-

RANTE *de l'Académie ; la ligue des* SEIZE ; *la traduction des* SEPTANTE.

On en excepte le mot *cent* mis pour *centaine:* *Deux* CENTS *de foin, trois* CENTS *de fagots*, etc.

Adjectifs démonstratifs.

631. — L'adjectif démonstratif s'emploie quelquefois comme mot explétif, pour déterminer un objet renommé sur lequel on veut fixer l'attention d'une manière plus énergique. Ex :

On sait que l'Orient fut le berceau de l'apologue et la source de CES *contes qui ont rempli le monde*. (Laharpe.)

Cicéron fit retentir la tribune de CES *harangues sublimes qui l'ont immortalisé*. (Boniface.)

II. L'adjectif démonstratif se remplace quelquefois, dans le style familier, par les adjectifs possessifs. Ex :

Un jour au coin du feu NOS *deux maîtres fripons*
Regardaient rôtir des marrons. (La Font.)
Voilà MON *homme aux pleurs : il gémit, il soupire,*
Il se tourmente, il se déchire. (Id.)

Nos deux maîtres sont mis pour *ces* deux maîtres ; *mon homme* pour *cet* homme.

ADJECTIFS POSSESSIFS.

Emploi de l'adjectif possessif.

632. — On ne doit pas employer l'adjectif possessif quand il est entièrement inutile au sens ; ainsi il serait ridicule de dire : *J'ai mal à* MA *tête ; il s'est cassé* SON *pied ; il a* SES *yeux rouges*.

Cependant cet adjectif s'emploie quelquefois sans être nécessaire au sens de la phrase pour donner plus de force à l'expression :

Baissez VOS *yeux sur la terre, chétifs vers que vous êtes,* *et regardez les bêtes dont vous êtes les compagnons.* (Pascal.)

Il possède bien son *Homère,* son *Cicéron,* ses *auteurs anciens.* (Acad.)

633. — On se sert aussi de l'adjectif possessif pour désigner un mal habituel ou périodique : Sa *goutte le tourmente ; elle a encore* sa *migraine.*

On peut encore l'employer quand on fait allusion à un mal déjà connu et dont on ressent quelques atteintes : Ma *jambe me fait mal ; il souffre de* son *bras.*

634. — Quoique l'adjectif possessif ne semble pas nécessaire au sens, il y a des cas où la clarté et la précision obligent à en faire usage. Ainsi il ne serait pas possible de le supprimer dans les phrases suivantes : Ses *cheveux se dressent sur* sa *tête quand il aborde le noir séjour de l'impitoyable Pluton.* (Fénélon.)

Et sa *langue en* sa *bouche à l'instant s'est glacée.* (Rac.)

635. — Les pronoms *me, se, lui, leur,* tiennent souvent lieu de l'adjectif possessif. On peut dire :

1º Avec *me :* La *passion* me *troublait l'esprit* (Le Sage), pour *troublait mon esprit.*

2º Avec *se :* Se *former le goût,* au lieu de *former son goût ;* se *fatiguer l'esprit,* au lieu de *fatiguer son esprit :* se *couvrir la tête,* au lieu de *couvrir sa tête.*

3º Avec *lui :* La *lecture des romans* lui *a exalté l'imagination,* pour *a exalté son imagination.*

4º Avec *leur :* Cela leur *a perverti le jugement,* pour *a perverti leur jugement.*

Adjectif possessif remplacé par *en.*

636. — Lorsqu'il s'agit de choses, les adjectifs possessifs *son, sa, ses, leur, leurs,* se remplacent ordinairement par l'article et le pronom *en,* qui se trouve alors en rapport avec un nom énoncé dans une proposition précédente :

Toute justice vient de Dieu ; lui seul en *est la source.* (J. J. Rouss.), et non *lui seul est sa* source.

*La vérité n'est point à nous : nous n'*EN *sommes que les témoins, les défenseurs, et les dépositaires.* (Massillon), et non *ses* témoins, *ses* défenseurs, etc.

*Nos livres sur la nature n'*EN *sont que le roman, et nos cabinets que le tombeau* (B. de Saint-Pierre), et non ne sont que *son* roman.

637. — L'emploi de *son, sa, ses,* pourrait même quelquefois occasionner des équivoques ; telles sont les phrases suivantes :

*Un hypocrite a beau vouloir prendre le ton de la vertu, il n'*EN *peut inspirer le goût à personne.* (J. J. Rouss), et non inspirer *son* goût.

La Grèce aimait la guerre, elle EN *connaissait l'art* (Montesquieu.), et non elle connaissait *son* art.

638. — Cependant les auteurs préfèrent souvent les adjectifs possessifs au pronom *en* pour donner à leur pensée plus de précision, de clarté, ou d'élégance :

Les secrets de la nature sont cachés ; quoiqu'elle agisse toujours, on ne découvre pas toujours SES *effets.* (Pascal.)

Je n'entrevoyais de plus près l'image des plaisirs rustiques que pour mieux sentir LEUR *privation.* (J. J. Rouss.)

La terre sur son sein ne voit que potentats,
Qui partagent SA *boue en superbes États.* (L. Racine.)

639. — Il y a même des cas où il serait impossible de faire usage du pronom *en* pour remplacer un nom énoncé dans une autre proposition, comme on le voit par les exemples suivants

Les bonnes lois sont rares, mais LEUR *exécution l'est encore davantage.* (Volt.)

Examinons la circulation des plantes. On a posé, comme un principe certain, que LEURS *séves montaient par* LEUR *bois et redescendaient par* LEURS *écorces.* (B. de Saint-Pierre.)

640. — L'emploi de *en* mis pour *son, sa, ses, leur, leurs,* s'applique aussi quelquefois aux personnes :

Si la religion était l'ouvrage de l'homme, elle EN *serait le chef-d'œuvre* (Bossuet), au lieu de elle serait *son* chef-d'œuvre.

Il a la colère et les pleurs d'Achille, il pourrait bien EN *avoir le courage* (Fénélon), au lieu de il pourrait bien avoir *son* courage.

Substantifs précédés des adjectifs possessifs.

641. — I. Quand on veut exprimer une idée collective avec un adjectif possessif, l'usage, l'Académie, et les auteurs, permettent d'employer indifféremment les deux nombres :

La rougeur couvrait LEUR FRONT. (Acad.)

Ce sont de pauvres gens qui gagnent leur vie à la sueur de LEUR CORPS. (Id.)

Les Romains se couvraient la tête d'un des pans de LEURS ROBES *lorsqu'il pleuvait.* (Id.)

La fonte des neiges a fait sortir les rivières de LEURS LITS. (Id.)

Nous n'avons pas sur NOTRE CŒUR *le même empire que sur notre raison.* (La Rochef.)

Jusqu'au fond de NOS CŒURS *notre sang s'est glacé.*
(Rac.)

642. — II. Il y a cependant des cas où le singulier et le pluriel expriment un sens différent. Dans cette phrase : *Ces enfants ont perdu* LEUR PÈRE, on met le singulier s'ils sont frères, et le pluriel s'ils ne le sont pas.

La même observation s'applique à celle-ci : *Ces officiers ont reçu l'ordre de rejoindre* LEUR RÉGIMENT (s'ils appartiennent au même). ou LEURS RÉGIMENTS (s'ils sont d'un régiment différent).

643. — III. La nature et le sens des substantifs exigent quelquefois le singulier.

Messieurs, on a bu à VOTRE SANTÉ. — VOTRE MUSIQUE *était excellente.* — NOTRE SÛRETÉ *est compromise.* — *Ils ont peine à gagner* LEUR PAIN. — LEUR AIR, LEUR MAINTIEN, *tout les trahissait.*

Le pluriel, au contraire, est de rigueur dans les phrases suivantes :

Le bailli, le receveur des tailles, et LEURS FEMMES *furent du souper.* (Volt.) — *On admirait Turenne et Condé dans* LEURS RETRAITES *comme dans* LEURS VICTOIRES. (Id.) — *La satire présente son miroir aux hommes pour les faire rougir de* LEURS VICES. (Acad.)

644. — IV. La décomposition de la phrase peut souvent servir à guider dans le choix du nombre. Cette phrase de l'Académie : *Les gens sensés préfèrent* LEUR *devoir* A LEURS *plaisirs*, peut se tourner ainsi : *Les gens sensés préfèrent* LE *devoir* AUX *plaisirs*, ou bien : *Les gens sensés font marcher* LE *devoir avant* LES *plaisirs.*

ADJECTIFS INDÉFINIS.

Aucun et nul.

645. — *Aucun* et *nul*, qui signifient *pas un*, demandent généralement le singulier :

AUCUN CHEMIN *de fleurs ne conduit à la gloire* (La Font.)
NUL BIEN *sans mal*, NUL PLAISIR *sans mélange.* (Id.)

646. — Cependant le sens des mots et la pensée de l'écrivain exigent souvent l'emploi du pluriel :

Archelaüs avait offensé Tibère en ne lui rendant AUCUNS DEVOIRS *pendant sa retraite dans l'île de Rhodes.* (Crevier.) On dit rendre des devoirs, et non rendre un devoir.

Germanicus fit des reproches amers à Pison, qui de son côté ne garda plus AUCUNES MESURES. (Id.) On dit garder des mesures. et non une mesure.

*M*ᵐᵉ *de Coïslin n'avait* AUCUNES LETTRES (connaissance de la littérature), *et s'en faisait gloire.* (Châteaub.)

Cet homme n'a NULLES VUES, *et il est incapable de profiter de celles d'autrui.* (La Bruyère.)

Il n'y a NULS VICES *extérieurs et* NULS DÉFAUTS *qui ne soient aperçus des enfants.* (Id.)

Pour la même raison on emploie le pluriel dans ces locutions :

AUCUNES TROUPES *ne sont mieux disciplinées.* — *On ne lui a épargné* AUCUNS SOINS. — *Ce domestique n'a encore touché* AUCUNS GAGES. — *Il n'a fait* NULS PRÉPARATIFS.

Chaque et chacun.

647. — *Chaque* et *chacun* ont ceci de commun qu'ils sont toujours au singulier, mais il y a entre eux cette différence que *chaque* est adjectif et demande à être suivi immédiatement d'un substantif, tandis que *chacun* est pronom et ne veut point de substantif après lui : *Chaque personne, chaque chose.*

Il ne faut donc pas dire : *Ces livres coûtent cinq francs* CHAQUE, mais *cinq francs* CHACUN.

Même.

648. — 1. *Même*, adjectif, se place tantôt avant, tantôt après le substantif : *Les* MÊMES *hommes, les* MÊMES *personnes ; les hommes* MÊMES, *les personnes* MÊMES.

649. — II. Après un substantif, le mot *même* est adjectif ou adverbe. — Adjectif, quand on peut le tourner par *lui-même, elle-même, eux-mêmes, elles-mêmes.* — Adverbe quand il a le sens de *aussi* ou de *jusqu'à.* Ex :

Les ouvrages de Fontenelle décèlent un homme supérieur à ses ouvrages MÊMES (Volt.), c.-à-d. *eux-mêmes.*

Ils n'ont point besoin d'autres châtiments de leurs fautes que leurs fautes MÊMES (Fénélon), c.-à-d. *elles-mêmes.*

Nos amis MÊME *ne nous connaissent qu'à demi.*

(Massillon.)

Les plaisirs MÊME *portent avec eux leurs épines et leur amertume.* (Id.)

La chasse est une passion pour les femmes MÊME (1).

(Al. Dumas.)

Dans les trois dernières phrases on pourrait, il

---

(1) C'est ainsi que Boileau eût sans doute écrit si au lieu de dire : *Le temps, qui change tout, change* AUSSI *nos humeurs,* il eût dit : *change nos humeurs* MÊME (*jusqu'à* nos humeurs.)

8

est vrai, changer *même* en *eux-mêmes* et en *elles-mêmes*, mais en le tournant par *aussi* ou par *jusqu'à* on donne à la phrase un sens plus énergique.

Pour que l'on puisse donner à *même* le sens de *aussi*, il faut qu'on ait dans l'esprit l'idée d'une comparaison. C'est comme si l'on disait : *Non-seulement les autres, mais aussi nos amis, jusqu'à nos amis*, etc. — *Non-seulement les afflictions, mais aussi les plaisirs, jusqu'aux plaisirs*, etc. — *La chasse est une passion non-seulement pour les hommes, mais aussi pour les femmes.*

650. — III. *Même* après deux ou plusieurs substantifs est ordinairement adverbe:

Tous les hommes, les philosophes MÊME, *ont regardé le sacrement de pénitence comme une des plus fortes barrières contre le vice.* (Châteaub.)

J'ai tout à craindre de leurs larmes, de leurs soupirs, de leurs plaisirs MÊME. (Montesquieu.)

651. — IV. Néanmoins, le mot *même* après deux substantifs peut avoir quelquefois le sens d'un adjectif. Ex :

Aujourd'hui l'on n'adore plus les idoles d'or et d'argent ; mais l'or et l'argent MÊMES *sont adorés.*

(St-Jean Chrysostôme.)

Grimm, Helvétius, Diderot, Hume, Dalembert, n'en ont pas moins été pour lui (J.-J. Rouss.) *la bienveillance et l'obligeance* MÊMES. (Volt.)

652. — V. *Même* précédé du pronom démonstratif *ceux, celles,* est aussi tantôt adjectif, tantôt adverbe. Ex :

Le sénat se trouva composé de ceux MÊMES *qui s'opposaient à la loi* (St. Réal), c.-à-d. *des personnes elles-mêmes,* etc.

La guerre est funeste à ceux MÊME *qui l'entreprennent avec justice* (Fénélon), c.-à-d. funeste non-seulement à ceux qui l'entreprennent injustement, mais aussi, etc.

Ceux MÊME *qui n'ont pas de bien veulent paraître en avoir* (Id.), c.-à-d. non-seulement ceux qui ont du bien, mais aussi ceux qui n'en ont pas, etc.

653. — VI. *Même* modifiant un verbe ou un adjectif est nécessairement invariable. Ex :

Les magistrats doivent rendre une égale justice à tout le monde, MÊME *à leurs ennemis.* (Laveaux.)

Les peuples MÊME SAUVAGES *et farouches se soumirent à des lois quand ils eurent appris à faire croître des moissons.* (Fénélon.)

Dans ces phrases, *même* a le sens de *jusqu'à* : JUSQU'A *leurs ennemis,* JUSQU'AUX *peuples sauvages.*

654. — VII. *Même* placé avant ou après un adjectif modifié par *le plus, le moins, le mieux,* est toujours adverbe. Ex :

Les choses MÊME LES PLUS SAINTES *ne sont point à couvert de la corruption des hommes.* (Molière.)

Hélas ! à quoi les rois sont-ils exposés ? LES PLUS SAGES MÊME *sont souvent surpris.* (Fénélon.)

Quelque.

655. — I. *Quelque* se rapportant à un substantif est adjectif et prend l'accord. Ex .

QUELQUES DIFFICULTÉS *qu'il y ait à se placer, il est encore plus rare et plus difficile de se rendre digne d'être placé.* (La Bruyère.)

656. — II. *Quelque* modifiant un adjectif, un participe, ou un adverbe, est adverbe lui-même, et par conséquent invariable :

QUELQUE (1) IMMENSES *que soient vos richesses, vous devez toujours craindre l'inconstance de la fortune.*

QUELQUE CORROMPUES *que soient nos mœurs, le vice n'a pas encore perdu parmi nous toute sa honte.* (Massillon.)

QUELQUE ADROITEMENT *qu'il s'y prenne, le menteur finit toujours par se trahir.*

657. — III. *Remarque.* — *Quelque* avant un adjectif suivi d'un substantif peut modifier tantôt l'adjectif, tantôt le substantif.

_____

(1) *Quelque* ne perd l'e final que dans *quelqu'un, quelqu'une.*

Il modifie le substantif quand on peut supprimer ou déplacer l'adjectif, et il est alors susceptible d'accord; dans le cas contraire il est adverbe et reste invariable. Ex :

QUELQUES *superbes* DISTINCTIONS *qu'obtiennent les hommes, ils ont tous une même origine* (Bossuet), c.-à-d. *quelques distinctions que...* ou *quelques distinctions superbes que...* etc.

QUELQUE BONS *poëtes que fussent Homère et Virgile, ils ont trouvé des détracteurs.* Ici *quelque* est l'équivalent de *si,* et le sens ne permet pas de dire: *Quelques poëtes que fussent,* etc.

658. — IV. *Quelque* suivi d'un adjectif numéral a le sens de *environ,* et par conséquent est invariable. Ex :

Esope naquit QUELQUE *deux cents ans après la fondation de Rome.* (La Font.)

Remarque. — *Quelque* se place quelquefois comme adjectif avant *cent* et *mille* pris substantivement. Ex :

Déjà QUELQUES CENTS *hommes étaient partis pour Orléans.* (Thiers.) Ici *cent* est mis pour *centaines.*

Les réparations de cette maison m'ont occasionné une dépense de QUELQUES MILLE *francs.* — *Mille* est mis pour *milliers,* quoiqu'il reste invariable.

659. — *Quelque* suivi d'un verbe s'écrit en deux mots, et alors *quel* s'accorde avec le sujet ou les sujets du verbe, qui sont toujours après quand ce sont des substantifs. Ex :

O être clément et bon, QUELS QUE *soient tes* DÉCRETS, *je les adore.* (J. J. Rouss.)

QUELLES QUE *soient les* LOIS, *il faut toujours les suivre.* (Montesquieu.)

D'après les règles d'accord qui concernent l'adjectif, il faut écrire :

L'étude de l'histoire est nécessaire aux hommes, QUELS QUE *soient leur* AGE *et la* CARRIÈRE *à laquelle ils se destinent.* (de Ségur.) *Quel* est du masculin pluriel parce qu'il détermine deux substantifs de différent genre.

QUEL QUE *soit son* CALME, *sa* SÉRÉNITÉ, *il n'a pu suppor-
ter cet affront.* — *Quel* s'accorde avec *calme* parce que les
substantifs sont synonymes.

QUELLE QUE· *fût* (1) *sa* FORTUNE *ou son* TALENT, *il se
montra toujours simple et modeste.* Ici il y a ellipse, c'est
comme si l'on disait : QUELLE QUE *fût sa* FORTUNE OU
QUEL *que fût son* TALENT.

OBSERV. — *Quel* suivi des pronoms *il, ils, elle,
elles,* et *en,* s'écrit également en deux mots et suit
les mêmes règles d'accord. Ex :

Un titre, QUEL QU'IL *soit, n'est rien si ceux qui le portent ne sont grands par eux-mêmes.* (Volt.)

Il y a plus de vertu, sous une administration paisible,
QUELLE QU'ELLE *soit, que dans un gouvernement ora-
geux.* (Volt.)

Une vie, QUELLE QU'EN *soit la* DURÉE, *n'est rien au
prix de l'éternité.*

Tout.

660. — *Tout* se rapportant à un substantif ou à
un pronom est adjectif et prend l'accord. Ex : TOUS
les HOMMES, TOUTES *les* FEMMES ; TOUT *honnête* HOMME,
TOUTE *honnête* FEMME ; ILS *sont* TOUS *ici,* ELLES *sont*
TOUTES *ici.*

661. — II. *Tout* modifiant un adjectif ou un adverbe est mis pour *tout à fait,* et reste invariable.
Ex :

Saint François de Paule, dans son désert, mena une vie
TOUT ÉVANGÉLIQUE. (Bourdaloue.)

*En temps de pluie et de dégel, les maisons, les pierres,
les vitres, deviennent* TOUT HUMIDES. (B. de Saint-Pierre.)

La vie est pour chaque homme un tissu d'accidents TOUT
DIVERS. (Rollin.)

---

(1) *Fût* prend un accent circonflexe parce qu'au pluriel
on dirait *fussent.* Il en est de même dans ces phrases:
Quelque amitié qu'il me TÉMOIGNÀT, QUELQUES EFFORTS
qu'il FIT, etc.

La joie de faire du bien est TOUT AUTREMENT *douce que la joie de le recevoir.* (Massillon.)

662. — III. Cependant, par euphonie, le mot *tout* modifiant un adjectif varie quand cet adjectif est *féminin* et commence par une *consonne* ou par une *h aspirée.* EX :

La Grèce, TOUTE POLIE *et* TOUTE SAGE *qu'elle était, avait admis les cérémonies des dieux immortels et leurs mystères impurs.* (Bossuet.)

Les femmes de la côte de Malabar se jettent TOUTES VIVES *sur le bûcher de leurs maris.* (Volt.)

C'était une tête de dogue TOUTE HÉRISSÉE, *tout écumante de sang.* (Ch. Nodier.)

663. — IV. 1ʳᵉ OBSERV. — *Tout* peut être placé avant un adjectif sans le modifier, ce qui arrive lorsqu'il exprime la totalité : NOUS *sommes* TOUS *sujets à la mort; la* FORÊT *lui parut* TOUTE *enflammée; cette* LIQUEUR *s'est* TOUTE *exhalée; cette* ÉTOFFE *est* TOUTE *unie.* Dans ces phrases le mot *tout* détermine le pronom ou le substantif : NOUS TOUS *sommes sujets,* etc. — TOUTE *la* FORÊT, TOUTE *cette* LIQUEUR, TOUTE *cette* ÉTOFFE, etc.

664. — V. 2ᵉ OBSERV. — *Tout* suivi d'un substantif pris adjectivement reste invariable : *Le chien est* TOUT ARDEUR, TOUT OBÉISSANCE. (Buffon.) — *Cette petite fille est* TOUT YEUX, TOUT OREILLES, TOUT EN LARMES. — *Des étoffes* TOUT LAINE, TOUT SOIE. Cependant Châteaubriand, parlant de la sainte Vierge, dit par euphonie : *Elle est* TOUTE BONTÉ, TOUTE COMPASSION, *tout indulgence.*

665. — VI. 3ᵉ OBSERV. — Quand *tout* ne modifie pas le mot suivant, il varie : *La* MAISON *était* TOUTE *en feu* (Acad.), c.-à-d. *toute la maison.* C'est pour cette raison que Mᵐᵉ de Sévigné écrivant à sa fille disait : *Adieu, je suis* TOUTE *à vous;* tandis qu'à de simples connaissances elle mettait : *Je suis* TOUT *à vous.* Dans le premier cas, c'est une expression de

tendresse qui veut dire : *Je vous consacre ma vie,
mon existence entière.* Dans le second, c'est une expression de politesse, qui signifie : *Je suis entièrement à vous ; je suis toute disposée à vous rendre service.*

666. — VII. 4ᵉ Observ. — *Tout* ne varie pas avant
l'adjectif *entier* employé au singulier, parce que
cet adjectif exprime la totalité par lui-même : *La
maison* TOUT ENTIÈRE, *une heure* TOUT ENTIÈRE. Au
pluriel, il varie quelquefois : *Ces pains sont-ils encore* TOUS *entiers ?* c.-à-d. *tous ces pains.* — Mais il
reste invariable dans cette phrase : *Les grands hommes ne meurent pas* TOUT ENTIERS. (Acad.)

667. — VIII. 5ᵉ Observ. — *Tout* avant l'adjectif
autre suivi d'un substantif est adjectif quand le sens
permet de placer le substantif entre *tout* et l'adjectif *autre* : TOUTE *autre* GLOIRE *s'efface devant la sienne*
(Acad), c.-à-d. *toute gloire autre que celle-là.* Dans
le cas contraire, il modifie l'adjectif *autre*, et reste
invariable : *Je me suppose riche, il me faut donc des
plaisirs exclusifs, des plaisirs destructifs ; voilà de*
TOUT AUTRES *affaires.* (J.-J. Rouss.)

Quelquefois le substantif est sous-entendu : *Voilà
la paix dont j'ai joui ;* TOUTE *autre me paraît une fable et un songe* (Fénélon), c.-à-d. *toute paix autre
que celle-là.*

Il y a une distinction à faire entre ces deux expressions : TOUTE *autre chose* et TOUT *autre chose.*
Quand on dit : *Demandez-moi* TOUTE *autre* CHOSE
(Acad.), c'est comme si l'on disait : *Demandez-moi
toute chose autre* ; alors *tout* est adjectif. Mais si l'on
dit : *Je vous ai accordé deux heures de congé, vous
demandez maintenant une journée entière : c'est* TOUT
autre chose (1), *tout* est adverbe parce qu'il mo-

---

(1) C'est dans ce sens que l'auteur de Paul et Virginie a

difie *autre*, et non *chose*. Il en est de même dans cette phrase de l'Académie : *Il témoignait avoir envie de vous servir, et pensait* TOUT AUTRE *chose*, c.-à-d. *chose tout autre* (toute différente.)

Lorsque l'adjectif *autre* est précédé de *un, une,* le mot *tout*, reste toujours invariable :

Pour vous, vous méritez TOUT UNE AUTRE *fortune.*
(La Font.)

Vous méritez, sans doute, UNE TOUT AUTRE *destinée.*
(Molière.)

SYNTAXE DU PRONOM.

Accord du pronom.

668. Le *pronom*, comme l'adjectif, s'accorde en genre et en nombre avec le substantif auquel il se rapporte.

S'il remplace deux noms singuliers, il se met au pluriel ; s'il y a synonymie ou gradation, il s'accorde avec le dernier. Ex :

Le soleil de Provence me donna un avant-goût de l'Italie et de la Grèce vers LESQUELLES *mon instinct et la muse me poussaient.* (Châteaub.)

Il y a dans la véritable vertu une candeur, une ingénuité à LAQUELLE *on ne se méprend pas.* Fénélon.) — Synonymie.

Il n'est point de jour, d'heure, de moment, LEQUEL, *mis à profit, ne puisse nous mériter le ciel.* (Massillon.) — Gradation.

Pronom en rapport avec un substantif indéterminé.

669. — Avec certaines locutions dans lesquelles on ne fait pas usage du déterminatif, telles que

---

dit : *Si elle m'avait paru charmante en toile bleue du Bengale, avec un mouchoir rouge autour de sa tête, ce fut encore* TOUT AUTRE CHOSE *quand je la vis parée à la manière des dames de ce pays.* (B. de Saint-Pierre.)

faire justice, faire réponse, faire grâce, demander pardon, prendre racine, se mettre en mer, etc., généralement le substantif ne peut être remplacé par un pronom. Ainsi, au lieu de dire : *Il nous a fait RÉPONSE QUE voici,* on dira : *Il nous a fait UNE réponse que voici.*

De même ces phrases sont incorrectes :

Depuis lors les Allemands firent des incursions EN GAULE QUI n'était plus guerrière. (Guinefolle.) L'auteur aurait dû dire *dans LA Gaule.*

Il était couvert d'une peau de LION QU'il avait tué dans la Cilicie. (Fénélon.) La phrase aurait plus de précision si Fénélon eût dit: *Il était couvert de la peau d'UN LION QU'il avait tué,* etc.

Il nous a DEMANDÉ CONSEIL, et nous LE lui avons donné. Il faut dire: *Il nous a demandé UN conseil.*

S'il A PERMISSION de partir, .qui LA lui a donnée? La correction demande: *s'il a LA PERMISSION,* etc.

Il y a néanmoins une foule de cas où le pronom peut être mis en rapport avec un substantif indéterminé. Il faut, à cet égard, consulter le sens et l'euphonie. Ex :

Frédéric faisait les vers EN ROI QUI a droit de compter sur les applaudissements. (Berchoux.)

Un roi ne peut se passer DE MINISTRES QUI le soulagent et en QUI il se confie. (Fénélon.)

Je ne suis pas HOMME QUI change aisément de résolution. (Marmontel.)

Voiture n'avait pas assez D'ESPRIT quoiqu'il LE cherchât toujours. (Volt.)

Les dieux sont lents à FAIRE JUSTICE; mais enfin ils LA font. (Fénélon.)

On leur DONNA PASSAGE en quelques endroits; ils se LE firent en d'autres. (Fléchier.)

Tandis que nous voguions A PLEINES VOILES, tout à coup le vent tombe, et nous LES voyons s'affaisser. (Marmontel.)

Il n'y a personne qui ne dût avoir une forte teinture DE PHILOSOPHIE : ELLE convient à tout le monde; la pratique EN est utile à tous les âges. (La Bruyère.)

★

Répétition des pronoms.

670. — La répétition des pronoms dans une même phrase n'a rien d'incorrect pourvu qu'ils se rapportent au même substantif. Ex :

On trouve quelquefois que les gens qu'on croit ennemis ne le sont point; on est alors fort honteux de s'être trompé.
(Mme de Sévigné.)

Dieu, maître de son choix, ne doit rien à personne.

Il éclaire, il aveugle, il condamne, il pardonne. (Volt.)

Le vrai génie qui conduit l'État est celui qui, ne faisant rien, fait tout faire; qui pense, qui invente, qui pénètre dans l'avenir, etc., qui se roidit sans cesse pour lutter contre la fortune. (Fénélon.)

671. — L'emploi des pronoms avec des rapports différents nuit à la clarté du style, et peut même quelquefois causer une équivoque. Pour cette raison les phrases suivantes sont incorrectes :

On croit n'être pas trompé, et l'on vous trompe à tout moment. — Comme ce ne sont pas les mêmes personnes qui trompent et qui sont trompées, on doit dire : *On croit n'être pas trompé, et on l'est à tout moment.* De cette manière il n'y aura plus qu'un rapport.

Il plante un jeune bois et il espère qu'en moins de vingt années il lui donnera un beau couvert. (La Bruyère parlant d'un vieillard.) — Les deux premiers pronoms se rapportent au *vieillard*, et le troisième au *bois*. Il eût été plus correct de dire dans le dernier membre de la phrase : *Il y trouvera un beau couvert.*

Les auteurs les plus dangereux sont ceux qui aiguisent les épigrammes qui sont de petites flèches déliées qui font une plaie profonde et inaccessible aux remèdes. (Montesquieu.) — La suppression de ces trois mots *qui sont de* suffirait pour rendre la phrase correcte.

672. — Deux pronoms relatifs se rapportant au même antécédent, sans qu'il y ait énumération, forment aussi un tour désagréable qu'il faut éviter. Ex :

Pierre tira des instructions du Danemark, de la Suède,

de la France, etc., *et prit de ces différentes nations ce*
QU'il crut QUI *convenait à la sienne.* (Volt.)

Il aurait mieux valu dire : *Ce qu'il crut pouvoir convenir à la sienne,* ou *ce qu'il crut convenable à la sienne.*

673. — *Équivoque.* — Le pronom fait équivoque
lorsqu'il peut se rapporter indifféremment à deux
substantifs :

*Molière a surpassé Plaute dans ce qu'*IL *a fait de meilleur.* Il faut dire, suivant le sens : *Molière, dans ce qu'*IL
a fait de meilleur, à surpassé Plaute, ou bien : *Molière a
surpassé Plaute dans ce que* CELUI-CI *a fait de meilleur.*

L'emploi d'un seul pronom peut même quelquefois présenter un sens amphibologique. Si l'on dit:
Je LEUR *ai fait écrire une lettre,* la phrase a un double sens. Veut-on dire qu'on a fait écrire cette lettre
à eux ou *par eux?* Il n'en serait plus de même si
l'on disait simplement : *Je* LEUR *ai fait écrire.*

PRONOMS PERSONNELS.

Pronom employé comme *sujet.*

674. — I. Quoique les pronoms personnels employés comme sujets se répètent ordinairement,
on peut les supprimer pour donner plus de rapidité à l'expression :

JE LIS *et* RELIS *les bons auteurs de l'antiquité.*

JE *vous* EMBRASSE *et vous* AIME, *et vous le* DIRAI *toujours.* (Mme de Sévigné)

JE *vous* PLAINS, *vous* PARDONNE, *et* VEUX *vous respecter.*
(Volt)

Vicieux, pénitent, courtisan, solitaire,

IL PRIT, QUITTA, REPRIT *la cuirasse et la haire.* (Id.)

Partout où le christianisme a dominé, IL A RECTIFIÉ *les
notions du juste et de l'injuste,* SUBSTITUÉ *l'affirmation au
doute,* EMBRASSÉ *l'humanité entière dans ses doctrines et
ses préceptes.* (Châteaub.)

Au contraire, dans certains cas, la répétition
des pronoms donne de l'énergie à la pensée :

L'aménité prévient, ELLE *attire,* ELLE *engage,* ELLE *fait souhaiter de vivre avec celui qui en est doué.*

(Marmontel.)

675. — II. Quand une proposition affirmative est unie par la conjonction *et* à une proposition négative, l'euphonie permet aussi la suppression du pronom sujet: JE PLIE, *et* NE ROMPS PAS. (La Font.) JE LABOURE, *et* N'ÉCRIS PAS *sur le labourage.* (Volt.)

J'AI TROMPÉ *l'univers, et* NE PUIS *me tromper.* (Id.)

Avec toute autre conjonction il faut répéter le pronom: JE *plie,* MAIS JE *ne romps pas;* JE *laboure,* MAIS *je n'écris pas,* etc.

676. — III. On doit, même avec la conjonction *et,* répéter le pronom sujet quand on passe d'une proposition négative à une proposition affirmative:

TU N'AS POINT *d'aile et* TU VEUX *voler? rampe.* (Volt.)

677. — IV Avec deux propositions négatives, l'usage permet encore de supprimer le pronom sujet: JE NE L'AIME *ni* NE LE HAIS; JE NE LE BLAME *ni* NE L'APPROUVE. JE NE DOIS *ni* NE VEUX *mourir avant d'avoir mis ordre à mes affaires.* (Volt.)

678. — V. Quand un verbe a deux sujets de différente personne, on peut s'exprimer de trois manières.

Fénélon fait dire à Mentor: *Télémaque et moi* NOUS *combattrons pour la bonne cause.*

On pourrait dire aussi: Nous *combattrons, Télémaque et moi, pour...* ou, en supprimant le pronom *nous: Télémaque et moi combattrons pour,* etc.

Pronom employé comme *complément.*

679. — Quand un verbe est suivi d'un infinitif, le pronom complément de cet infinitif se place avant ou après le premier verbe, selon que l'exige l'euphonie. Ex:

Pour un âne enlevé deux voleurs se battaient :
L'un voulait LE *garder, l'autre* LE *voulait vendre.*

(La Font.)

680. — II. Les pronoms personnels employés comme compléments se répètent dans les temps simples : *L'idée de ses malheurs* LE *poursuit,* LE *tourmente et* L'*accable.* (Laveaux.)

681. — III. On peut ne pas répéter les pronoms compléments avant les verbes qui expriment une action réitérée ou contraire : *Je vous* LE *dis et redis ; il* LE *fait, refait, et défait sans cesse.* Néanmoins, dans ce cas, la répétition est nécessaire quand les verbes ne sont pas au même temps : *Je* LE *crois et* LE *croirai jusqu'à ce qu'on m'ait démontré mon erreur.*

682. — IV. Dans les temps composés, au contraire, les pronoms compléments ne se répètent que lorsque les verbes sont d'une nature différente. Ainsi l'on dirait bien : *Ils* SE *sont* RENCONTRÉS *et* ENTRETENUS *longtemps,* mais on ne dirait pas : *Ils* SE *sont* RENCONTRÉS *et* PARLÉ *longtemps,* parce que *rencontrer* et *parler* n'admettent pas le même complément. Il faudrait donc dire : *Ils* SE *sont rencontrés et* SE *sont parlé longtemps.* On ne dirait pas non plus : *Il* NOUS *eût* ÉCOUTÉS *et* PARDONNÉ, mais *il* NOUS *eût* ÉCOUTÉS *et* NOUS *eût* PARDONNÉ. (Le premier *nous* est compl. dir., et le second compl. indir.). Pour la même raison, ce serait une faute de dire : *Vous* NOUS *avez* APOSTROPHÉS *et* INVECTIVÉ ; il faut dire : *Vous* NOUS *avez* APOSTROPHÉS *et avez* INVECTIVÉ *contre* NOUS.

Emploi de *en, y,* **pour** *lui, leur, eux, elle, elles.*

683. — Lorsqu'il s'agit de choses, on emploie *en* pour *de lui, d'elle, d'eux, d'elles,* et *y* pour *à lui, à elle, à eux, à elles :*

Exemples du pronom EN. — *Celui qui est dans la pros-*
périté doit craindre D'EN *abuser* (Fénélon), pour abuser
d'elle.

L'art d'assaisonner les plaisirs est celui D'EN *être avare*
(J.-J. Rouss.), pour être avare *d'eux.*

On ne dira donc pas au sujet d'une affaire : *Je m'occu-*
perai D'ELLE, mais *je m'*EN *occuperai*; ni en parlant d'un
animal : *Approchez* DE LUI, mais *approchez-*EN.

Les exceptions à cette règle sont rares ; cependant on ne peut blâmer les phrases suivantes :

La PHILOSOPHIE *triomphe aisément des maux passés et*
des maux à venir; mais les maux présents triomphent
D'ELLE. (La Rochef.)

Il n'y a point d'homme qui ne doive en sa vie éprouver
quelques disgrâces de la FORTUNE; *plus on a été épargné*
D'ELLE, *plus on a à craindre quelque révolution affreuse.*

(Fénélon.)

On ne saurait dire si Ésope eut sujet de remercier la NA-
TURE *ou de se plaindre* D'ELLE. (La Font.)

Exemples du pronom Y. — *Enfermé avec mes livres, j'*Y
cherchais des distractions utiles (J.-J. Rouss.), et non je
cherchais *en eux.*

*Disant le bien avec plaisir, cachez le mal, et n'*Y *pensez*
qu'avec douleur (Fénélon), et non *pensez à lui.*

Il y a bien des gens qui voient le vrai, et qui ne peuvent
Y *atteindre* (Pascal), et non *atteindre à lui.*

Les exceptions pour l'emploi de *y* sont nombreuses. Toutes les fois qu'il y a une sorte de personnification dans l'idée, il faut faire usage des pronoms
lui, leur, elle, elles, etc. Ex :

Le vent nous apporta un oiseau assez semblable à une
chouette. On LUI *donna l'hospitalité.* (Châteaub.)

Boileau nous apprit le premier à chercher toujours le
mot propre, et à LUI *donner sa place dans le vers, à éviter*
les expressions parasites. (Laharpe.)

Il faut dire en parlant d'un animal : Ne LUI *faites pas*
*de mal, et non n'*Y *faites pas de mal, et en parlant de*
fleurs ou d'arbres : LEUR *donnez-vous l'eau qui* LEUR *est*
nécessaire? — *Je* LUI *dois la fraîcheur d'un ombrage dé-*
licieux. (Marmontel parlant d'un arbre.)

684. — Lorsqu'il s'agit de personnes, on peut aussi quelquefois faire usage des pronoms *en* et *y*. Ex:

> *Heureux le roi qui aime son peuple et qui* EN *est aimé.*
> (Fénélon.)

> *Il est souvent plus utile de quitter les grands que de s'*EN *plaindre.* (La Bruyère.)

> *Quelques-uns de ces peuples déposaient leurs rois dès qu'ils n'*EN *étaient plus satisfaits.* (Montesquieu.)

> *Plus on approfondit l'homme, plus on* Y *démêle de faiblesse et de grandeur.* (Vauvenargues.)

> *Quoique je parle beaucoup de vous, ma fille, j'*Y *pense encore davantage* (Mme de Sévigné). — *Y* est ici mis pour *à vous*.

Emploi du pronom LE.

685. — Le pronom *le* remplace non-seulement les substantifs, mais encore les adjectifs, les participes, et les propositions entières.

686. — I. Il est variable : 1° Quand il remplace un substantif :

> *Je me regarde comme* LA MÈRE *de cet enfant ; je* LA *suis de cœur, je* LA *suis par ma tendresse pour lui.* (Acad.)

> *Étes-vous* LES TROIS ROMAINS *qu'on a choisis pour le combat ?* — *Nous* LES *sommes.* (Marmontel.)

OBSERV. — Dans les temps du verbe *être* qui commencent par une voyelle, l'euphonie exige l'invariabilité du pronom. Ainsi, dans la phrase de Marmontel, on dirait à la 2ᵉ personne : *Étes-vous les trois Romains*, etc. ? — *Vous* L'*êtes*, et non pas *vous* LES *étes*. De même : *Nous sommes* LES SŒURS *de cet enfant, et fières de* L'*être*, et non pas *de* LES *être*

2° Quand il remplace un adjectif pris substantivement, il est encore variable :

> *N'étes-vous pas* LA PREMIÈRE *de la classe ?* — *Je* LA *suis ou je ne* LA *suis pas.*

687. — II. Le pronom LE est invariable : 1° Quand il remplace un adjectif ou un participe :

> *Catherine de Médicis était* JALOUSE *de son autorité, et elle* LE *devait être.* (P. Daniel.)

Si la lune n'est pas HABITÉE, *il n'est du moins pas impossible qu'elle* LE *soit.* (La Bruyère.)

Les hommes SANGUINAIRES *ne* LE *sont que dans la fureur de la vengeance.* (Volt.)

2° Quand il remplace un substantif pris adjectivement :

'*Tout peut être* MONNAIE; *autrefois le bétail* L'*était, des coquillages* LE *sont encore chez plusieurs peuples.*

(J.-J. Rouss.)

A cette question : *Êtes-vous* REINE ? on répondra : *Je* LE *suis* ou *je ne* LE *suis pas.* A celle-ci au contraire : *Êtes-vous* LA *reine?* on doit répondre : *Je* LA *suis* ou *je ne* LA *suis pas.*

688. — OBSERV. — Un substantif, quoique précédé de l'article, peut être quelquefois considéré comme adjectif dans le second membre de phrase, et, dans ce cas, le pronom *le* reste invariable.

Voyez Aigues-Mortes, Fréjus, Ravenne, qui ont été DES PORTS *de mer, et qui ne* LE *sont plus.* (Volt.)

Les Romains avaient des oracles qui promettaient à Rome d'être LA CAPITALE *du monde, et elle* LE *devint.*

(B. de St-Pierre.,

LES FOURBES *croient aisément que les autres* LE *sont* (La Bruyère), c.-à-dire que les autres sont fourbes.

689. — 3° Le pronom *le* reste encore invariable quand il représente une proposition entière :

L'occasion de faire des heureux EST PLUS RARE *qu'on ne* LE *pense* (J.-J. Rousseau.), c.-à-d. qu'on ne pense *qu'elle est rare.*

OBSERV. — Le pronom LE mis pour une proposition entière peut quelquefois se tourner par *cela*, et alors il est en rapport avec une chose à dire ou déjà dite :

*Disons-*LE : *Ces mesures violentes ne peuvent qu'aigrir les esprits.* (Acad.)

Si le public a eu quelque indulgence pour moi, je LE *dois à votre protection.* (Condillac.)

690. — III. Par syllepse, le pronom *le* peut remplacer un infinitif ou un participe non énoncés dans la phrase. Ex :

J'AIME *donc sa victoire, et je* LE *puis sans crime* (Corn.) c'est-à-dire : *Je puis* L'AIMER.

Louis XIV paraissait un prince destiné à RÉFORMER *l'Europe, si elle avait pu* L'être (Volt.), c'est-à-dire *être* RÉFORMÉE.

Le bœuf REMPLIT *ses premiers estomacs tout autant qu'ils peuvent* L'être (Buffon), c'est-à-dire *être* REMPLIS.

Cependant, il vaut mieux, en général, exprimer l'infinitif ou le participe pour donner plus de clarté à la phrase :

J'AIME *donc sa victoire, et je puis* L'AIMER *sans crime.*
On ne LOUE *d'ordinaire que pour* ÊTRE LOUÉ.

(La Rochef.)

INSTRUISEZ-*le comme vous voudriez que fût* INSTRUIT *l'ami d'un monarque.* (Marmontel.)

Emploi du pronom *soi.*

691. — I. L'emploi du pronom *soi* mis pour *lui* et *elle* est de rigueur avec le pronom indéfini *on*, les *infinitifs*, et les verbes *unipersonnels*. Ex :

ON *doit rarement parler de* SOI. (Acad.)
Il faut être patient, pour DEVENIR MAÎTRE *de* SOI *et des autres.* (Fénélon.)
IL DÉPEND *toujours de* SOI *d'agir honorablement.*

(Gir.-Duviv.)

692. — II. Avec les expressions dont le sens est vague, telles que *aucun*, *chacun*, *nul*, *personne*, *qui* ou *celui qui*, *quiconque*, etc., ainsi qu'avec les substantifs pris dans un sens général, les auteurs emploient ordinairement le pronom *soi*, de préférence aux pronoms *lui* et *elle*. Ex :

CHACUN *pour* SOI-*même* (1) *est toujours indulgent.* (Boil.)
QUICONQUE *rapporte tout à* SOI *n'a pas beaucoup d'amis.*

(Acad.)

CELUI QUI *aime le travail a assez de* SOI-*même.* (La Bruy.)
PERSONNE *n'ose dire de* SOI *qu'il est brave et libéral, beau, généreux, sublime : on se contente de le penser.* (Id.)

---

(1) Le mot *même* ajouté à *soi* est explétif, c'est-à-dire qu'il sert à donner plus de force à l'expression.

Si L'HOMME *savait rougir de* SOI, *quels crimes ne s'épargnerait-il pas ?* (Id.)

L'astronome pense aux astres, le physicien pense à la nature, et le PHILOSOPHE *pense à* SOI. (Fontenelle.)

693. — III. Pour exprimer un retour sur soi-même, les auteurs emploient quelquefois le pronom *soi*, même avec un sujet déterminé. Ex:

RUFFIN *est content de* SOI, *des siens, et de sa petite fortune.* (La Bruyère.)

Si jamais l'Angleterre revient à SOI, *la postérité n'aura pas assez de louanges pour célébrer les vertus de la religieuse Henriette.* (Bossuet.)

694. — IV. L'emploi du pronom *soi* est indispensable dans le cas où les pronoms *lui* et *elle* feraient une équivoque. Ex :

L'égoïste, tout en paraissant agir pour autrui, n'agit que pour SOI. — Si l'on disait : *N'agit que pour* LUI, le rapport du pronom serait plus difficile à saisir.

Un homme vain trouve son compte à dire du bien et du mal de lui; un homme modeste ne parle point de SOI. (La Bruyère) — *De lui* paraîtrait se rapporter à l'homme vain.

Dieu était dans Jésus-Christ réconciliant le monde avec SOI *et se réconciliant lui-même avec le monde.* (Bourdaloue.) — Dans cette phrase, *lui* aurait pu se rapporter également à Jésus-Christ et à Dieu.

Il y a des cas, au contraire, où le pronom *soi* nuirait à la clarté de la phrase : *Le mal que l'homme fait retombe sur* LUI (J.-J. Rouss.). — *Soi* se rapporterait à *mal* et non à *homme.*

695. — V. Lorsqu'il s'agit de choses, on peut employer indifféremment *soi* ou *lui* et *elle*. Ex :

La SAGESSE *après* SOI *laisse un long souvenir.* (Aubert.)

Un MALHEUR *toujours traîne un malheur après* SOI.

(Piron.)

Hélas! s'écriait Télémaque, voilà donc les malheurs que la GUERRE *entraîne après* ELLE! (Fénélon.)

Rien ne peut arrêter le TEMPS, *qui entraîne après* LUI *tout ce qui paraît le plus immobile.* (Id.)

696. — VI. On doit éviter, en général, de mettre

le pronom *soi* (1) en rapport avec un pluriel ou bien avec deux ou plusieurs singuliers. Ainsi La Bruyère aurait mieux fait d'employer le pronom *eux* dans cette phrase, où il dit : *Les nouveaux* ENRICHIS *se ruinent à se faire moquer de* SOI.

On ne dirait pas non plus : *La* MOLLESSE *et la* VOLUPTÉ *ont en* SOI *quelque chose de vil et de méprisable.* Il faudrait dire : *Ont en* ELLES.

Cependant cette règle n'étant qu'une règle d'euphonie, il est bien difficile de condamner les phrases suivantes :

Toutes ces BEAUTÉS *réunies ont en soi quelque chose de moral, de solennel, et d'attendrissant.* (Châteaub.)

Qui pourrait dire tous les moments d'humeur et de chagrin que les SOINS *de la grandeur et de l'autorité traînent après* SOI? (Massillon.)

Tous les ANIMAUX *ont en* SOI *un instinct qui ne les trompe jamais.* (Buffon.)

PRONOMS DÉMONSTRATIFS.

Emploi du pronom *ce*.

697. — I. Le pronom *ce* se répète dans un second membre de phrase avant le verbe *être* suivi d'un pronom personnel, d'un substantif pluriel, ou du verbe *être* lui-même :

CE *qui m'attache le plus à la vie, c'est vous.*

Après l'esprit de discernement, CE *qu'il y a au monde de plus rare,* CE *sont les diamants et les perles.* (La Bruy.)

698. — II. Cette répétition ne peut avoir lieu lorsque le verbe *être* est suivi d'un adjectif ou d'un participe. Ex : CE *que vous dites est vrai;* CE *que nous demandons* EST JUSTE.

_____

(1) Dans cette locution : *Des* SOI-*disant docteurs, des* SOI-*disant beaux-esprits,* c.-à-d. *de prétendus docteurs,* etc., le pronom *soi,* quoique en rapport avec un pluriel, n'a rien de vicieux.

CE *qu'il y a de certain dans la mort* EST *un peu* ADOUCI *par ce qu'il y a d'incertain.* (La Bruyère.)

699. — III. Avec un substantif singulier, un verbe à l'infinitif ou à un autre mode, le pronom *ce* s'emploie aussi pour donner plus d'énergie et de grâce à l'expression. Ex :

Vouloir tromper le ciel, c'est folie à la terre. (La Font.)

Le vrai moyen d'être trompé, c'est de se croire plus fin que les autres. (La Rochef.)

Le véritable éloge d'un poëte, c'est qu'on retienne ses vers. (Volt.) (1).

700. — IV. Quand le verbe *être* est suivi du verbe *être* lui-même, ou quand il est entre deux infinitifs, l'emploi du pronom *ce* est de rigueur :

La vie est un dépôt confié par le ciel :

OSER *en disposer,* C'EST ÊTRE *criminel.* (Gresset.)

Végéter, C'EST *mourir; beaucoup penser,* C'EST *vivre.*

(Frédéric le Grand.)

Cependant, pour plus de vivacité d'expression, on dit : SOUFFLER *n*'EST *pas* JOUER; PLAISANTER *n*'EST *pas* RÉPONDRE.

De même le pronom *ce* placé avant le verbe *être* au commencement d'une phrase contribue à l'énergie de la pensée. Ainsi, au lieu de dire simplement : *Socrate fit connaître le premier la philosophie morale aux Grecs,* on dit : CE *fut Socrate qui,* etc. Le pronom *ce* fixe l'attention sur Socrate et le montre, pour ainsi dire, au doigt. C'est ainsi que l'on dit encore : CE *fut en* 1095 *que fut prêchée la première croisade,* au lieu de dire : *La première croisade fut prêchée en* 1095. — CE *furent les Phéniciens qui*

---

(1) Au lieu d'employer le pronom *ce,* on répète quelquefois le substantif pour donner plus d'énergie à la pensée. Ex :

Le grand INTÉRÊT, *l'*INTÉRÊT *commun, est que les lois soient observées, les magistrats respectés; que la constitution se soutienne, et que l'État soit tranquille.* (J.-J. Rouss.)

inventèrent l'art d'écrire, au lieu de : *Les Phéniciens inventèrent l'art d'écrire.*

701. — V. Dans le langage familier on donne quelquefois à *ce* le sens de *cela* : *C'est utile, c'est essentiel, c'est urgent*, pour CELA *est utile, essentiel*, etc. Cependant le mot *cela* est préférable.

702. — VI. *Ce* se met aussi pour les pronoms *il, ils, elle, elles*, quand l'attribut n'est pas un adjectif :

L'incivilité n'est pas un vice de l'âme, c'est l'effet de plusieurs vices (La Bruyère), au lieu de *elle* est l'effet, etc.

Il y a même des cas où l'emploi de *ce* paraît nécessaire, telle est cette phrase :

Quand ils se lèvent sur leurs pieds, ils montrent une face humaine; et en effet, ILS sont des hommes. (La Bruyère parlant des esclaves.) Il serait plus correct de dire : CE *sont des hommes.*

703. — VII. Dans les phrases interrogatives, *ce* mis pour *il* donne plus de précision et de force à l'expression :

Quoi donc, à votre avis, fut-CE un fou qu'Alexandre ?

(Boileau.)

Alexandre fut-IL un fou serait moins énergique.

704. — VIII. *Il* et *ce* donnent un sens différent aux phrases suivantes : *Quelle heure est-IL? Quelle heure est-CE ?*

Quelle heure est-IL est une question pour demander l'heure qu'il est dans le moment où l'on parle.

Quelle heure est-CE signifie : Quelle est l'heure que l'on entend sonner en ce moment.

Celui, ceux, celle, celles.

705. — I. Il faut éviter d'employer un adjectif ou un participe immédiatement après les pronoms *celui, ceux, celle* : la précision demande que ces mots soient déterminés par un pronom relatif ou par la préposition *de*. Ex :

Les grandeurs naturelles sont CELLES QUI SONT *indépendantes de la volonté des hommes* (Fontenelle), *et non celles indépendantes.*

Les actions qui échappent de la main de l'ouvrier ont bien plus de grâce que CELLES QUI SONT *étudiées* (Montaigne), *et non celles étudiées.*

Les auteurs anciens, et surtout les modernes, n'ont pas craint d'enfreindre cette règle, mais il n'en est pas moins vrai que l'emploi des adjectifs ou des participes après ces pronoms nuit généralement à la précision et à l'euphonie.

Il y a des phrases où les pronoms démonstratifs *celui, ceux, celle,* suivis d'une autre préposition que *de,* n'offrent rien de désagréable à l'oreille :

On répare difficilement les fautes contre la liberté, jamais CELLES CONTRE L'HONNEUR. (Massias.)

Vos succès présents me répondent de CEUX A VENIR.

(Boniface.)

706. — II. L'omission des pronoms *celui, ceux, celle,* peut, en certains cas, donner à la phrase un sens faux ou équivoque. Ex :

Il récompensa CEUX *de ses serviteurs qui ne l'avaient point abandonné dans sa fuite.*

Le sens ne serait plus le même si l'on disait : *Il récompensa ses serviteurs,* etc. Alors on voudrait parler de tous les serviteurs.

Nous nous mîmes à examiner les cavaliers qui entraient et CEUX *qui sortaient* (Le Sage), *et non qui entraient et sortaient.*

L'aigle tyrannise également les habitants de l'air et CEUX *de la terre* (Buffon), *et non de l'air et de la terre.*

La constitution de Rome et CELLE *d'Athènes étaient très-sages* (Montesquieu), *et non la constitution de Rome et d'Athènes.*

On voyait à la cour d'Attila les ambassadeurs d'Orient et CEUX *d'Occident* (Id), *et non d'Orient et d'Occident,* car les ambassadeurs d'Occident ne sont point ceux d'Orient, et *vice versâ.*

Celui-ci, celui-là.

707. — I. *Celui-ci* et *celui-là* diffèrent en ce que *celui-ci* désigne l'objet le plus proche ou le dernier nommé, et *celui-là* l'objet le plus éloigné ou le premier nommé.

Corneille nous assujettit à ses idées, Racine se conforme aux nôtres : CELUI-LA *peint les hommes comme ils devraient être,* CELUI-CI *tels qu'ils sont.* (La Bruy.)

708. — II. On peut employer *celui-là, celle-là,* pour *celui* ou *celle,* en les joignant immédiatement au verbe dont ils sont les sujets. Ainsi, au lieu de dire : *Celui qui ne désire rien est heureux,* on dit plus élégamment : CELUI-LA *est heureux qui ne désire rien.*

De même : CEUX-LA *font bien qui font ce qu'ils doivent* (La Bruyère), au lieu de *ceux qui font ce qu'ils doivent,* etc.

Pascal s'est exprimé incorrectement en disant : *Il n'y a point de doctrine plus propre à l'homme que* CELLE-LA QUI *l'instruit.* Il fallait dire *celle.*

Au contraire, l'emploi de *celui-là* est très-élégant dans cette phrase du même auteur : *Qui ne mourrait pour conserver son honneur,* CELUI-LA *serait infâme.*

709. — III. *Ceux-ci, ceux-là,* s'emploient quelquefois à la place de *les uns, les autres :*

Nous ne trouvons que trop de mangeurs ici-bas :
CEUX-CI *sont courtisans,* CEUX-LA *sont magistrats.*

(La Font.)

Ceci, cela.

710. — I. *Ceci* se dit, par opposition à *cela,* pour indiquer, de deux choses, la plus proche de celui qui parle : CECI *est à moi,* CELA *est à vous;* CECI *est beau,* CELA *est laid.* (Acad.)

711. — II. *Ceci* s'emploie souvent sans opposition à *cela,* comme indiquant un objet présent, un fait

actuel : CECI *n'est pas un jeu d'enfants. Que veut dire* CECI? (Acad,)

712. — III. En outre, *ceci* annonce ce qui va suivre, et *cela* ce qui précède :

Il y avait CECI *de particulier chez les Romains, qu'ils mêlaient quelque sentiment religieux à l'amour qu'ils avaient pour leur patrie.* (Montesquieu.)

Soyez dans une position médiocre, sans CELA *le bonheur et la vertu sont en péril.* (Fontenelle.)

713. — IV. *Ceci* et *cela* s'emploient quelquefois pour désigner vaguement tantôt une chose, tantôt une autre : *C'était* CECI, *c'était* CELA, *il avait toujours quelque prétexte pour ne pas venir.* (Acad.)

Vous l'abrutiriez si vous alliez toujours lui disant : Va, viens, reste ; fais CECI, *ne fais pas* CELA. (J.-J. Rouss.)

714. — V. *Cela,* dans le langage familier, peut s'appliquer aux personnes. Ainsi l'on dit en parlant d'un enfant : CELA *est heureux,* CELA *ne fait que jouer.*
(Acad.)

715. — VI. ÇA se dit par contraction pour *cela,* mais seulement comme expression familière : *Donnez-moi* ÇA. *Il n'y a pas de mal à* ÇA. (Acad.)

PRONOMS RELATIFS.

Antécédent du pronom relatif.

716. — Le rapport du pronom relatif avec son antécédent doit toujours être facile à saisir et ne donner lieu à aucune équivoque. Ainsi la phrase suivante pèche contre la clarté : *On trouve* DES PASSAGES *dans ces écrivains* QUI *sont incorrects.* Pour rendre la phrase plus claire il faudrait dire : *On trouve dans ces écrivains* DES PASSAGES QUI, etc.

717. — Il y a des cas où, pour éviter un sens amphibologique, on doit remplacer *qui, que, dont,* par *lequel, laquelle,* etc. Ex :

Un HOMME *s'est levé au milieu de l'assemblée,* LEQUEL

a parlé d'une manière extravagante (Acad.), et non *qui a parlé.*

Il y a une ÉDITION *de ce livre* LAQUELLE *se vend fort bon marché.* (Id.), et non *qui se vend.*

Le monde n'est pas un grand animal qui se meuve de lui-même ; il y a de ses mouvements quelque CAUSE *étrangère a lui,* LAQUELLE *je n'aperçois pas* (J. J. Rouss.), et non *que je n'aperçois pas.*

Il existe un ARBITRE *souverain du sort des humains* DUQUEL *nous sommes tous les enfants* (Id.), et non *dont nous sommes,* etc.

718. — Pour éviter toute obscurité dans l'expression, le pronom relatif doit, en général, se trouver le plus près possible de son antécédent. Néanmoins il est quelquefois élégant de les éloigner l'un de l'autre ; telles sont les phrases suivantes :

Deux MARCHANDS *étaient voisins et faisaient le même commerce,* QUI *ont eu dans la suite une fortune toute différente.* (La Bruyère.)

Un SIÈCLE, *disent-ils, recommence son cours,*
QUI *doit de l'âge d'or nous ramener les jours.* (L. Racine.)

Cette tournure est surtout commune avec les pronoms *tel* et *celui-là.*

TEL *brille au second rang* QUI *s'éclipse au premier.* (Volt.)
TEL *fait métier de conseiller autrui,*
QUI *ne voit goutte en ses propres affaires.* (La Font.)

CELUI-LA *n'est pas raisonnable à* QUI *le hasard fait trouver la raison, mais celui qui la connaît, qui la discerne, et qui la goûte.* (La Rochef.)

719. — Il y a des cas, au contraire, où il est nécessaire de répéter l'antécédent du pronom relatif pour rendre l'expression plus claire ou plus énergique. Ex :

Il avait voulu déraciner l'ancien ABUS *des guerres particulières des seigneurs,* ABUS *qui passait pour une loi de l'État.* (Volt.)

720. — Souvent même cette répétition, tout en contribuant à l'élégance de la phrase, permet la suppression du pronom. Ex :

9

Nous avons donné une idée du SIÈCLE *de Louis XIV,* SIÈCLE *des grands hommes, des beaux-arts, et de la politesse* (Volt.)*, au lieu de qui fut celui des grands hommes,* etc.

Qui précédé d'une préposition.

721. — En parlant des personnes ou des choses personnifiées, on dit *à qui* ou *auquel, de qui, dont* ou *duquel,* suivant le goût et l'euphonie. On dira donc indifféremment : *L'ami* A QUI OU AUQUEL *je me suis adressé ; les amis* DE QUI OU DONT *vous parlez.* Mais il ne faut pas dire : *La rose est la fleur* A QUI, *mais* A LAQUELLE *je donne la préférence.*

O rochers escarpés ! je n'ai que vous A QUI *je puisse me plaindre.* (Fénélon.) Ici l'objet est personnifié.

Châteaubriand a dit de même en parlant de la mer de Tyr : *Cette mer* A QUI *le Seigneur donna des barrières et des portes,* etc.

Et J. J. Rousseau : *Je servis bien la France* A QUI *je ne devais rien.*

722. — Quand il s'agit d'animaux, l'emploi des pronoms *auquel, duquel, et dont,* est préférable à celui de *qui* précédé d'une préposition. Ainsi dans cette phrase : *Les Mexicains regardaient avec admiration ces animaux guerriers sur* QUI *les principaux Espagnols étaient montés* (Feller), il aurait mieux valu dire : *sur lesquels.*

Pléonasme formé par les pronoms relatifs *à qui, de qui, dont.*

723. — Les pronoms relatifs employés comme compléments indirects ne doivent pas remplacer un autre complément indirect se rapportant au même verbe. Ainsi, la phrase suivante est vicieuse :

De quelque prétexte DONT *les hommes aient tâché de se*

couvrir, le respect humain a toujours été une servitude honteuse. (Bourdaloue.)

De quelque prétexte et *dont* étant tous deux compléments indirects de *couvrir*, il fallait remplacer le pronom relatif par la conjonction *que* : *De quelque prétexte* QUE, etc.

Il en est de même après le gallicisme formé par le pronom *ce* joint au verbe *être*. Il ne faut donc pas dire : *C'est à vous* A QUI *je parle*, mais *c'est vous* A QUI *je parle*, ou mieux : *C'est à vous* QUE *je parle*.

724. — 1re OBSERV. — Quoique le mot *où* soit mis pour *dans lequel*, on dit indifféremment : *Un temps viendra* QUE, *un temps viendra* où ; *au moment* QUE, *au moment* où ; *à l'instant* QUE, *à l'instant* où. Ex :

Le présent s'anéantit DANS LE MOMENT QUE *nous parlons.* (Fénélon.)

DANS LE MOMENT où *Télémaque mit pied à terre, les ombres s'enfuirent.* (Id.)

Dans ces phrases les deux compléments ne se rapportent pas au même verbe.

725. — 2e OBSERV. — Après le gallicisme formé par *c'est*, on ne doit pas non plus mettre deux adverbes exprimant le même rapport. Il ne faut pas dire : *C'est* LA *où je vais*, mais *c'est là* QUE *je vais*. L'adverbe *là* modifiant le verbe *aller*, l'adverbe *où* est un pléonasme vicieux.

Dans cette phrase : *Là où règne le souci le sommeil ne vient pas* (A. Dumas), le sens ne permet pas de remplacer *où* par le mot *que*. L'adverbe *là* modifie le verbe *venir*, et le mot *où* modifie le verbe *régner*. Il y a inversion, et c'est comme si l'on disait : *Le sommeil ne vient pas là où règne le souci.*

726. — 3e OBSERV. — Dans les phrases suivantes les deux compléments, quoique exprimant le même rapport, sont correctement employés :

DU TEMPÉRAMENT DONT *il est, il doit avoir eu une jeunesse bien vigoureuse.* (Acad.)

Au TRAIN DONT *nous allons, nous n'arriverons jamais.*

(Id.)

Les articles *du* et *au* sont mis pour *vu*, c'est-à-dire vu *le tempérament dont il est*, vu *le train dont nous allons.* Néanmoins dans cette dernière phrase on peut aussi dire *que. Au train* QUE *vont les choses, je prévois que vous serez bientôt débarrassé de ce soin-là.* (Le Sage.)

Où mis pour un pronom relatif.

727. — Pour donner plus de concision à la phrase, on remplace souvent les pronoms relatifs *auquel, dans lequel*, etc., par le mot *où*, que l'on appelle alors *adverbe relatif.* Ex :

L'amour de la vérité est le remède des erreurs et des illusions où *notre ignorance nous expose.* (Massillon.)

C'est donc par degrés que l'architecture est parvenue à ce point de perfection où *les maîtres de l'art l'ont conduite.* (Rollin.)

728. — On se sert encore de cet adverbe pour éviter des répétitions désagréables. Ainsi, au lieu de dire : DANS *le temps* DANS *lequel nous vivons*, on dit par euphonie : *Dans le temps* où *nous vivons.*

Il y a cependant des cas où l'emploi de cet adverbe paraît forcé et peu naturel, telle est cette phrase de Mme de Sévigné : *Peut-on avoir un moment de repos en ce monde si l'on ne regarde Dieu et sa volonté* où *par nécessité il faut se soumettre?* Il eût été plus correct de dire : *à laquelle.*

729. — Par ellipse, *où* adverbe relatif s'emploie quelquefois absolument, et donne de l'élégance à l'expression :

L'amitié disparaît où *l'égalité cesse.* (Aubert.)

La naissance n'est rien où *la vertu n'est pas.* (Corneille.)

Je vais où *m'appelle la volonté des dieux.* (Fénélon.)

Dans ces phrases on sous-entend l'adverbe *là.*

Différence entre *dont* **et** *d'où.*

730. — I. *Dont* exprime le rapport, *d'où* exprime de plus une idée de lieu, de sortie : *La ville* DONT *je parle, la ville* D'OÙ *je viens; l'île* DONT *il s'agit, l'île* D'OÙ *vous sortez.*

Laharpe s'est exprimé correctement en disant : *Les Siamois exploitent des mines d'étain* DONT *ils ti- rent un assez grand revenu.* Mais il ne serait pas correct de dire : *Les mines* DONT *ils tirent cet étain,* parce que dans cette phrase il y a une idée de sor- tie qui n'existe pas dans la première. Il faudrait dire : *Les mines* D'OÙ *ils tirent cet étain.*

J. J. Rousseau a pu dire également : *Le danger même* DONT *tu sors n'est-il pas une preuve de la vertu?* Ici le danger ne s'offre pas à l'esprit sous une idée de lieu. Dans un autre sens on pourrait dire : *Le danger* D'OÙ *tu sors,* s'il y avait une idée de localité, telle qu'un précipice, un abîme, un naufrage, etc.

731. — Avec les verbes *dépendre, dériver, décou- ler, tirer,* pris dans le sens moral, on emploie tan- tôt *dont,* tantôt *d'où : L'infinitif présent dont* ou *d'où dérive le futur, est un temps primitif.* — *C'est un pro- cès dont* ou *d'où dépend ma fortune.*

732. — II. Quand on veut exprimer une idée de naissance, d'origine, on emploie *dont* et non pas *d'où : Le Tasse naquit à Sorrento. La maison* DONT *il sortait était une des plus illustres de l'Italie.* (Wailly.)

C'est ainsi que l'Académie dit : *La famille* DONT *il est sorti ; les héros* DONT *il tire son origine.*

733. — *La maison* DONT *il sort* et *la maison* D'OÙ *il sort* présentent deux sens différents. Dans la première phrase on veut exprimer une idée de naissance, et *maison* signifie *famille;* dans la seconde il s'agit d'un édifice.

PRONOMS INDÉFINIS.

Autrui.

734. — *Autrui*, à cause de l'idée vague qu'il exprime, ne doit jamais être en relation avec les adjectifs possessifs *son, sa, ses, lui, leur* :

En épousant les intérêts D'AUTRUI, *il ne faut pas* EN *épouser* LES *passions* (Gir.-Duv.), et non pas *ses passions.*

Ce pronom n'a point de pluriel, et ne s'emploie que comme complément.

Chacun.

735. — I. C'est le sens particulier de la phrase qui détermine si *chacun* après un pluriel, doit être suivi de *son, sa, ses,* ou de *leur, leurs.* Il faut examiner si les mots qui suivent *chacun* sont le complément nécessaire du verbe qui précède, et dans ce cas il faut toujours employer *leur, leurs.*

On dira : *Ils ont donné,* CHACUN, LEUR *avis,* et non pas *ils ont donné* CHACUN SON *avis,* par la raison que ces mots *leur avis* sont le complément nécessaire de *ont donné,* et qu'on ne peut dire : *Ils ont donné* SON *avis.*

César et Pompée avaient, CHACUN, LEUR *mérite; mais c'étaient des mérites différents.* (Acad.)

Tous les officiers de marine eurent ordre de se rendre, CHACUN, à LEUR *département.* (Id.)

Dieu a soin de tous les animaux, il leur donne à CHACUN LEUR *pâture.* (Id.)

736. — II. Lorsque les mots qui suivent *chacun* ne sont pas le complément nécessaire du verbe qui précède, les auteurs emploient tantôt *son, sa, ses,* tantôt *leur, leurs,* selon qu'ils veulent faire rapporter ce complément au verbe exprimé ou à un verbe sous-entendu. Ex :

Linnéus et Buffon semblent avoir possédé, CHACUN *dans* SON *genre, des qualités telles qu'il était impossible que le même homme les réunît* (Cuvier), c'est-à-dire chacun (semble les avoir possédées) dans son genre.

Balzac et Ronsard ont eu, CHACUN, *dans* LEUR *genre, assez de bon et de mauvais pour former après eux de très-grands hommes en vers et en prose.* (La Bruyère.)

Ici l'auteur a fait de ces mots *leur genre* un complément indirect de *ont eu,* en considérant le mot *chacun* comme explétif: *Balzac et Ronsard ont eu, dans leur genre, assez de bon et de mauvais,* etc.

On dira donc indifféremment :

Ils apportèrent des offrandes au temple, CHACUN *selon* SES *moyens* (Acad.), ou CHACUN *selon* LEURS *moyens.*

Ils ont donné leur avis, CHACUN *selon* SES *vues* (Boniface), ou CHACUN *selon* LEURS *vues.*

Les députés venaient de rapporter, CHACUN *à* SON *tour, différentes circonstances de l'ambassade* (Barthélemy), ou CHACUN *à* LEUR *tour.*

737. — III. Lorsque le verbe est *neutre,* on suit la même règle, c'est-à-dire qu'on emploie *leur, leurs,* quand le complément est essentiel pour compléter l'idée du verbe: *Les élèves retournèrent,* CHACUN, *dans* LEUR *famille.*

D'après ce principe, M. de Ségur n'aurait pas dû dire: *Les alliés se débandèrent, et rentrèrent* CHACUN *dans* SON *pays.* Le mot *pays* étant le complément nécessaire du verbe *rentrer,* il fallait : *Chacun dans* LEUR *pays.*

Tous les juges ont opiné, CHACUN, *selon* LEURS *lumières* (Laveaux), ou CHACUN *selon* SES *lumières,* car le verbe *opiner* présente par lui-même un sens complet.

Il en est de même de cette phrase de l'Académie : *Ces trois généraux commandaient alternativement,* CHACUN, LEUR *jour.* On pourrait aussi dire CHACUN SON *jour,* en regardant ces mots comme accessoires à la pensée principale.

738. — IV. Observ. La même règle s'applique aux pronoms *le, la, les, lui, leur* :

La loi lie les hommes, chacun *en ce qui* les *concerne* (complément nécessaire du verbe *lier*), ou chacun *en ce qui* le *concerne* (complément accessoire et indépendant de la proposition principale.)

L'un l'autre ; les uns les autres.

739. — I. Quand on veut exprimer une idée de réciprocité, on ne doit pas employer la conjonction *et* entre *l'un* et *l'autre, les uns* et *les autres.* Ex:

En ce monde il se faut l'un l'autre *secourir.* (La Font.)

L'envie et la haine s'unissent toujours et se fortifient l'une l'autre. (La Bruyère.)

Ce saint vieillard n'avait plus de force que pour prêcher la vérité, et pour dire: Aimez-vous les uns les autres. (Bossuet, parlant de saint Jean.)

Ces deux phrases : *Ils se sont blessés* l'un l'autre et *ils se sont blessés* l'un et l'autre, ne présentent pas le même sens. La première exprime qu'ils se sont blessés réciproquement, la seconde qu'ils se sont blessés chacun en particulier. On supprimera donc *et* toutes les fois qu'on pourra faire usage de l'adverbe *réciproquement.*

740. — II. Lorsqu'il s'agit d'une idée de pluralité, d'une idée collective, le pluriel est préférable au singulier.

Les chefs de la conjuration se dénoncèrent les uns les autres. (Châteaub.)

Les Phéniciens étonnés se regardaient les uns les autres. (Fénélon.)

741. — III. Cependant si le sens était distributif, c'est-à-dire si les objets étaient considérés un à un, deux à deux, ce serait le singulier qu'il faudrait employer. Ex :

Ils se passaient les seaux de l'un a l'autre.

Il n'est pas possible que les petits vers n'enjambent l'un

SUR L'AUTRE. (J. J. Rouss. parlant des règles de la versification.)

Pour mieux garder leurs rangs, les Cimbres s'étaient liés L'UN A L'AUTRE. (Crevier.)

De même le singulier rend mieux l'idée dans les phrases suivantes :

Les étoiles percèrent L'UNE APRÈS L'AUTRE *cette admirable tenture.* (Châteaub.)

On appela tous les soldats L'UN APRÈS L'AUTRE. (Acad.)

Puisse le ciel verser sur toutes vos années
Mille prospérités L'UNE A L'AUTRE *enchaînées!* (Rac.).

L'un, l'autre ; les uns, les autres.

742. — I. Quand on parle de deux objets, *l'un* ou *les uns* conviennent aux objets désignés les premiers ; *l'autre* ou *les autres* s'appliquent aux objets énoncés en dernier lieu. Ex :

Osons opposer Socrate à Caton; L'UN *était plus philosophe,* L'AUTRE *plus citoyen.* (J. J. Rouss.)

De l'émulation distinguez bien l'envie :
L'UNE *mène à la gloire, et* L'AUTRE *au déshonneur;*
   L'UNE *est l'aliment du génie,*
  Et L'AUTRE *est le poison du cœur.* (Volt.)

743. — II. Dans le style familier, on remplace quelquefois *les uns, les autres,* par le pronom *qui* répété : *Ils y ont tous contribué,* QUI *plus,* QUI *moins.*
                   (Acad.)

On peut même répéter le pronom *qui* lorsqu'il s'agit de plus de deux objets : *Ils coururent aux armes, et se saisirent* QUI *d'une épée,* QUI *d'une pique,* QUI *d'une hallebarde* (Acad.), au lieu de *les uns* d'une épée, *les autres* d'une pique, *d'autres* d'une hallebarde.

OBSERVATION.

744. — Avec certains verbes pronominaux, *l'un l'autre, les uns les autres,* doivent être séparés par une préposition analogue à la fonction du pronom qui précède le verbe : *Le jour et la nuit se succèdent* L'UN A L'AUTRE (Acad.), et non pas *l'un l'autre. Ils se ressemblent* LES UNS AUX AUTRES, et non *les uns les autres. Ils se firent* L'UN A L'AUTRE *force compliments*, et non pas *l'un l'autre* (Le Sage). On peut aussi dire dans le même sens : *Ils se firent* L'UN ET L'AUTRE *force compliments*.

On, l'on.

745. — Les pronoms *on, l'on*, mis par corruption pour *l'homme*, sont masculins et singuliers de leur nature et par raison d'étymologie.

Cependant, par syllepse, on peut quelquefois mettre l'adjectif au féminin après ces pronoms ; ce qui arrive quand il s'agit exclusivement d'une femme ou d'un objet du genre féminin :

ON *n'est pas toujours jeune et* BELLE. (Acad.)

ON *ne peut avoir été mieux* PERDUE *qu'elle ne l'a été.* (Mme de Sévigné parlant d'une lettre.)

746. — Par la même figure, l'adjectif qui se rapporte à *on* ou à *l'on* se met au pluriel lorsque le sens indique évidemment la pluralité :

Quand on a des intérêts opposés, il est rare qu'on reste AMIS.

ON *se sépara sans s'être véritablement* RÉCONCILIÉS.

(Thiers.)

Le pronom *on* s'emploie aussi avec le pluriel *des* et un nom : ON *se paye de mots que l'on n'entend pas, et* L'ON *se figure être* DES GÉNIES *transcendants*.

(Châteaub.)

747. — D'après l'étymologie, l'usage, et les auteurs, on peut indifféremment employer *on* et *l'on* au commencement d'une phrase ou d'un membre de phrase. Il faut avoir soin seulement d'éviter les hiatus et les cacophonies que pourraient former ces pronoms. Ainsi l'on dira plutôt *si l'on, ou l'on, que si on, ou on; et l'on que et on*, etc. Au contraire,

dans ce vers : *Un loup disait que* L'ON *l'avait volé*
(La Font.), il aurait mieux valu dire, si la mesure
du vers l'avait permis : *Un loup disait* QU'ON *l'avait
volé.*

On suivi de *ne.*

748. — Le pronom *on* est souvent suivi de la négation *ne*, qui se confond dans la prononciation avec
le mot suivant quand il commence par une voyelle.
L'attention au sens et la décomposition de la phrase
feront voir si l'on doit employer *ne*. Il suffit de
remplacer *on* par *nous*. Ex :

On n'aime point si L'ON N'*est aimé* (J. J. Rouss.), c'est-
à-dire *nous n'aimons point si nous* NE *sommes point ai-
més.*

*Il est difficile, quand on aime la vérité, qu'*ON N'*ait aussi
du zèle pour la justice* (Le Sage), c'est-à-dire *que nous
n'ayons* PAS *aussi*, etc.

Quelquefois la suppression du mot *ne* change le
sens de la phrase :

*Si l'*ON N'*y prend garde, on se laisse bientôt entraîner
au vice*, c'est-à-dire *si nous n'y prenons garde.*

Si l'on y prend garde, on évite facilement le vice, c'est-
à-dire *si nous y prenons garde.*

Quiconque.

749. — *Quiconque*, ordinairement masculin, n'a
point de pluriel et tient la place de deux mots.
Equivalant à *celui qui*, il peut figurer soit comme
sujet de deux verbes, soit comme complément et
sujet tout à la fois. Ex :

QUICONQUE *rejette le bouclier de la religion se trouve
sans défense au milieu du combat* (Bossuet), c'est-à-dire
celui qui.

Tout est un joug pesant à QUICONQUE *veut vivre sans
joug et sans règle* (Massillon), c.-à-d. *à celui qui.*

750. — *Quiconque* est quelquefois féminin, et

peut être suivi d'un adjectif de ce genre lorsqu'il a exclùsivement rapport à une femme :

Mesdames, QUICONQUE *de vous sera assez* HARDIE *pour médire de moi, je l'en ferai repentir.* (Acad.)

Quoi et que.

751. — I. *Quoi,* employé comme pronom relatif et précédé d'une préposition, se met pour *lequel* avec une expression vague et indéterminée. Ex :

L'homme étant déchu de son état naturel, il n'y a rien A QUOI *il n'ait été capable de se porter.* (Pascal.)

La chose A QUOI *l'avare songe le moins, c'est à secourir les pauvres.* (Laveaux.)

Ce sont choses A QUOI *vous ne prenez pas garde.* (Acad.)

Les maladies de l'âme sont les plus dangereuses; nous devrions travailler à les guérir: c'est A QUOI *cependant nous ne pensons guère* (Laveaux), *c'est-à-dire c'est ce à quoi.*

Le pronom *quoi* peut être aussi en relation avec une phrase entière : *J'achetai du linge, un chapeau, des bas de soie, des souliers, et une épée, après* QUOI *je m'habillai.* (Le Sage.)

752. — II. *Quoi* s'emploie encore comme pronom indéfini, c'est-à-dire sans antécédent :

Nous avons DE QUOI *vivre,* DE QUOI *nous amuser.* (Acad.)

QUOI *de plus satisfaisant pour un père et pour une mère que des enfants vertueux ?*

A QUOI *sert le mérite sans protection et sans bonheur?*

753. — III. Le mot *que* s'emploie aussi pour *à quoi, de quoi, en quoi,* dans les phrases interrogatives :

QUE *sert le silence quand le remords crie?* (Rac.), c'est-à-dire *à quoi,* etc.

QU'*as-tu tant à te plaindre?* (La Font.) c'est-à-dire *de quoi,* etc.

QU'*est-il besoin de se tourmenter si fort pour une vie si fragile?* c'est-à-dire *en quoi,* etc.

754. — OBSERV. — On dit substantivement : *Je*

ne sais quoi, un je ne sais quoi, pour désigner une chose qu'on ne saurait définir :

Il y a JE NE SAIS QUOI *de noble dans cette honnête simplicité.* (Fléchier.)

Il y a dans tous les arts UN JE NE SAIS QUOI *qu'il est bien difficile d'attraper.* (Volt.)

Rien.

755. — Le mot *rien* s'emploie de trois manières: comme *pronom négatif,* comme *pronom affirmatif,* et comme *substantif.* Ex :

Pronom négatif. — *Ceux qui n'ont jamais souffert ne savent* RIEN ; *ils ne connaissent ni les biens ni les maux, ils s'ignorent eux-mêmes* (Fénélon), c'est-à-dire ne savent *nulle chose.*

Pronom affirmatif. — *Je n'ai pas assez de santé pour travailler à* RIEN (Volt.), c'est-à-dire à *quelque chose.*

Substantif. — *Il nous a fait une querelle sur un* RIEN (sur une vétille.) *Je n'ai que des* RIENS *à vous mander* (Mme de Sévigné), c.-à-d. des *bagatelles.*

Dans la phrase suivante il est tout à la fois pronom et substantif : *Il vaut mieux ne* RIEN *faire que de faire des* RIENS. (Acad.)

SYNTAXE DU VERBE.

ACCORD DU VERBE AVEC SON SUJET.

756. — Tout verbe s'accorde en nombre et en personne avec son sujet. S'il y a deux ou plusieurs sujets, le verbe se met au pluriel :

*L'*HARMONIE *de sa lyre et de sa voix* RAVIRAIT *les hommes et les dieux.* (Fénélon.)

Le COURAGE *et le* TRAVAIL *obstiné* SURMONTENT *les plus grands obstacles.* (Id.)

757. — Les auteurs s'écartent de ce principe général d'accord :

1° Quand il y a *liaison intime, opposition,* ou *identité,* dans les idées. Ex :

LIAISON INTIME. — *La longue* VIE *de Voltaire et la continuelle* ACTIVITÉ *de son génie,* EST *un des événements de l'histoire de notre langue.* (Préface de l'Académie.)

La SAGESSE *et la* PIÉTÉ *du souverain* PEUT *faire* TOUTE SEULE *le bonheur des sujets.* (Massillon.)

OPPOSITION. — *Le* FORT *et le* FAIBLE *de tous les gouvernements* A ÉTÉ EXAMINÉ *de près dans ces derniers temps.*

(Volt.)

Le BONHEUR *et le* MALHEUR *des hommes ne* DÉPEND *pas moins de leur humeur que de la fortune.* (La Rochef).

IDENTITÉ. — *Comment* UN CŒUR *sensible et* UN ESPRIT *juste* PEUT-IL *habiter parmi de telles gens?* (Volt.)

Ma mère me fit chrétienne afin que SON DIEU *et* LE DIEU *de mon père* PÛT *aussi mon Dieu.* (Châteaub.)

Au contraire, dans l'exemple suivant, Châteaubriand emploie le pluriel quoiqu'il s'agisse du même personnage : FONTANES *parlant et* FONTANES *la plume à la main* ÉTAIENT *deux hommes.* L'identité qui existe dans la personne n'existe pas dans l'idée.

758. — 2° Par euphonie, lorsqu'il y a *inversion,* on peut mettre aussi quelquefois le verbe au singulier avec deux ou plusieurs sujets. Ex :

Tout ce que PEUT *faire* UN *grand* HOMME *d'État et* UN *grand* CAPITAINE, *Annibal le fit pour sauver sa patrie.*

(Montesquieu.)

TELLE EST *la* FAIBLESSE *et l'*INCONSTANCE *des hommes : ils se promettent tout à eux-mêmes et ne résistent à rien.*

(Fénélon.)

Il y a quelquefois inversion du sujet et de l'attribut tout à la fois : *La* CHOSE *que je suivais le plus exactement* ÉTAIT *l'*HISTOIRE *et la* GÉOGRAPHIE. (J. J. Rouss.). L'histoire et la géographie étaient la chose, etc.

759. — 3° Quand le verbe *être* a pour sujet plusieurs infinitifs, on trouve quelquefois le singulier dans les auteurs lorsque l'attribut est singulier lui-même. Ex :

LIRE *et* ÉCRIRE ÉTAIT UNE SCIENCE *bien peu commune avant Frédéric II.* (Volt.)

VIVRE *libre et peu* TENIR *aux choses humaines* EST *le* MOYEN *d'apprendre à mourir.* (J. J. Rouss.)

IGNORER *et* SE TROMPER EST *le* PROPRE *de l'homme.*

(Lefranc.)

Quelquefois aussi nos bons écrivains emploient dans ce cas le pluriel :

Apercevoir, c'est sentir; comparer c'est juger : JUGER *et* SENTIR *ne* SONT *pas* LA MÊME CHOSE. (J. J. Rouss.)

INSTRUIRE, PERSUADER, ÉMOUVOIR, SONT *la* TÂCHE *de l'é-loquence.* (Massillon.)

PRODUIRE *et* CONSERVER SONT L'ACTE *de la puissance di-vine.* (J. J. Rouss.)

OBSERVATION. — Pour donner plus d'élégance à la phrase, ou pour éviter un son désagréable, on peut, avec deux infinitifs, employer le pronom *ce* avant le verbe *être : Ne point* MENTIR, ÊTRE *content du sien,* C'EST *le plus sûr.* (La Font.)

760. — 4° Quand les sujets sont accompagnés des adjectifs indéfinis *aucun, chaque, nul, quel, quelque, un, une,* répétés, le verbe se met ordinairement au singulier. Ex :

AUCUN VÉGÉTAL, AUCUN ANIMAL *ne* PEUT *vivre ou croître sans air.* (Laveaux.)

CHAQUE ARMÉE, CHAQUE NATION AVAIT *ses oracles qui lui promettaient des triomphes.* (Volt.)

On ne voit sous les cieux NUL ANIMAL, NUL ÊTRE, AUCUNE CRÉATURE QUI *n'*AIT *son opposé.* (La Font.)

QUEL PÈRE, QUELLE MÈRE AURAIT PU *abjurer ainsi la nature ?* (Volt.)

UNE ÉPIDÉMIE, UNE GUERRE, UNE RÉVOLTE *me* CHASSE-*t-*ELLE *d'un lieu, je vais dans un autre.* (J. J. Rouss.)

Ce tour de phrase s'explique par l'ellipse ; le verbe est sous-entendu après chaque substantif.

Il en est de même du pronom *ce* répété : *Tout* CE *qu'elle fait, tout* CE *qu'elle dit* APPROCHE *de la folie.* (J. J. Rousseau.)

EMPLOI DES DEUX NOMBRES.

Ni et ou.

761. — I. Lorsque deux sujets singuliers sont unis par *ni*, le verbe se met plus communément au pluriel. Ex :

La PLAINTE NI *la* PEUR *ne* CHANGENT *le destin*.

(La Font.)

Ni le BONHEUR NI *le* MÉRITE *seul ne* FONT *l'élévation des hommes*. (Vanvenargues.)

Exception. — Si l'action qu'exprime le verbe ne peut être faite que par l'un des sujets, le verbe se met au singulier. Ex :

Ni votre PÈRE NI *votre* ONCLE *ne* SERA NOMMÉ *ambassadeur de Russie*. (On n'envoie qu'un ambassadeur en chaque État.)

*Ni l'*ANGLETERRE NI *l'*ALLEMAGNE *n'*A PRODUIT *Pascal et Bossuet, ces deux grands modèles de la mélancolie en sentiments et en pensées*. (Châteaub.)

762. — II. Lorsque les sujets sont unis par *ou*, les auteurs emploient souvent le pluriel quand ils ont dans l'esprit une idée de division. Ex :

La VIGUEUR *d'esprit* OU *l'*ADRESSE ONT FAIT *les premières fortunes*. (Vauvenargues.)

On trouvera dans l'histoire mille exemples de chefs ambitieux ou pusillanimes que la MOLLESSE OU L'ORGUEIL ONT PERDUS. (J. J. Rouss.)

La PEUR OU *la* MISÈRE ONT FAIT *commettre bien des fautes*. (Académie.)

L'IGNORANCE OU *la* PARTIALITÉ DÉGUISENT *tout*.

(J. J. Rouss.)

Dans ces exemples *ou* équivaut à *tantôt* répété : TANTÔT *la vigueur d'esprit*, TANTÔT *l'adresse* ONT FAIT, etc., et l'on veut faire entendre que l'action est faite par les deux sujets, quoique en des circonstances différentes.

Au contraire, les auteurs préfèrent le singulier lorsqu'ils ont dans l'esprit une idée de choix, de distinction, ou lorsque la pensée peut être rendue par un seul sujet. Ex :

Antagoras a un visage trivial et populaire : UN SUISSE *de paroisse* OU LE SAINT *de pierre qui orne le grand autel n'*EST *pas mieux* CONNU *que lui.*

(La Bruyère.)

*Nous sommes si peu faits pour être heureux ici-bas, qu'il faut nécessairement que l'*AME OU *le* CORPS SOUF- FRE *quand ils ne souffrent pas tous deux.* (J. J. Rouss.)

On pourrait dire dans la première phrase : *Un* SUISSE *de paroisse n'*EST *pas mieux connu,* etc., et dans la seconde : *Il faut que l'*AME SOUFFRE *quand le corps ne souffre pas.*

Exception. — Lorsque l'action qu'exprime le verbe ne peut être faite que par un des sujets unis par *ou,* le verbe se met au singulier, à moins que le premier sujet ne soit du pluriel. Ex :

*Supposons que la guerre, la maladie, ou la vieillesse m'*EÛT *privé de la vie.* (Marmontel).

Autour de ce monument croissent de jeunes arbres ; un parent OU *un ami les* A *plantés.* (Colnet).

Ses CRIS OU *le hasard le* FIRENT *découvrir.* (Barthélemy parlant d'OEdipe.)

Cher enfant, c'est en vain que tu reçus la vie :
Les TYRANS OU *la faim l'*AURAIENT *bientôt ravie.* (Volt.)

Dans les deux premiers exemples la conjonction *ou* exclut les substantifs qui la précèdent, ce qui n'a pas lieu dans les deux autres.

763. — OBSERV. — Quand les deux sujets unis par *ou* et par *ni* sont de différente personne, l'usage et l'euphonie exigent le pluriel et en même temps l'accord avec la personne qui a la priorité :

Il faut que cet HOMME OU MOI ABANDONNIONS *la ville.*

(Barthélemy.)

Ni mes PARENTS NI MOI *ne* SONGIONS *guère à chercher en cela ce qui était utile.* (J. J. Rouss.)

On viole quelquefois cette règle, même avec la
conjonction *et*, soit par euphonie, soit parce qu'un
des deux mots attire l'attention :

Que vous *et* Bois-Dauphin, *dans ce moment funeste,*
De nos soldats épars assemblent *ce qui reste.* (Volt.
Cesse ton impiété, ou ni toi *ni* ton armée *ne* revien-
dront. (Châteaub.)

L'un et l'autre, ni l'un ni l'autre.

764. — Après *l'un et l'autre, ni l'un ni l'autre*, on
emploie généralement le pluriel; cependant on
trouve dans les auteurs et dans l'Académie elle-
même des exemples des deux nombres :

On peut mettre Molière en parallèle avec Racine : l'un
et l'autre ont *parfaitement connu le cœur de l'homme.*

(Vauvenargues.)

Ne jugez promptement de personne ni en bien ni en mal :
l'un et l'autre est *très-dangereux.* (Fénélon.)

Le singulier paraît, au contraire, préférable lorsque *l'un et l'autre, ni l'un ni l'autre*, sont suivis immédiatement d'un substantif, parce que ce substantif doit être de ce nombre. Ex :

Le combat se donna près de Zama; l'un et l'autre
général déploya *en cette occasion tout ce qu'il avait*
de capacité. (Vertot.)

O chrétien, je t'admire, et je reviens à toi :
l'un et l'autre hémisphère est rempli *de ta loi.*

(L. Racine.)

Le singulier est même de rigueur quand l'action
ne peut être faite que par un seul sujet : Ni l'un ni
l'autre *ne* remportera *le prix de géométrie;* ni l'un
ni l'autre *ne* sera nommé préfet *de ce département.*

Collectifs.

765. — Lorsqu'un verbe a pour sujet un *collectif général*, c'est-à-dire comprenant la collection
entière, l'accord se fait le plus ordinairement avec

le collectif lui-même : *Dans le paganisme* LA MULTI-
TUDE *des divinités* ÉGALA *celle des passions.*

(Massillon.)

Quand le collectif est *partitif*, c'est-à-dire ne désigne qu'une partie des objets, le verbe s'accorde
communément avec le complément du collectif :
UNE INFINITÉ *de* MARTYRS SIGNALÈRENT *leur foi.*

(Bossuet.)

Néanmoins dans un grand nombre de cas le
verbe s'accorde avec le collectif ou avec le nom
qui suit, selon que l'attention se porte sur l'un ou
sur l'autre. Ex :

UNE NUÉE *de traits* OBSCURCIT *l'air.* (Fénélon.) — *Nuée*
est le mot dominant parce que l'effet des nuées est d'obs-
curcir.

UNE NUÉE *de* BARBARES DÉSOLÈRENT *le pays.* (Acad.)—
Ici l'accord est sylleptique ; l'idée de désolation convient
mieux aux barbares.

UN CHOEUR *de petits enfants* SUIVAIT *le corps en chantant
des hymnes.* (B. de Saint-Pierre). — *Chœur* est le mot qui
fixe l'attention, et le mot *enfants* n'est, pour ainsi dire,
qu'une idée accessoire.

UNE VINGTAINE *de* PETITES FILLES VINRENT *folâtrer
assez près de nous.* (J. J. Rouss.) — Ici l'idée ne se porte
pas sur le mot *vingtaine*, qui n'est qu'une expression vague, mise pour *plusieurs.*

UN GRAND NOMBRE *d'hommes* PEUT *être nuisible à l'É-
tat* (Marmontel), c'est-à-dire une population trop nom-
breuse.

UN GRAND NOMBRE *d'*HOMMES PEUVENT *être nuisibles à
l'État* (Id.), c'est-à-dire beaucoup d'hommes.

Il y a encore de vastes royaumes où LA PLUS GRANDE
PARTIE *des hommes* EST ESCLAVE. (Volt.) — Qui est-ce qui
est esclave ? c'est *la plus grande partie*, et non *les hommes.*

Tu vois LE PETIT NOMBRE *de* ROIS *qui* ONT ÉTÉ DIGNES
de l'être. (Fénélon.) Qui est-ce qui a été digne ? Ce
sont *les rois*, et non *le petit nombre.*

766. — 1ʳᵉ OBSERV. — Lorsque le collectif est
suivi du pronom relatif *qui*, le verbe dont ce pro-

nom est le sujet s'accorde presque toujours avec le complément du collectif. Ex :

La MULTITUDE *des hommes* QUI ENVIRONNENT *les princes* EST *cause qu'il n'y en a aucun qui fasse une impression profonde sur eux.* (Fénélon.)

UNE BANDE *de grues* QUI VOLENT PRÉSENTE *la figure d'un triangle.* (Acad.)

Environnent et *volent* sont au pluriel à cause du pronom relatif, tandis que *est* et *présente* sont au singulier parce que l'idée qu'ils expriment convient mieux au collectif lui-même.

767. — 2e OBSERV. — Quand le sujet est dans l'ordre inverse, c'est-à-dire placé après le verbe, les auteurs font le plus généralement accorder ce verbe avec le collectif. Ex :

Je considérais l'Orient d'où SORTAIT *à chaque instant* UNE MULTITUDE *d'étoiles.* (B. de Saint-Pierre.)

J'aperçus bien des choses précieuses dans ce cabinet, qu'é- CLAIRAIT UNE GRANDE QUANTITÉ *de bougies.* (Le Sage.)

A la porte du temple EST *sans cesse* UNE FOULE *de peuples qui viennent faire leurs offrandes.* (Fénélon.)

Le pluriel, au contraire, semble plus euphonique dans la phrase suivante : *De toutes les parties de la France* ARRIVÈRENT UNE FOULE *d'adresses.* (Thiers.)

768. — 3e OBSERV. — Avec les locutions collectives *quantité de, nombre de, la plupart de,* et *force,* le verbe s'accorde toujours avec le nom qui les suit :

QUANTITÉ *de personnes* SONT PERSUADÉES *de son mérite.* (Acad.)

NOMBRE *d'historiens l'*ONT *ainsi raconté.* (Id.)

LA PLUPART *des hommes* EMPLOIENT *la première moitié de leur vie à rendre l'autre misérable.* (La Bruyère.)

FORCE *gens* ONT *été l'instrument de leur mal.* (La Font.)

Le complément de *la plupart* est quelquefois sous-entendu, et alors le verbe se met toujours au pluriel : LA PLUPART CROIENT *que le bonheur est dans la richesse;* ILS *se trompent.* (Acad.) Sous-entendu *des hommes.*

La plupart, emportés *d'une fougue insensée,*
Toujours loin du droit sens vont *chercher leur pensée.*
(Boileau.)

Emportés et *vont* s'accordent avec le mot *auteurs* sous-entendu.

Adverbes de quantité.

769. — Avec les adverbes de quantité *beaucoup, peu, plus, moins, tant, trop, assez,* etc., l'accord a lieu avec le nom qui suit :

Peu *de gens* voudraient *renaître aux mêmes conditions qu'ils ont vécu.* (J. J. Rouss.)

Assez *de gens* méprisent *le bien, mais* peu savent *le donner.* (La Rochef.)

Tant *de vertus et de vaillance* méritaient *bien d'être* honorées. (Châteaub.)

Jamais plus *de plaisirs et de magnificence*
N'avaient *d'un souverain signalé la présence.* (Berchoux.)

Le complément est quelquefois sous-entendu, et néanmoins le verbe se met au pluriel :

La vérité se montre à tous; mais peu *la* reçoivent, beaucoup *la* cachent *et la* déguisent, *encore* plus *la* méprisent *et la* persécutent. (Massillon.)

Les verbes s'accordent avec le mot *hommes* sous-entendu.

770. — Observ. — Avec *peu* pris substantivement, l'accord a lieu, selon le sens, tantôt avec l'adverbe lui-même, tantôt avec le nom dont il est suivi :

Le peu *de troupes que Dieu fit prendre à Gédéon* montre *combien le Seigneur est jaloux de sa gloire.* (Le P. de Carrières.) — *Qui montre la puissance du Seigneur? c'est le peu, le petit nombre.*

Le peu *de faits que nous connaissons* prouvent *dans la nature un ordre établi par des lois.* (Marmontel.) — *Ici le peu n'est pas absolument essentiel à l'idée.*

Le mot *trop* s'emploie aussi comme substantif, et devient alors l'idée dominante : Le trop *d'expédients* peut *gâter une affaire.* (La Font.)

Plus d'un.

771. — Après *plus d'un* on emploie le singulier, excepté dans le cas de réciprocité. Ex :

PLUS D'UN *royaume* A ÉTÉ BOULEVERSÉ *par un malentendu.* (Volt.)

A Paris on voit PLUS D'UN *fripon qui se* DUPENT L'UN L'AUTRE (Marmontel), c.-à-d. qui se dupent réciproquement.

Avec *plus d'un*, répété, on peut employer le singulier ou le pluriel :

Déjà PLUS D'UN *tyran,* PLUS D'UN *monstre farouche*
AVAIT *de votre bras senti la pesanteur.* (Rac.)

Racine emploie le singulier parce qu'il sous-entend *avait senti* après *plus d'un tyran.*

PLUS D'UN *brave guerrier,* PLUS D'UN *vieux sénateur* RAPPELAIENT *vos beaux jours.* (Delille).

Delille aurait pu aussi, par ellipse, employer le singulier.

Un de, un des.

772. — Après *un de, un des,* le verbe se met au pluriel, à moins que le sens n'indique évidemment l'unité. Ex :

L'empereur Antonin est UN DES *meilleurs princes qui* AIENT *régné.* (Rollin.)

Amyot est UN DES *premiers écrivains qui* DÉFRICHÈRENT *notre langue.* (Acad.)

L'astronomie est UNE DES *sciences qui* FONT (1) *le plus d'honneur à l'esprit humain.* (Acad.)

---

(1) L'Académie, tout en donnant la préférence au pluriel, approuve néanmoins le singulier dans la même phrase : *L'astronomie est* UNE DES *sciences qui* FAIT *le plus d'honneur à l'esprit humain.* — Montesquieu a aussi employé le singulier dans la phrase suivante : UNE DES *choses qui* A *le plus exercé ma curiosité en arrivant en Europe, c'est l'histoire et l'origine des républiques.*

Ce tour ne peut se justifier que par la syllepse, mais cette figure paraît ici un peu forcée.

Au contraire on doit dire : *C'est* UN DES *maréchaux qui* COMMANDERA ; *c'est* UNE DE *mes cousines qui* VIENT *d'arriver*, etc.

On reconnaît qu'il faut le singulier toutes les fois que le mot *un* est nécessaire à la pensée, et le pluriel quand le sens permet de le supprimer. On pourrait dire : *L'empereur Antonin est compté* (rangé) *parmi les meilleurs princes*, etc.

EMPLOI DU NOMBRE SINGULIER.

Synonymie.

773. — Quand un verbe a pour sujet deux substantifs *synonymes*, c'est-à-dire exprimant la même idée, il s'accorde avec le dernier substantif. Ex :

Dans tous les âges de la vie, l'AMOUR DU TRAVAIL, LE GOUT DE L'ÉTUDE EST *un bien*. (Marmontel.)

Si notre ÊTRE, *si notre* SUBSTANCE *n'est* rien, *tout ce que nous bâtissons dessus, que peut-il être ?*

(Bossuet.) (1)

Gradation.

774. — Lorsque les sujets forment une *gradation*, c'est-à-dire sont placés par ordre d'énergie, le verbe s'accorde de même avec le dernier. Ex :

Ma FORTUNE, *ma* VIE EST *entre vos mains*. (Acad.)

Devant le juge terrible l'histoire de notre vie se déploiera tout entière : pas une ACTION, *pas un* DÉSIR, *pas une* PENSÉE, *pas une* PAROLE *n'y* SERA OMISE.

(Massillon.)

---

(1) Quand on emploie deux synonymes pour rendre la même idée, peut-on les unir par la conjonction *et* ? On en trouve des exemples, mais ce tour n'en paraît pas moins vicieux. La suppression de cette conjonction contribue même à rendre l'idée plus énergique.

Dans une gradation il y a autant de propositions que de sujets.

Il y a une autre espèce de gradation qui consiste à placer à la fin d'une énumération un mot qui résume tous les autres, tel que *tout, rien, chacun, nul, personne, tout ce qui*, etc.

La terre, le soleil, le temps, TOUT VA *périr.* (L. Rac.)

Ni bienséance, ni sentiment d'honneur, ni crainte des lois, RIEN *ne l'*ARRÊTAIT. (Rollin parlant de Verrès.)

Le luxe, la magnificence, les arts, TOUT CE QUI *fait la splendeur d'un État en* FAIT *la richesse.* (Volt.)

Dans ces phrases tous les sujets qui précèdent le dernier sont sujets d'un même verbe sous-entendu : *La terre, le soleil, le temps,* VONT *périr,* TOUT VA *périr.*

Conjonctions comparatives.

775. — Quand deux ou plusieurs sujets sont unis par une conjonction qui établit entre eux une comparaison, telle que *comme, de même que, ainsi que*, etc., le verbe s'accorde avec le premier sujet, l'autre étant le sujet du même verbe sous-entendu. Ex : *Jésus-Christ est le législateur universel: sa loi,* COMME *sa mort,* EST *pour tous les hommes.* (Massillon.)

L'Amérique, AINSI QUE *l'Afrique et l'Asie,* PRODUIT *des végétaux, des animaux qui ressemblent à ceux de l'Europe.* (Volt.)

Cependant on peut donner quelquefois à *ainsi que* le sens de la conjonction *et*, et alors employer le pluriel, ce qui arrive toutes les fois qu'on ne veut pas établir une comparaison entre deux objets :

J'étais bien jeune lorsque je vis l'illustre Franklin; mais sa figure pleine de candeur et de noblesse AINSI QUE *ses beaux cheveux blancs ne* SORTIRONT *jamais de ma mémoire.* (De Lévis.)

776. — OBSERV. — Après la préposition *avec* employée dans le sens de *ainsi que* entre deux substan

tifs, on suit la même règle qu'avec les mots comparatifs, c'est à dire que l'accord du verbe a lieu
ordinairement avec le premier substantif. Ex :

*La garnison, AVEC tous les officiers généraux, FUT
FAITE PRISONNIÈRE.* (Volt.)

*Le hasard, AVEC le génie, A SEUL le privilége de dé-
chirer les voiles de la nature et du temps.* (Dupaty.)

Comme *ainsi que,* la préposition *avec* peut avoir
quelquefois le sens de *et,* et alors on emploie le
pluriel :

L'aigle, reine des airs, AVEC Margot la pie
      TRAVERSAIENT un bout de prairie. (La Font.)
Vertumne AVEC Pomone ONT embelli ces lieux.

(St.-Lambert.)

Mots exclusifs.

777. — Avec certaines expressions qu'on peut
appeler *exclusives,* le verbe s'accorde tantôt avec
un sujet, tantôt avec un autre, selon l'idée dominante; tels sont les mots : *surtout, plutôt, non pas,
et non, plus que, moins que,* etc. Ex :

*La carrière des lettres, ET SURTOUT CELLE du génie EST
plus épineuse que celle de la fortune.* (Volt.)

*Quel malheur, quelle tempête, OU PLUTÔT QUEL VENT
favorable t'A conduit ici pour finir mes maux?* (Fénélon.)

*Il n'est au pouvoir de personne d'en déshonorer un au-
tre : c'est notre propre CONDUITE, ET NON les discours
d'autrui, QUI nous DÉSHONORE.* (Mᵐᵉ de Lambert.)

*C'est PLUS le GÉNÉRAL que les officiers QUI EST BLAMA-
BLE.* (Boniface.)

*C'est MOINS le général que les OFFICIERS QUI SONT BLA-
MABLES.* (Id.)

NOMBRE DU VERBE APRÈS LE PRONOM *qui.*

778. — Le pronom relatif doit être du même
genre, de la même personne, et du même nombre,
que son antécédent. Ex :

10

C'est MOI QUI *l'*AI *dit; c'est* TOI QUI *l'*AS *dit; c'est* LUI
QUI *l'*A *dit; c'est* NOUS QUI *l'*AVONS *dit; c'est* VOUS QUI *l'*A-
VEZ *dit; ce sont* EUX QUI *l'*ONT *dit.*

C'est MOI QUI SUIS *venu; c'est* TOI QUI ES *venu; c'est* LUI
QUI EST *venu; c'est* NOUS QUI SOMMES *venus; c'est* VOUS
QUI ÊTES *venus; ce sont* EUX QUI SONT *venus.*

Dans les exemples qui précèdent, l'antécédent
de *qui* est un pronom personnel; dans ceux qui
suivent, c'est un substantif :

Je suis un ÉTRANGER QUI VIENT *chercher un asile dans
l'Égypte.* (Volt.)

Je suis la VÉRITÉ *qu'on invoque toujours,*
Et QUI *pourtant n'*A *point d'asile.* (F. de Neufchâteau.)

779. — Cependant lorsque le verbe *être* est suivi
d'un substantif accompagné de *qui*, les auteurs
font quelquefois rapporter ce pronom relatif non
au substantif, son antécédent grammatical, mais
au pronom sujet du premier verbe. Ce tour sylleptique a lieu quand il existe une sorte d'identité
entre le premier pronom et le substantif.

JE *suis Diomède* QUI BLESSAI *Vénus au siége de Troie.*

(Fénélon.)

VOUS *êtes un Protée* QUI PRENEZ *indifféremment les
formes les plus contraires.* (Id.)

NOUS *sommes deux malades* QUI *nous* EXHORTONS *mutuellement à la patience.* (Volt.)

780. — S'il n'y a pas identité entre le pronom et
le substantif, ou bien si ce dernier est le mot dominant de la phrase, on emploie la troisième personne, ce qui a lieu: 1° dans les propositions
négatives, 2° avec les substantifs précédés de
l'adjectif démonstratif *ce*, 3° avec *celui qui*. Ex :

Je NE SUIS PAS *un* HISTORIEN QUI *doit vous développer les
secrets des cabinets.* (Bossuet) (1).

---

(1) Dans la phrase suivante, *ne que* signifiant *seulement*,
la proposition n'est pas négative, et l'auteur a pu faire
rapporter le mot *qui* au pronom *je* : JE NE *suis* QU'*un
pauvre paria,* QUI *ne* SUIS *pas digne de vous recevoir.*

(B. de St.-Pierre.)

Vous êtes toujours CE *modeste* VIRGILE QUI EUT *tant de peine à se produire à la cour d'Auguste.* (Fénélon.)

Tu étais CELUI *de tous les hommes* QUI MERITAIT *le plus d'être éclairé.* (Volt.)

781. — Par ellipse, on sous-entend quelquefois le mot auquel se rapporte le pronom relatif. Ex :

> *Sur la terre il n'est donc que* MOI
> QUI S'INTÉRESSE *à ta personne.* (Sedaine).

L'antécédent n'est pas le pronom *moi,* c'est un des mots *personne, aucun, nul* sous-entendu. *Il n'est donc* AUCUN AUTRE *que moi* QUI *s'intéresse,* etc. Cependant il serait plus régulier de dire : *Il n'est que* MOI QUI M'INTÉRESSE, etc.

J. J. Rousseau, pour éviter la mauvaise consonnance qu'auraient présentée deux imparfaits en *asse,* a employé la 3ᵉ personne dans la phrase suivante : *Il n'y avait là que* MOI *seul* QUI PARLÂT *et* SE COMPORTÂT *décemment.*

782. — Lorsque le verbe *être* est suivi d'un adjectif non précédé d'un article ou d'un autre déterminatif, on doit, en général, faire rapporter le verbe au pronom sujet. Ou dira donc : Nous *étions là deux ou trois* QUI AVONS *pâli de frayeur.* (Molière.)

Si l'adjectif est précédé d'un déterminatif, on peut employer les deux nombres, c'est-à-dire faire rapporter le verbe à un substantif sous-entendu, ou au premier pronom. L'emploi de la 3ᵉ personne est plus usité. Ex :

Denys, souviens-toi que je suis LE SEUL QUI T'A *déplu.* (Fénélon).

Je suis LE PREMIER QUI AIT *fait connaître Shakespeare* (1) *aux Français.* (Volt.)

VOUS *êtes* LE PREMIER QUI M'AYEZ *instruit de l'insolence des libraires de Hollande.* (Id.)

---

(1) *Shakespeare,* nom d'un fameux tragique anglais, se prononce *Chekspire.*

Nous *étions* LES MÊMES QUI AVIONS *combattu dans les jeu x*. Fénélon.

OBSERVATION.

783. — Un pronom relatif qui a pour antécédent un substantif pris en apostrophe est de la *seconde* et non de la troisième personne. : *Adieu, douces fontaines qui me* FÛTES *si amères.* (Fénélon). *Petit ruisseau,* QUI ARROSES *ces campagnes, qu'elle est fidèle l'image que tu nous offres de notre vie!*

NOMBRE DU VERBE *être* **APRÈS LE PRONOM** *ce.*

784. — I. Après le verbe *être* précédé du pronom *ce* et suivi d'un pluriel de la troisième personne, on emploie tantôt le singulier, tantôt le pluriel, selon l'euphonie. On dit également : C'EST *eux* ou CE SONT *eux qu'il faut récompenser.* (Acad.). CE N'ÉTAIT OU CE N'ÉTAIENT *que festins, bals, concerts, etc.* (Id.). *Quand* CE SERAIT ou *quand* CE SERAIENT *les Romains qui auraient élevé ce monument.* (Id.)

En général, *ce sont* est préférable avec un pluriel de la troisième personne ; il est même de rigueur quand le pronom ou le substantif pluriel sont employés seuls, c'est-à-dire non suivis de *qui* ou de *que* : CE SONT *eux,* et non pas *c'est eux;* CE SONT *mes amis,* et non pas *c'est mes amis.*

785. — II. L'euphonie exige, au contraire, qu'on emploie le singulier dans les phrases suivantes et leurs analogues : SERA-CE *vos parents qui viendront?* et non pas *seront-ce.* — *N'épargnez personne,* FÛT-CE *vos meilleurs amis,* et non *fussent-ce.*

786. — III. On met le plus généralement au singulier le verbe *être* lorsqu'il est suivi de deux substantifs ou pronoms singuliers : C'EST *l'avarice et l'ambition qui troublent le monde.* (Acad.) On dira

de même avec un singulier suivi d'un pluriel :
C'EST *la gloire et les plaisirs qu'il recherche* (id.),
tandis que, pour la raison contraire, on dirait : CE
SONT *les plaisirs et la gloire*, etc.

787. — IV. Cependant on trouve aussi des exemples du pluriel avec deux singuliers seulement :

*Virginie aperçut, à l'entrée du port, une lumière et une
ombre :* C'ÉTAIENT *le fanal et le corps du vaisseau où elle
devait s'embarquer pour l'Europe.* (B. de St.-Pierre)

Vitruve nous apprend que CE FURENT *Démétrius et Péo-
nius, Éphésien, qui achevèrent le temple de Diane.* (Rollin.)

788. — V. On emploie aussi le verbe *être* au pluriel quand il est suivi de plusieurs mots singuliers
formant une énumération. EX :

On distingue cinq modes personnels : CE SONT *l'indicatif, le conditionnel, l'impératif, le subjonctif, et l'infinitif.*

Quelles sont les cinq parties du monde ? CE SONT *l'Europe, l'Asie, l'Afrique, l'Amérique, et l'Océanie.*

EXCEPTIONS :

789. — 1° Lorsque le substantif pluriel qui suit
le verbe *être*, figure, par gallicisme, comme complément indirect du second verbe, on doit toujours
employer le singulier :

C'EST *des difficultés que naissent les miracles* (Delille),
c'est-à-dire *les miracles naissent des difficultés.*

Ce FUT *des Grecs que les Romains apprirent l'architecture* (Rollin), c'est-à-dire *les Romains apprirent l'architecture des Grecs.*

790. — 2° Il y a des cas où le verbe *être* employé
au singulier ou au pluriel donne un sens différent
à la phrase. EX :

C'EST *de bons livres qu'il faut lire et méditer.*
Ce SONT *de bons livres qu'il faut lire et méditer.*

Ces deux phrases n'offrent pas la même idée ;
la première renferme un gallicisme équivalant à :
Il faut lire et méditer de bons livres (en général). Par

la seconde, au contraire, on désigne certains ouvrages en particulier.

La même différence existe entre ces deux
phrases :

C'est cinq francs qu'il me doit, c'est-à-dire *il me doit
cinq francs.*

Ce SONT *les cinq francs qu'il me doit*, c'est-à-dire *voici
les cinq francs*, etc.

On dit encore : C'EST *quatre heures qui sonnent*,
c'est-à-dire *la quatrième heure*, et, dans un autre
sens : *Ce* SONT *quatre heures qui m'ont paru bien
longues.*

DES COMPLÉMENTS.

Un seul complément pour deux mots.

791. — Deux verbes, deux adjectifs, ou deux prépositions, peuvent avoir dans certains cas le même
complément. Ex :

Le luxe ENGENDRE *et* NOURRIT *l'oisiveté.* (Marmontel.)
— *Oisiveté* est tout à la fois le complément direct des
deux verbes *engendre* et *nourrit.*

*La vérité nous approuve ou nous condamne en secret se-
lon que nos mœurs sont* CONFORMES *ou* CONTRAIRES *à sa
LUMIÈRE.* (Massillon.) — *Lumière* est complément indirect
de *conforme* et de *contraire.*

Suivant les occasions, il parle POUR *ou* CONTRE *la vérité.* — On dit également *parler* POUR *quelque chose, parler* CONTRE *quelque chose.*

Mais les phrases suivantes sont incorrectes :

La politesse est la ceinture de Vénus ; elle EMBELLIT *et*
DONNE DES GRACES *à* CEUX *qui la portent.* (Mme de Lambert). — *Ceux* ne peut être tout à la fois complément indirect de *donner* et direct *d'embellir.* Il aurait fallu dire :
elle embellit CEUX *qui la portent et* LEUR *donne des grâces.*

Que vos conseils ne soient pas DIFFÉRENTS, *mais* CONFOR-
MES *à vos* PRINCIPES. — *Principes* ne peut être le complément de ces deux adjectifs. Il faudrait dire : *Que vos conseils ne soient pas* DIFFÉRENTS *de vos* PRINCIPES, *mais
qu'ils* Y *soient* CONFORMES.

Il parle CONTRE *et* EN FAVEUR *de la vérité.* — *Contre* et *en faveur* n'admettent pas le même complément ; mais on dirait bien : *Il parle* CONTRE *la* VÉRITÉ *et* EN SA FAVEUR.

Place des compléments.

792. — I. C'est l'oreille, le goût, le sens particulier des phrases, qui règlent, en général, la place des compléments. Il faut éviter surtout les équivoques et tout ce qui peut nuire à la clarté de la pensée.

793. — II. Le complément direct se place ordinairement avant le complément indirect. Ex :

Le siècle de Louis XIV a donné LA VOGUE *à la langue française.* (Volt.)

Dieu n'a pas abandonné SES ÉLUS *au caprice du hasard.* (Pascal) (1).

III. Il y a néanmoins des phrases dont le sens exige que le complément direct soit placé le dernier : *Démosthène emploie souvent le sarcasme pour reprocher plus vivement aux Athéniens* LEUR INDOLENCE. (Acad.)

794. — IV Si le complément indirect a moins d'étendue que le complément direct, celui-ci se place ordinairement le dernier. Ex :

Insensés que vous êtes ! voulez-vous donc donner A VOS PASSIONS *la fleur de vos ans ?* (Fléchier.)

L'intempérance change EN POISONS MORTELS *les aliments destinés à conserver la vie.* (Fénélon.)

---

(1) On suit la même règle pour les pronoms, et l'on dit : *Rendez-*LE-*nous*, et non pas *rendez-nous-*LE. — *Appliquez-vous-y* et non *appliquez-y-vous*. — Cependant l'*y* se place avant le complément direct exprimé par un des pronoms *le, la, moi, toi* : *Placez-*Y-*moi*, *présentes-*Y-*toi*, *menez-*Y *le*. Dans ce cas il vaut mieux prendre un autre tour et dire : *Placez-moi là, présente-toi dans ce lieu*, etc.

On voit DANS LES CERCLES *un petit nombre d'hommes et de femmes qui pensent pour tous les autres.*
(J. J. Rouss.)

D'après cette observation, la phrase suivante offre quelque chose d'inexact : *L'Éternel entend les derniers soupirs d'un insecte ou la chute d'une feuille* DANS CE GLOBE ÉLOIGNÉ (Bitaubé.) — Il eût été mieux de dire : *L'Éternel entend,* DANS CE GLOBE ÉLOIGNÉ, *les derniers soupirs,* etc.

795. — V. Le complément direct, quoique plus court, se rejette quelquefois à la fin de la phrase, soit par euphonie, soit pour donner plus d'énergie à l'expression. Ex :

Quand on songe à la destinée de l'homme sur la terre, il faudrait arroser de pleurs SON BERCEAU.

(Barthélemy.)

L'envie fait au cœur de ceux qui l'éprouvent DE CRUELLES BLESSURES. (Acad.)

796. — VI. Il y a même des cas où un complément mal placé pourrait occasionner une équivoque. Ex :

L'or donne AUX PLUS LAIDS *certains charmes pour plaire.* (Molière.) — Si l'auteur eût placé *aux plus laids* après le verbe *plaire,* la phrase eût présenté un sens ridicule.

Les règles sont POUR LE GÉNIE *des entraves salutaires.* (Acad.) — Le sens ne permettrait pas de dire : *Des entraves salutaires pour le génie.*

Étouffons ou modérons PAR L'INTELLIGENCE DE LA VÉRITÉ *les sentiments de la nature corrompue.* (Pascal.) — Ce complément *par l'intelligence de la vérité* placé après *corrompue* nuirait entièrement à la clarté de la phrase.

Complément des verbes passifs.

797. — On met *de* ou *par* avant le complément des verbes passifs : *de* quand ce verbe exprime un sentiment, *par* quand il exprime simplement une action :

Il a été frappé DE *cette nouvelle inattendue.*

Il a été frappé PAR *un éclat de rocher.*

M. de Turenne était aimé DE *tout le monde, il était redouté* DE *ses ennemis sans* EN *être haï.* (Mascaron.)

Cette guerre a été conduite PAR *un habile général.* (Acad.)

Cette règle est soumise à de nombreuses exceptions, que l'usage seul peut apprendre.

EMPLOI DES AUXILIAIRES

avec les verbes neutres.

798. — La plupart des verbes neutres exprimant une action, prennent, pour cette raison, l'auxiliaire *avoir*. Tels sont : *Agir, marcher, parler, régner, succéder, travailler,* etc.

799. — Quelques-uns prennent toujours l'auxiliaire *être*, quoique la plupart désignent une action, ce sont : *Aller, arriver, décéder, éclore, entrer, mourir, naître, venir* et ses composés *devenir, disconvenir, intervenir, parvenir, provenir, revenir, survenir.*

800. — Plusieurs verbes neutres tels que *accourir, apparaître, disparaître, cesser, convenir, déchoir, grandir, monter, passer, rester, vieillir,* etc. prennent les deux auxiliaires suivant le sens de la phrase : *Avoir* quand c'est une action qu'on veut exprimer, *être* quand c'est un état.

En général, le choix des auxiliaires dépend des diverses circonstances qui accompagnent le verbe. Ainsi l'on dit également : *Sa fièvre* A CESSÉ OU EST CESSÉE ; *cet enfant* A BIEN GRANDI OU EST *bien* GRANDI, etc. Mais on dira suivant les circonstances : *Sa fièvre* A CESSÉ *hier, et sa fièvre* EST CESSÉE *depuis hier; cet enfant* A *bien* GRANDI *en peu de temps,* et cet *enfant* EST *bien* GRANDI *depuis quelque temps.*

D'après ce principe on écrira :

DÉCHOIR. — *Depuis ce moment il* A DÉCHU *de jour en jour.* (Acad.)

Il EST *fort* DÉCHU *dans l'estime du public.* (Id.)

MONTER. — *Il* A MONTÉ *quatre fois à sa chambre pendant la journée.* (Acad.)

Il EST MONTÉ *dans sa chambre, et il y est resté.* (Id.)

DESCENDRE. — *Il* A DESCENDU *bien promptement.*
(Acad.)

Il était monté, il EST DESCENDU. (Id.)

RESTER. — *J'*AI RESTÉ *plus d'un an en Italie.*
(Montesquieu.)

On l'attendait à Paris, mais il EST RESTÉ *à Lyon.* (Acad.)

PASSER. — *La procession* A PASSÉ *sous mes fenêtres.*
(Condillac)

La procession EST PASSÉE *depuis une demi-heure.* (Acad.)

Partir, sortir, tomber, périr.

801. — Les trois verbes *partir, sortir, tomber,* se conjuguent ordinairement avec le verbe *être.* Cependant on les trouve quelquefois employés avec l'auxiliaire *avoir* quand on veut évidemment exprimer une *action.* EX. :

PARTIR. — *Le lièvre* A PARTI *à quatre pas des chiens.*
(Boniface.)

Il EST PARTI *aujourd'hui pour Paris.* (Acad.)

SORTIR. — *Il* A SORTI, *mais il vient de rentrer.* (Id.)

Il EST SORTI, *mais il va rentrer.* (Id.)

TOMBER. — *Ce grand courage* A TOMBÉ *tout à coup.* (Id.)

Le vent EST TOMBÉ. (Id.)

PÉRIR. — Au contraire, le verbe *périr* s'emploie presque toujours avec le verbe *avoir : Satan et ses anges* ONT PÉRI *par orgueil.* (Acad.) Cependant quelques auteurs l'ont employé avec le verbe *être: On ne voit point que depuis trois mille ans aucune espèce d'animaux* SOIT PÉRIE.
(Fénélon.)

Accourir, apparaître, disparaître.

802. — ACCOURIR prend les deux auxiliaires quoiqu'il dérive de *courir*, qui ne se conjugue qu'avec l'auxiliaire *avoir* : *Ses amis* ONT ACCOURU *pour le féliciter de son succès.* (Acad.) — *Je* SUIS ACCOURU *pour la fête.* (Id.)

De même *apparaître* et *disparaître* prennent les deux auxiliaires quoiqu'ils dérivent de *paraître* (1), qui ne se conjugue qu'avec *avoir :*

APPARAITRE. — *Cet homme prétend qu'un spectre lui* A APPARU *au milieu de la nuit.* (Laveaux.)

Dieu EST APPARU *à Moïse.* (Id).

DISPARAITRE. — *Le fantôme* A DISPARU *tout à coup à nos yeux.* (Acad.)

On l'a cherché en vain dans le salon, il ÉTAIT DISPARU. (Laveaux.)

Convenir, demeurer, expirer, échapper, résulter.

803. — 1° CONVENIR a deux sens : il signifie *être convenable*, et alors il se conjugue toujours avec *avoir*; 2° il signifie *demeurer d'accord, faire une convention*, et alors il prend toujours l'auxiliaire *être : Cet emploi lui* AURAIT *bien* CONVENU. (Acad.) — *Il* EST CONVENU *lui-même de sa méprise.* (Id.)

La différence du sens est bien marquée dans la phrase suivante : *Nous* SOMMES CONVENUS *d'acheter ce qui ne nous* AVAIT *pas* CONVENU *d'abord.* (Gir.-Duv.)

2° DEMEURER, dans le sens de *habiter, tarder, passer son temps à.* ., prend toujours le verbe *avoir : Il* A DEMEURÉ *trois ans à Madrid.* (Acad.) *Il n'*A DEMEURÉ *qu'une heure à faire ce travail.* (Id.)

Demeurer, dans le sens de *rester, s'arrêter, n'avoir point de suite*, prend toujours le verbe *être : Il* EST DEMEURÉ *trois mille hommes sur la place.* (Acad.) *Mon cheval* EST DEMEURÉ *en chemin.* (Id.) *Les choses en* SONT DEMEURÉES *là.* (Id.)

3° EXPIRER, signifiant *mourir*, prend l'auxiliaire *avoir*

---

(1) Ainsi il ne faut pas dire : *Cette édition* EST PARUE, mais *cette édition* A PARU.

d'après les exemples de l'Académie: *Il* A EXPIRÉ *entre mes bras.* — Cependant les auteurs l'emploient quelquefois avec le verbe *être*: *Louis XIV* ÉTAIT *à peine* EXPIRÉ *que le régent offrait aux parlements l'occasion de se venger de leur longue nullité.* (Thiers.)

Expirer, signifiant *prendre fin, être au terme de sa durée,* se conjugue avec les deux auxiliaires : *Son bail expire à la Saint-Jean ; le mien* A EXPIRÉ *hier.* (Acad.) *La trêve* EST EXPIRÉE. (Id.)

4° ÉCHAPPER, qui se dit également des personnes et des choses, s'emploie avec les deux auxiliaires suivant l'idée qu'on veut énoncer. Ex:

Peu de ces infortunés AVAIENT ÉCHAPPÉ *aux atteintes funestes du climat, des chagrins, et de la misère.* (Raynal.)

Il moissonna par le fer tranchant tout ce qui AVAIT ÉCHAPPÉ *au feu.* (Fénelon.)

Je SUIS *seule* ÉCHAPPÉE *aux fureurs de la guerre.* (Rac.)

Un cri lui EST ÉCHAPPÉ. (Acad.) *Sa canne lui* EST ÉCHAPPÉE *des mains.* (Id.)

Échapper signifiant *n'être pas aperçu, découvert, remarqué,* prend toujours l'auxiliaire *avoir* : *Il a dit une sottise qui n'*A *point* ÉCHAPPÉ *à ses auditeurs.* (Acad.)

Échapper signifiant *ce qu'on dit* ou *ce qu'on fait par imprudence, par mégarde,* prend toujours l'auxiliaire *être*: *Il est impossible qu'une pareille bévue lui* SOIT ÉCHAPPÉE.
(Acad.)

De cette distinction de sens résulte la différence qui existe entre ces deux phrases : *Cette faute m'*A ÉCHAPPÉ (c.-à-d. un autre l'a faite et je ne l'ai pas remarquée) et *cette faute m'*EST ÉCHAPPÉE (c.-à-d. je l'ai faite par inattention). — On dirait de même : *Ce mot m'*A ÉCHAPPÉ (je ne l'ai pas entendu), et *ce mot m'*EST ÉCHAPPÉ (je l'ai prononcé par inadvertance.)

On dit encore dans un autre sens : *Cet homme* A ÉCHAPPÉ *à ce danger* (c.-à-d. il n'y pas été exposé) et *cet homme* EST ÉCHAPPÉ *de ce danger* (c.-à-d. il s'est soustrait au péril où il était exposé).

° RÉSULTER. — Ce verbe ne s'emploie qu'unipersonnellement, et prend les deux auxiliaires selon l'Académie. Cependant l'auxiliaire *être* paraît préférable: *Qu'*A-t-IL RÉSULTÉ *de là ?* — *Qu'en* EST-il RÉSULTÉ?

Observation.

804. — Les verbes neutres pris activement, c'est-à-dire accompagnés d'un complément direct, prennent nécessairement l'auxiliaire *avoir* : *On l'*A SORTI *d'une affaire fâcheuse.* (Acad.) *On* A DESCENDU *plusieurs passagers dans cette île.* (Id.) *Les ouvriers* ONT MONTÉ *ces grosses pierres avec des grues.* (Id.)

EMPLOI ET CORRESPONDANCE DES TEMPS.

Présent de l'indicatif.

805. — I. Le *présent* s'emploie pour le passé quand on veut donner plus de rapidité à son expression. Ex :

Le feu BRILLE *dans leurs yeux ; ils se* RACCOURCISSENT, *ils s'*ALLONGENT, *ils se* BAISSENT, *ils se* RELÈVENT, *ils s'*E-LANCENT, *ils* SONT *altérés de sang.* (Fénélon parlant de Télémaque et d'Hippias).

Il faut, dans ce cas, que tous les verbes employés dans la même phrase soient au présent lorsqu'il s'agit d'actions simultanées, c'est-à-dire qui se font dans un même instant. Ainsi l'on doit dire : *Il lui* ARRACHE *son épée et la* JETTE *au loin,* et non *il lui* ARRACHE *son épée et la* JETA *au loin.*

II. Les phrases suivantes, quoique renfermant un présent et un passé, n'ont rien d'incorrect, parce que les auteurs n'ont point en vue une simultanéité d'action :

On A TRAHI *le fils, on* FAIT *la mère esclave!* (Volt.)
Qui ne SAIT *se borner ne* SUT *jamais écrire.* (Boileau.)
Il TOMBE, *et de l'enfer tous les monstres* FRÉMIRENT.
(Volt.)

III. Le présent s'emploie encore pour faire entendre qu'une action à venir doit avoir lieu prochainement. Ex : *Je* SUIS *de retour dans un moment.* (Molière.) *Soyez secrète, ou bien vous* ÊTES *morte.* (La Font.)

*Mais hier il m'*ABORDE, *et me serrant la main :*
Ah! monsieur, m'a-t-il dit, je vous ATTENDS *demain.*

(Boileau.)

8*.6. — IV. OBSERV. — Par gallicisme, on donne souvent au conditionnel présent des verbes *savoir* et *pouvoir* le sens du présent de l'indicatif du verbe *pouvoir : Je ne* SAURAIS *en venir à bout, il ne* POURRAIT *faire ce travail,* au lieu de *je ne puis, il ne peut,* etc.

Dans ce cas il faut que le verbe suivant corresponde au présent. Ainsi cette phrase est incorrecte : *Rien ne* SAURAIT *l'ébranler, rien même ne* PUT *l'émouvoir.* (N. Landais parlant de Thomas Morus.) Il aurait fallu dire *peut* et non *put.*

Dans ce sens les verbes *savoir* et *pouvoir* doivent toujours être accompagnés d'une négation.

807. — V. Dans les expressions *c'est moi, c'est toi, c'est lui, c'est nous, c'est vous,* le présent du verbe *être* se met souvent en rapport avec un passé et un futur. On dit indifféremment : *C'*EST *moi* ou *ce* FUT *moi qui lui répondis; c'*EST *vous* ou *ce* SERA *vous qui le ferez.*

Présent et imparfait.

808. — I. Quand on veut exprimer une chose toujours vraie, ou qui l'est au moment où l'on parle, on doit, en général, se servir du *présent* au lieu du passé, même après un verbe au passé. Ex :

Le grand Condé AVAIT *pour maxime que dans les grandes actions il* FAUT *uniquement songer à bien faire, et chercher la gloire après la vertu.* (Bossuet.)

Socrate DISAIT *que la faim* EST *le meilleur assaisonnement des mets.* (Laveaux.)

Cependant les écrivains emploient souvent l'*imparfait* lorsqu'il s'agit d'une maxime générale ou d'une chose vraie au moment de la parole. Ex :

Elle CROYAIT *qu'on n'*ÉTAIT *grand qu'autant qu'on* ÉTAIT *vrai.* (Massillon.)

Quelques critiques ont prétendu *que la Henriade* manquait *du côté de l'invention.* (Marmontel.)

Les auteurs ont employé l'imparfait parce que leur pensée se reporte à l'époque désignée par le premier verbe. Mais dans ce cas-là même le présent donnerait à l'expression plus de justesse et d'énergie.

809. — II. Malgré la généralité apparente de la pensée, l'imparfait s'emploie correctement : 1° quand il s'agit d'un fait, d'une circonstance particulière ; 2° quand on veut énoncer une opinion individuelle plutôt qu'une vérité universelle. Ex :

Ses douleurs lui rappelèrent qu'il était *homme.* (Acad.)

Les anciens croyaient que la lune était *le séjour des songes, et que c'*était *là que les âmes des hommes* allaient *après leur mort.* (B. de St.-Pierre.)

810. — III. L'imparfait peut encore s'employer au lieu du conditionnel passé, pour donner plus de vivacité à la pensée :

Sans ce secours inattendu, le vaisseau faisait *naufrage.*

Si j'avais dit un mot, on me donnait *la mort.* (Volt.)

Faisait est mis pour *aurait fait, donnait* pour *eût donné.*

Passé défini et indéfini.

811. — Pour désigner un fait passé dont l'époque n'est pas déterminée, on doit employer le *passé défini* et non le *passé indéfini.* Ex :

Le chêne un jour dit *au roseau :*
Vous avez bien sujet d'accuser la nature. (La Font.)

Il serait incorrect de dire : *Le chêne un jour* a dit *au roseau,* etc.

II. Cependant quand il s'agit d'un fait universellement connu, on peut faire usage des deux temps :

Dieu créa *ou* a créé *deux grands luminaires, le soleil et la lune.* (Pascal.)

812. — III. Lorsqu'il s'agit de deux actions simultanées, le passé défini ne peut correspondre

au passé indéfini. Il faut alors employer ou deux passés définis ou deux passés indéfinis. Ex :

A l'air de ce héros vainqueur de tant d'États
On croit du monde entier considérer le maître;
Mais, s'il FUT *assez grand pour mériter de l'être,*
Il le FUT *encor plus pour ne le vouloir pas.* (La Font. parlant d'un portrait de Louis XIV.)

Dieu A DIT, *et les choses* ONT ÉTÉ FAITES; *il* A COMMAN-DÉ, *et elles* ONT ÉTÉ CRÉÉES. (Bossuet.)

D'après cette observation, la phrase suivante est incorrecte : *Lorsque le roi* A AUGMENTÉ *l'Académie des Inscriptions, il* JETA *d'abord les yeux sur M. le duc d'Aumont* (Hist. de l'Acad.). — Il aurait fallu dire : *Lorsque le roi* VOULUT *augmenter*, etc.

Passé antérieur.

813. — Le premier passé antérieur doit être en rapport avec le passé défini, et le second avec le passé indéfini. On dira donc : *A peine* EUT IL FINI *qu'il* REPARTIT, et non *qu'il est reparti.* Au contraire, on doit dire : *A peine* A-T IL EU FINI *qu'*IL EST REPAR-TI, et non *qu'il repartit.*

Plus-que-parfait.

814. — I. Le plus-que-parfait convient ordinai-ment à une chose passée avant une autre :

Il m'a fait savoir qu'il ÉTAIT ARRIVÉ *en bonne santé.*
                                             (Acad.)
On m'a écrit d'Ispahan que tu AVAIS QUITTÉ *la Perse.*
                                             (Montesquieu.)

II. Cependant si l'on considère l'action comme actuellement existante, ou comme simplement passée, c.-à-d. sans relation avec la première, on peut aussi dans ce cas employer le passé indéfini : *Nous avons su que vous* AVEZ ACHETÉ *une jolie maison.* (Domergue.) *J'ai appris que votre mère* A ÉTÉ *quelque temps malade.* (Id.)

815. — III. Il faut éviter d'employer le plus-que-parfait pour exprimer une chose habituelle, permanente. On fait alors usage de l'imparfait : *S'il* ÉTAIT *compatissant, il aurait eu pitié de ce malheureux,* et non *s'il avait été.* — *S'il n'*AVAIT *autant de patience, il se serait fâché contre vous,* et non *s'il n'avait eu autant de patience.*

Futur et conditionnel.

816. — I. Pour désigner une chose à venir sans aucune idée de condition exprimée ou sous-entendue, on doit employer le futur et non le **conditionnel**. Ex :

Jésus-Christ a promis que les portes de l'enfer ne PRÉVAUDRONT *point contre son Église* (Acad.), et non *prévaudraient.*

Je n'oserais me promettre que vous me FEREZ *cet honneur* (id), et non pas *que vous me feriez.*

817. — II. Lorsqu'il y a incertitude dans l'idée, ou qu'on peut supposer l'action dépendante d'une condition, on emploie correctement le conditionnel. Ex :

*Vous avez bien prévu que votre lettre m'*ATTENDRIRAIT. (J. J. Rouss.) Ici il y a indécision dans l'idée qu'exprime le premier verbe.

Vous m'avez dit que vous REVIENDRIEZ *le lendemain* (Id.) On peut sous-entendre *si aucun obstacle ne s'y opposait.*

818. — III. Il y a même des cas où la condition est nécessairement sous-entendue :

> *Les vertus* DEVRAIENT *être sœurs,*
> *Ainsi que les vices sont frères.* (La Font.)
> *Pour fournir aux projets que forme un seul esprit*
> *Il* FAUDRAIT *quatre corps.* (Id.)

Dans ces deux phrases on sous entend *si cela était possible.*

819. — IV. On donne quelquefois au plus-que-parfait le sens d'un conditionnel : *Si le bonheur se*

*trouvait dans les palais, j'*AVAIS TROUVÉ *le bonheur.*

(B. de St.-Pierre.)

820. — V. Au lieu du passé indéfini, on peut faire usage du futur antérieur pour exprimer une sorte de doute : *Mes yeux m'*AURONT TROMPÉ ; *on nous* AURA DONNÉ *de faux renseignements ; il se* SERA ÉGARÉ *dans la forêt.*

Impératif.

821. — Quoique l'impératif s'emploie spécialement pour désigner le commandement, l'exhortation, ou la prière, on s'en sert aussi élégamment pour exprimer une idée de condition. Ex :

OTEZ *la santé et la paix de l'âme, vous ôtez tous les plaisirs de la vie.* (Acad.) — *ôtez* est mis pour *si vous ôtez.*

DU SUBJONCTIF.

§ I. Emploi du mode subjonctif.

822. — Le mode du subjonctif est dans notre langue le mode du doute et de l'incertitude. Cette idée d'incertitude est le plus ordinairement indiquée par le verbe principal de la phrase.

Subjonctif avec les verbes qui marquent le doute.

823. — I. Les verbes qui demandent le subjonctif sont ceux qui expriment le *doute*, la *volonté*, le *commandement*, le *désir*, la *crainte*, la *permission*, la *défense*, la *supposition*, etc., ainsi que les expressions qui en dérivent. Ex :

On peut DOUTER *que l'auteur de la Henriade* AIT EU *autant de génie que Racine ; mais il avait peut-être un esprit plus varié et une imagination plus flexible.* (Châteaub.)

*La Providence n'*A *pas* VOULU *que le roitelet s'*ÉGARÂT *en portant la goutte d'eau et le grain de mil à son nid, et qu'il* Y EÛT *sous le buisson une petite famille qui se* PLAIGNÎT *d'elle.* (Id.)

Dieu PERMIT *qu'après tous ces crimes il* TOMBÂT *enfin entre les mains de la justice.* (Acad.)

824. — II. Par une élégante ellipse, le verbe duquel dépend le subjonctif est quelquefois sous-entendu.

PUISSENT *mes heureux chants consoler le fidèle!* (L. Rac.)
c.-à-d. *je souhaite* que mes heureux chants puissent, etc.

VEUILLENT *les immortels, conducteurs de ma langue,*
Que je ne dise rien qui doive être repris (La Font.)
c.-à-d. *je désire* que les immortels veuillent, etc.

Une société, PÛT-ELLE COMPOSÉE *d'hommes justes, ne saurait subsister sans lois* (J. J. Rouss.), sous-ent. *je suppose* (1).

825. — III. Les verbes *entendre, prétendre,* et *dire,* sont quelquefois employés pour le verbe *vouloir,* et alors ils demandent le subjonctif : J'ENTENDS *qu'on m'*OBÉISSE ; *si je vous fais ce plaisir, je* PRÉTENDS *que vous m'en fassiez un autre.* (Acad.) *S'il refuse de venir, que* DIREZ-VOUS ? — *Qu'on l'y* CONTRAIGNE.

826. — IV. Les verbes *ordonner, commander, exiger,* qui demandent ordinairement le subjonctif, sont quelquefois suivis d'un futur ou d'un conditionnel : *L'assemblée* ORDONNE *que vingt de ses commissaires* IRONT *calmer le peuple.* (Thiers.) *La cour* A ORDONNÉ *que ce témoin* SERAIT ENTENDU. (Acad.) Dans ces sortes de phrases la prescription est exprimée d'une manière plus forte et moins dubitative.

827. — V. Les verbes et les expressions qui mar-

---

(1) Par euphonie on dit : *Je ne sache pas* pour *je ne sais pas :* JE NE SACHE *rien de si beau,* JE NE SACHE *rien de mieux écrit.* (Acad.) C'est une expression dubitative consacrée par l'usage.

Que je sache se met aussi à la fin d'une phrase pour signifier que, si un fait est autrement qu'on ne le dit, on l'ignore : *Il n'y a personne à la maison* QUE JE SACHE.

(Acad.)

quent la *joie*, le *regret*, l'*étonnement*, demandent aussi l'emploi du mode subjonctif : *J'ai une grande* JOIE *que cette petite aventure* AIT PRIS *un tour si heureux.* (Mᵐᵉ de Sévigné.) — *Je suis* RAVI *qu'il* AIT GAGNÉ *son procès.* (Acad.) — *Je* REGRETTE *qu'il* SOIT PARTI *sitôt.* (Id.) — *Je m'*ÉTONNE *qu'il ne* VOIE *pas le danger où il est.* (Id.)

828. — VI. Ces expressions *on dirait, on eût dit, on croirait, on eût cru,* demandent ordinairement l'indicatif. Cependant quand il s'agit d'un fait invraisemblable, les auteurs emploient de préférence le subjonctif :

ON EÛT DIT *que* C'ÉTAIT *la justice exilée qui rentrait dans son palais.* (Thomas.)

ON DIRAIT *que le livre des destins* AIT *été ouvert à ce prophète.* (Bossuet.)

Subjonctif avec les verbes unipersonnels.

829. — I. On emploie le subjonctif après la plupart des verbes unipersonnels ou pris unipersonnellement, comme *il faut, il importe, il convient, il suffit, il est juste, il est bon,* etc.

A la Chine, IL FAUT *qu'on* S'ATTACHE *aux arts nécessaires et qu'on* FUIE *ceux de la volupté.* (Montesquieu.)

FAUT-IL *que les mortels ne* SOIENT *heureux qu'en songe ?*
(Volt.

Heureux ou malheureux, IL SUFFIT *qu'on me* CRAIGNE.
(Rac.)

IL EST JUSTE, *seigneur, qu'un meurtrier* PÉRISSE. (Corn.)
IL SERAIT BON *qu'on* OBÉÎT *aux lois.* (Pascal.)

830. — II. Après l'unipersonnel *il semble* on peut employer l'indicatif ou le subjonctif, suivant le plus ou le moins d'incertitude qui règne dans la pensée. Quand il s'agit d'un fait invraisemblable, impossible, c'est ce dernier mode qu'il faut préférer. Ex :

IL SEMBLE *que la rusticité n'EST autre chose qu'une ignorance grossière des bienséances.* (La Bruyère.)

IL SEMBLE *que tout son corps SOIT démonté, et que les mouvements de ses hanches, de ses epaules, et de sa tête, n'AILLENT que par ressorts.* (Molière.)

831. — III. Quand le verbe *il semble* se trouve accompagné de l'un des pronoms personnels *me, te, nous, vous, lui, leur,* comme dans *il me semble, il vous semble,* etc. on fait généralement usage de l'indicatif. Ces expressions sont synonymes de *je pense, vous pensez,* après lesquels on doit employer ce mode :

IL ME SEMBLE *que Corneille A donné des modèles de tous les genres.* (Volt.)

IL ME SEMBLE *qu'il n'y A pas de plus grande jouissance que celle de faire des heureux.* (Gir.-Duv.) (1).

832. — IV. Après certains verbes unipersonnels tels que *il résulte, il arrive, il paraît, il est vrai, il est certain, il est sûr, il est évident,* etc. on emploie l'indicatif, excepté quand ils sont précédés de la conjonction *si,* ou qu'ils se trouvent dans une proposition *négative* ou *interrogative* : IL EST CERTAIN *qu'il RÉUSSIRA.* — EST-IL CERTAIN, IL N'EST PAS CERTAIN *qu'il RÉUSSISSE.*

S'IL EST VRAI *qu'Homère AIT FAIT Virgile, c'est son plus bel ouvrage.* (Volt.)

Subjonctif après les négations et les interrogations.

833. — Beaucoup de verbes qui par eux-mêmes

---

(1) Mme de Sévigné a dit : IL ME SEMBLE *que mon cœur VEUILLE se fendre en deux*; et Bernardin de Saint-Pierre : IL ME SEMBLE *alors qu'une voix humaine SORTE de la pierre, se FASSE entendre à travers les siècles,* etc.

Les auteurs ont sans doute été déterminés à employer le subjonctif par la hardiesse et l'étrangeté de leur supposition.

demandent l'indicatif veulent le subjonctif quand la proposition est négative ou interrogative. Ex :

Il N'EST POINT *de moment qui ne* PUISSE *être pour nous le dernier.* (Massillon.)

Il N'Y A RIEN QUI RAFRAICHISSE *le sang comme une bonne action.* (La Bruyère.)

La philosophie NE PEUT *faire* AUCUN *bien que la religion* NE *le* FASSE *encore mieux.* (J. J. Rousseau.)

. . . . EST-IL *aucun moment*
Qui vous PUISSE *assurer d'un second seulement?* (La Font.)
CROIS-TU *que dans son cœur il* AIT JURÉ *sa mort?* (Rac.)

OBSERV. — Avec les verbes *croire, penser, ignorer, oublier, savoir, ne pas savoir,* les auteurs emploient l'indicatif quand l'interrogation est un tour oratoire, et non une question proprement dite. Ex :

PENSEZ-VOUS *qu'il* S'AGIT *d'un forfait exécrable?* (Chénier) *Ce tour revient à celui-ci* : *Il s'agit d'un forfait exécrable, et* VOUS N'Y PENSEZ PAS.

IGNOREZ-VOUS *que la gloire ne* S'ACQUIERT *que par de grands périls?* (Vertot). — *Ignorez-vous* est l'équivalent de *vous savez.*

. . . . *Madame,* OUBLIEZ-VOUS
Que Thésée EST *mon père, et qu'il* EST *votre époux ?* (Rac.) — *Oubliez-vous* est l'équivalent de *rappelez-vous.*

Subjonctif après le seul, le premier, le dernier, etc., le plus, le moins, le mieux.

834. — Les pronoms relatifs précédés de *le seul, le premier, le dernier, le meilleur, le plus, le moins, le mieux,* et de l'adverbe *peu,* demandent ordinairement le subjonctif. Ex :

La vérité est LA SEULE *chose* QUI SOIT *digne des recherches de l'homme.* (Massillon.)

L'Évangile est LE PLUS *beau présent* QUE *Dieu* AIT PU *faire aux hommes.* (Montesquieu.)

LE MEILLEUR *usage qu'on* PUISSE *faire de son esprit est de s'en méfier.* (Fénelon.)

Il y a PEU *de rois qui* SACHENT *chercher la véritable gloire.* (Fénélon.)

Cependant quand on veut représenter un fait comme incontestable, on peut faire usage de l'indicatif. Ex :

De tous les ennemis qui peuvent attaquer un jeune homme, LE PLUS *dangereux et* LE SEUL QU'ON *ne* PEUT *écarter, c'est lui-même.* (J. J. Rouss.)

Dieu, qui voit l'âme fidèle, est le SEUL *juge qu'elle* CRAINT. (Massillon.)

LE PLUS *grand mal* QUE FAIT *un ministre sans probité, c'est le mauvais exemple qu'il donne.* (Montesquieu.)

Subjonctif après les locutions conjonctives.

835. — La plupart des locutions conjonctives exigent l'emploi du subjonctif, tels sont : *Afin que, à moins que, avant que, bien que, de peur que, jusqu'à ce que, loin que, non que, pour que, pour peu que, pourvu que, quoique, sans que, soit que, supposé que,* etc., ainsi que ces locutions *quoi que, quelque que, si* dans le sens de *quelque,* etc.

Malgré l'analogie apparente qui existe entre les expressions *quelque que* et *tout que,* la première exige le subjonctif et non la seconde, par la raison que la première seule renferme l'idée d'un doute.

On dira donc : *Quelque savant que vous* SOYEZ, *vous ne résoudrez pas cette difficulté ;* et : *Tout savant que vous* ÊTES, *vous ne résoudrez pas cette difficulté* (1).

Par la première phrase on ne veut pas affirmer la science de la personne à qui l'on parle ; c'est le contraire dans la seconde.

---

(1) Cependant quelques auteurs, confondant ces deux expressions, emploient le subjonctif après *tout que*; mais l'Académie ne fait jamais usage que de l'indicatif avec cette expression.

836. — Observ. — Certaines locutions conjonctives demandent tantôt l'indicatif, tantôt le subjonctif, suivant l'idée qu'on veut énoncer : Le subjonctif quand il s'agit d'un fait à venir, et, par conséquent, incertain ; l'indicatif quand il est question d'un fait présent ou passé, et, par conséquent, incontestable :

Vivez DE MANIÈRE QU'*on* n'AIT *aucun reproche à vous adresser.*

Il a toujours vécu DE MANIÈRE QU'*on* n'A EU *aucun reproche à lui faire.*

On peut aussi dire avec l'imparfait du subjonctif : *Il a toujours vécu* DE MANIÈRE QU'*on* n'EÛT *aucun reproche à lui adresser.* Alors le second verbe exprime une chose future par rapport au premier.

Subjonctif après *qui, que, dont, où.*

837. — Après les pronoms relatifs *qui, que, dont,* et l'adverbe *où,* on peut quelquefois employer le subjonctif sans qu'il y ait dans la phrase aucune des expressions qui le demandent ordinairement. Ex :

Dieu résolut de repeupler la terre de nouveaux hommes QUI VÉCUSSENT *dans la pureté et l'innocence.*

(Arnaud d'Andilly.)

Heureux celui qui trouve un ami DONT *le cœur et l'esprit lui* CONVIENNENT, *un ami* QUI *ne* SOIT *pas* TOURMENTÉ *par l'ambition et l'intérêt,* QUI PRÉFÈRE *l'ombre d'un arbre à la pompe d'une cour !* (X. de Maistre.)

Il y a dans ces phrases une idée d'incertitude que le subjonctif seul peut exprimer. On ignore si les hommes vivront comme Dieu le désirait, et si l'on trouvera un ami tel qu'on le souhaite.

§ II. Emploi des temps du subjonctif.

838. — Le subjonctif étant toujours sous la dépendance d'un autre verbe, c'est ordinairement
le temps de ce premier verbe qui décide à quel
temps doit être mis le second.

839. — 1re RÈGLE. — Quand le verbe principal
est un présent ou un futur, on met le second au
présent du subjonctif, à moins qu'il ne s'agisse d'exprimer une chose passée, car alors on emploierait
le passé du subjonctif. Ex :

Je DÉSIRE *qu'il* VIENNE ; *vous* VOUDREZ *qu'il* PARTE.

Nous SOUHAITONS *que sa conduite* AIT *toujours* ÉTÉ
louable.

840. — 2e RÈGLE. — Quand le verbe principal
n'est ni un présent ni un futur, le second se met
à *l'imparfait du subjonctif*, à moins qu'il ne s'agisse
d'exprimer une chose déjà passée, car alors on
emploie le *plus-que-parfait du subjonctif.* Ex :

Je DÉSIRAIS *qu'il* VÎNT ; *vous* VOUDRIEZ *qu'il* PARTÎT.

Nous AURIONS SOUHAITÉ *que sa conduite* EÛT *toujours* ÉTÉ *louable.*

841. — 1re *Remarque.* — Quelquefois le subjonctif
se trouve entre deux verbes dont il dépend également ; quoique le premier verbe soit un présent,
si le dernier n'est ni un présent ni un futur, on
emploie l'imparfait pour exprimer une chose présente ou future ; le plus-que-parfait pour exprimer
une chose passée.

Il n'y A *point d'ouvrage si accompli qui ne* FONDÎT
tout entier au milieu de la critique si son auteur VOU-
LAIT *en croire tous les censeurs.* (La Bruyère.)

Il n'y A *rien qu'elle n'*EÛT ÉTÉ *capable de faire pour
se venger.* (Le Sage.) — *Eût été* dépend de *s'il l'eût
fallu* sous-entendu.

La condition se trouve quelquefois énoncée, non

11

par un verbe, mais par une expression équivalente :

Je ne DOUTE *pas qu'avec votre appui il n'*OBTÎNT *cet
emploi,* c.-à-d. SI *vous l'*APPUYIEZ.

Je DOUTE *qu'il* EÛT RÉUSSI *sans votre appui,* c.-à-d.
*si vous ne l'*EUSSIEZ *appuyé.*

842. — 2e *Remarque.* — Par inversion, le subjonctif se trouve quelquefois placé avant le verbe dont
il dépend : *Qui oserait se promettre de contenter les
hommes ? Un prince, quelque bon et quelque puissant
qu'il* FÛT, *voudrait-il l'entreprendre ?* (La Bruyère.)

EXCEPTIONS.

843. — Quoique ces deux règles soient d'une application générale, elles sont néanmoins soumises
à des exceptions que le sens particulier des phrases exige, et que l'usage et l'attention peuvent seuls
apprendre.

Pour savoir quel temps du subjonctif on doit employer, il est souvent utile de décomposer la phrase,
et de voir de quels temps de l'indicatif on ferait
usage. Les exemples suivants, quoique en contra-
diction apparente avec les deux règles générales,
n'offrent rien d'incorrect.

1er Ex. — Fénélon dit en parlant de Baléazar : *Il
n'y* A *aucun de ses sujets qui ne craigne de le perdre,
et qui ne* HASARDAT *sa propre vie pour conserver celle
d'un si bon roi.*

Quoique le premier verbe *il y a* soit au présent, *hasardât*
est à l'imparfait à cause d'une proposition sous-entendue
(*s'il le fallait, s'il était nécessaire.*)

2e Ex. — *Il n'*EST *rien que je ne* FISSE *pour le soula-
gement d'une personne affligée.* (La Rochef.) — Sous-
entendu *si l'occasion s'en présentait.*

3e Ex. — *En un instant je* PASSAI *de la plus amère
douleur à la plus vive joie que les mortels* PUISSENT
sentir. (Fénélon.)

Quoique le premier verbe soit au passé, on met le second au présent parce qu'il s'agit d'exprimer une chose
présente au moment où l'on parle et dans tous les temps.

4ᵉ Ex. — *Je suis effrayé de la difficulté de faire des
vers français, et je ne m'*ÉTONNE *plus que Despréaux*
EMPLOYAT *deux ans à composer une épître.* (Volt.)

En décomposant la phrase on dirait: *En effet, Despréaux
employait,* etc. De là l'imparfait après un présent.

Il en est de même dans cette phrase : *On attaque
Boileau sur quelques-uns de ses jugements, et je ne*
PRÉTENDS *pas qu'il* FÛT *infaillible.* (Vauvenargues.)

Il n'était pas infaillible, je ne le prétends pas.

5ᵉ Ex. — *Charles Martel* SAUVA *la chrétienté du plus
grand danger dont elle* AIT ÉTÉ *menacée.* (Guinefolle.)

L'auteur voulant parler de tous les dangers dont la
chrétienté a été menacée, soit avant, soit après Charles
Martel, a dû employer le passé du subjonctif. Si, d'après
la seconde règle, il avait employé le plus-que-parfait, il
n'aurait parlé que des temps qui avaient précédé.

En décomposant la phrase on dirait : *La chrétienté a été
menacée de grands dangers.*

6ᵉ Ex. — *Dieu* A VOULU *que les vérités divines* EN-
TRENT *du cœur dans l'esprit, et non pas de l'esprit
dans le cœur.* (Pascal.)

L'auteur emploie le subjonctif présent parce qu'il s'agit
d'une vérité de tous les temps. C'est comme si l'on disait ·
Dieu l'a voulu : les vérités entrent; etc.

7ᵉ Ex. — *La Providence* A VOULU *qu'une salle des
Thermes du persécuteur des chrétiens* (de Dioclétien)
SOIT DEVENUE, *à Rome, l'église de Notre-Dame des
Anges.* (Châteaub.) — L'auteur a employé le passé
au lieu de l'imparfait. C'est comme s'il disait : *Elle
l'est devenue, Dieu l'a voulu.*

8ᵉ Ex. — *Que le crime absolument* SOIT *impuni,
c'est injustice; qu'il le* SOIT *sur la terre, c'est un mystère.* (La Bruyère.) — On sous-entend *je suppose.*

9ᵉ Ex. — *Jamais un lourdaud, quoi qu'il* FASSE,

      Ne SAURAIT *passer pour galant.* (La Font.).

— *Fasse* est au présent parce que *saurait* a le sens de *peut.*

10ᵉ Ex. — *Soit que Julie* EÛT ÉTUDIÉ *sa langue et qu'elle la* PARLAT *par principes, soit que l'usage* SUP-PLÉE *à la connaissance des règles, elle me semblait s'exprimer correctement.* (J. J. Rouss.).

Il faut remarquer ici trois temps différents : le pre-mier verbe est au plus-que-parfait parce qu'il exprime une chose passée par rapport au verbe de la proposition prin-cipale *(elle semblait)*, le second est à l'imparfait parce qu'il exprime une chose présente par rapport à ce même verbe; le troisième est au présent parce qu'il exprime une chose vraie au moment où l'on parle.

En décomposant la phrase on verra que ces temps du subjonctif correspondent à ceux de l'indicatif : *Julie* AVAIT ÉTUDIÉ *sa langue; elle la* PARLAIT *par principes; l'usage* SUPPLÉE *à la connaissance des règles.*

844. — **Remarque.** — Par ellipse, les verbes *avoir, être, pouvoir,* et *devoir,* s'emploient souvent au sub-jonctif, et donnent une grande force à l'expression:

J'ai toujours ma part au compliment, n'en EUSSÉ-JE *aucune au soin qui l'attire* (J. J. Rouss.), c'est-à-dire *quand même je n'en aurais aucune.*

FÛT-CE *nos propres biens,* FÛT CE *même notre vie, nous devons tout sacrifier quand l'honneur et la vertu le demandent.*

PUISSÉ-JE *de mes yeux y voir tomber la foudre!*

                              (Corn.)

DUSSÉ-JE *y périr...* DÛT *ma fortune s'anéantir...*

Ne DUSSIEZ-*vous jamais procurer que le salut d'une seule âme, les travaux de votre vie seraient bien em-ployés.* (Fénélon.)

Avec le verbe *pouvoir* on sous-entend *je désire;* le verbe *devoir,* exprimant une idée de condition et d'avenir, équi-vaut à *quand même je devrais, quand même vous devriez,* etc.

Emploi de l'infinitif.

845. — L'infinitif étant plus concis que les autres modes, s'emploie de préférence, pourvu qu'il se rapporte à un mot énoncé dans la phrase, et qu'il n'offre aucune ambiguïté. Ex :

*Dieu t'a fait pour l'*AIMER, *et non pour le* COMPRENDRE.
(Volt.)

Aimer et *comprendre* se rapportent évidemment à *t'* mis pour *toi.*

D'après cette observation les phrases suivantes sont incorrectes :

Le climat de Montpellier contribue peut-être à OBTENIR *ces cures merveilleuses qui donnent tant de réputation au séjour de cette ville.* (Mme de Flesselles.)

L'auteur aurait dû dire à *faire obtenir; faire* se rapporterait à *climat,* au lieu que *obtenir* ne se rapporte à aucun mot.

Le roi Déjotare devint célèbre par le plaidoyer de Cicéron pour le DISCULPER *d'avoir attenté à la vie de César.*
(Anquetil.)

Cet infinitif étant tout à fait contraire à la précision, il aurait fallu dire : *par le plaidoyer que fit Cicéron pour,* etc.

Le besoin de concision peut cependant quelquefois autoriser la violation de cette règle, pourvu que le rapport de l'infinitif soit facile à saisir. Ex :

Les moments sont trop chers pour les PERDRE *en paroles* (Racine), c.-à-d. *pour qu'on les perde.*

Pour ÉVITER *les surprises, les affaires étaient traitées par écrit* (Bossuet), c.-à-d. *pour qu'on évitât,* etc.

Telles furent les paroles de l'homme du rocher; son autorité était trop grande, sa sagesse trop profonde pour ne lui OBÉIR *pas.* (Châteaub.) Cet infinitif est équivalent à *pour que nous ne lui obéissions pas.*

OBSERVATION.

846. — Souvent, dans une narration vive et rapide, on emploie le présent de l'infinitif au lieu de l'indicatif, surtout dans le style familier. Ex :

Aussitôt les ennemis DE S'ENFUIR *et* DE JETER *leurs armes*, au lieu de *les ennemis* S'ENFUIRENT *et* JETÈRENT, etc.

(Acad.)

Il s'éloigna tout honteux, et nous DE RIRE, au lieu de *nous* RÎMES. (Id.)

Par ellipse, ces infinitifs peuvent dépendre d'un verbe sous-entendu : *Les ennemis se* HATÈRENT *de s'enfuir*, etc., *et nous* COMMENÇAMES *de rire.*

La Fontaine, dans ses fables, fait de ce tour de phrase un emploi fréquent et heureux. Ex :

Ainsi parla le renard, et flatteurs D'APPLAUDIR.
Grenouilles aussitôt DE SAUTER *dans les ondes;*
Grenouilles DE RENTRER *dans leurs grottes profondes.*

847. — Pour donner plus de vivacité à l'expression, on donne souvent à l'infinitif le sens d'un futur ou d'un conditionnel ; telles sont ces phrases : *Que* FAIRE ? *que* DEVENIR ? *à quoi nous* RÉSOUDRE ? *quel parti* PRENDRE? *pourquoi* DISSIMULER? etc., *c'est-à-dire que* FERONS-*nous ? pourquoi* DISSIMULERAIS-*je*?

848. — Plusieurs infinitifs employés comme sujets d'un verbe sous-entendu ne contribuent pas moins à donner de l'énergie à l'expression. Ex :

ÊTRE ENVIÉ *de ceux qu'il envie,* FLATTER *par intérêt,* RAMPER *par obligation : telle est la vie du courtisan.*

(Rivarol.)

Manière de distinguer certains temps.

849. — Il y a des temps que l'on confond à la prononciation, et qui se distinguent par le changement du singulier en pluriel.

Par ce moyen on distinguera :

1º La 3ᵉ personne du singulier du passé défini de la 3ᵉ de l'imparfait du subjonctif :

Je crois qu'il se COMPORTA, *qu'il* AGIT *comme il le devait dans cette circonstance.* Au pluriel on dirait : *qu'ils se* COMPORTÈRENT, *qu'ils* AGIRENT.

Je voudrais qu'il se COMPORTÂT, *qu'il* AGÎT *différemment.* Au pluriel : *Je voudrais qu'ils se* COMPORTASSENT, *qu'ils* AGISSENT, etc.

2° On distinguera de même la 3ᵉ personne du singulier du premier passé antérieur de la 3ᵉ du second conditionnel passé.

A peine EUT-IL DÎNÉ, *à peine* FUT-IL SORTI *que nous arrivâmes.* Au pluriel on dirait : *A peine* EURENT-ILS DÎNÉ, *à peine* FURENT-ILS SORTIS *que*, etc.

S'il EÛT DÎNÉ, *s'il* FÛT SORTI *plus tard, nous serions partis ensemble.* Au pluriel : *S'ils* EUSSENT DÎNÉ, *s'ils* FUSSENT SORTIS, etc. (1).

3° Futur et conditionnel :

Que DEVIENDRAI-*je si Dieu m'abandonne ?* au pluriel : *Que* DEVIENDRONS-*nous si*, etc.

Que DEVIENDRAIS-*je si Dieu m'abandonnait ?* au pluriel : *Que* DEVIENDRIONS-*nous si*, etc.

4° Passé indéfini et passé du subjonctif :

*C'est un des bons livres que j'*AI *lus.* Au pluriel : *Que nous* AVONS *lus.*

*C'est un des meilleurs livres que j'*AIE *lus.* Au pluriel : *Que nous* AYONS *lus.*

850. — 5° Infinitif et participe de la 1ʳᵉ conjugaison. — Quand deux verbes se suivent ou sont en rapport l'un avec l'autre, le second se met à l'infinitif présent, excepté après les auxiliaires *avoir* et *être.*

Cependant le participe passé s'emploie aussi quelquefois après un autre verbe que les auxiliaires, et alors on peut sous-entendre le verbe *être* :

Voici la lettre que j'avais crue ÉGARÉE, *c'est-à-dire* ÊTRE ÉGARÉE. — *Les champs que j'ai vus* DÉPOUILLÉS *de leur verdure, c'est-à-dire* ÉTANT DÉPOUILLÉS. — *Ils paraissaient* HUMILIÉS *de leur conduite, c'est-à-dire* ÊTRE HUMILIÉS.

---

(1) Quand le verbe est précédé du pronom *on*, il faut tourner par *nous* ou par *ils* pour le pluriel : *On n'*EUT *pas plutôt* APERÇU *l'incendie, qu'on accourut de toutes parts.* Au pluriel : Nous *n'*EÛMES *pas plutôt* APERÇU, ILS *n'*EURENT *pas plutôt* APERÇU, etc.

SYNTAXE DU PARTICIPE.

§ I. PARTICIPE PRÉSENT et ADJECTIF VERBAL.

851. — Le *participe présent* se termine toujours en *ant*, et est invariable : *Il entend les serpents, il croit les voir* RAMPANT *autour de lui.* (Fénelon.)

L'*adjectif verbal* se termine aussi en *ant*, mais il s'accorde avec le mot auquel il se rapporte : *Des esprits bas et* RAMPANTS *ne s'élèvent jamais au sublime.* (Girard.)

Pour les distinguer l'un de l'autre, il faut remarquer que le participe présent exprime généralement une *action momentanée, accidentelle, passagère;* et l'adjectif verbal un *état permanent, habituel,* ou une *qualité.*

Voyez-vous ces débris FLOTTANT *vers la côte?* (Action momentanée.)

Voyez-vous ces débris FLOTTANTS *sur la côte?* (État permanent.)

On résout encore la difficulté au moyen des observations suivantes :

Participe présent.

852. — 1° Quand on peut à l'aide du pronom *qui* ou d'une des conjonctions *quand, si, puisque, lorsque, parce que, tandis que,* etc., changer le mot terminé par *ant* en un autre temps du verbe dont il est formé, il est participe présent. Ex :

Accompagnée d'une troupe de nymphes COURANT *dans la plaine, Eurydice mourut d'une blessure qu'un serpent lui fit au talon* (Fontenelle), c.-à-d. de nymphes *qui couraient.*

La mer, MUGISSANT, *ressemblait à une personne qui, ayant été longtemps irritée, n'a plus qu'un reste de trouble.* (Fénelon.) *La mer, tandis qu'elle mugissait,* etc.

2° Quand on peut placer la préposition *en* avant

le mot terminé par *ant*, il est encore participe présent. Ex :

Sa rage allait toujours CROISSANT (Acad.), *c'est-à-dire en croissant.*

Ils allaient ERRANT *çà et là dans la forêt,* c'est-à-dire *en errant.*

3° Quand le mot terminé par *ant* est accompagné d'un complément direct, soit substantif, soit pronom, il est toujours participe présent :

Point d'importuns laquais ÉPIANT *nos discours,* CRITIQUANT *tout bas nos maintiens,* COMPTANT *nos morceaux d'un œil avide, s'*AMUSANT *à nous faire attendre à boire, et murmurant d'un trop long dîner.* (J. J. Rouss.)

Adjectif verbal.

853. — 1° Le mot terminé par *ant* est ordinairement adjectif verbal quand on peut y ajouter un des temps du verbe *être* précédé ou non de *qui*. Ex :

Lâchant les rênes à ses chevaux FUMANTS *de sueur, il était tout penché sur leurs crins* FLOTTANTS. (Barthélemy.) — Ses chevaux *qui étaient* fumants, leurs crins *qui étaient* flottants.

Trois fois ses genoux TREMBLANTS *commencèrent à se dérober sous lui.* (Fénélon.) — *Qui étaient* tremblants.

Il y a des peuples qui vivent ERRANTS *dans les déserts.* (B. de St-Pierre.) — *Vivent* tient lieu de *sont.*

TRIOMPHANTS *quand ils attaquent, ils sont sans vigueur en se défendant.* (J. J. Rousseau parlant des philosophes). — *Ils sont* triomphants quand ils attaquent, etc.

Il y a des peuples chrétiens GÉMISSANTS *dans un triste esclavage.* (Volt) — *Qui sont* gémissants.

On pourrait aussi tourner la phrase par *qui gémissent*, mais l'adjectif verbal rend l'idée d'une manière plus énergique, et c'est la forme que l'on doit préférer lorsque le sens permet de tourner des deux manières.

2° Le mot en *ant* est encore adjectif verbal quand on y ajoute ou qu'on peut y ajouter un des

adverbes modificatifs *tout*, *bien*, *très*, *fort*, *plus*, etc.
Ex :

TREMBLANTE *pour ses œufs, la fourmi déménage.* (La Font.) — On pourrait dire *toute tremblante.*

Soyons BIEN BUVANTS, BIEN MANGEANTS,
Nous devons à la mort de trois l'un en dix ans. (Id.)

Les montagnes mettaient notre côte à l'abri des vents BRÛLANTS *du midi.* (Fénélon.) Le sens permet de dire : *Très-brûlants.*

Voici encore quelques exemples d'adjectifs verbaux :
Des yeux ÉTINCELANTS, ÉTINCELANTS *de colère.* (Acad.)—
Des regards FOUDROYANTS, PERÇANTS, PÉNÉTRANTS. (Id.)
— *Des gestes* PARLANTS, MENAÇANTS, (Id.) — *Des êtres* PENSANTS. (Id.) — *Des lions* RUGISSANTS. (Id.) — *Des arbrisseaux* GRIMPANTS. (Id.) — *Des festons* PENDANTS, etc.
(Fénélon.)

OBSERVATION.

854. — Les mots *appartenant, approchant, cessant, dépendant, participant, résidant, résultant, sonnant, tendant,* sont participes présents quand ils désignent évidemment une action, comme dans ces phrases :

L'heure APPROCHANT, *partez sans retard.* — C'est-à-dire comme l'heure approche, etc.

Les succès DÉPENDANT *de Dieu, il faut lui en renvoyer la gloire.* — Puisque les succès dépendent, etc

En ce moment la défaillance CESSANT, *la douleur succéda.* (Fénélon.) — Comme la défaillance cessa, etc.

Ces mots deviennent adjectifs verbaux quand ils expriment une qualité, un état. Ex :

Ce sont deux couleurs fort APPROCHANTES *l'une de l'autre.* (Acad.)

Cette femme si superbe est enfin DÉPENDANTE. (Rac.)

Toute affaire CESSANTE, *nous sommes à votre disposition.*

Participes et adjectifs correspondants.

855. — Quelques participes présents ont pour correspondants des *adjectifs* ou des *substantifs*

dont l'orthographe est différente. Ainsi *extrava-guant, fatiguant, intriguant*, perdent l'*u* quand ils sont adjectifs ou substantifs : *C'est un* EXTRAVA-GANT, *ce travail est* FATIGANT, *cet homme est un* IN-TRIGANT.

De même *convainquant, fabriquant, suffoquant, vaquant*, changent *qu* en *c* quand ils sont adjectifs ou substantifs : *Une preuve* CONVAINCANTE, *un habile* FABRICANT, *une chaleur* SUFFOCANTE, *un emploi* VA-CANT.

Convergeant, divergeant, négligeant, perdent l'*a* quand ils sont adjectifs : *Des rayons* CONVERGENTS (qui se dirigent vers un même point), *des rayons* DIVERGENTS (qui s'écartent l'un de l'autre), *des en-fants* NÉGLIGENTS.

Adhérant, affluant, coïncidant, différant, équiva-lant, excellant, expédiant, influant, précédant. prési-dant, résidant, violant (1), changent l'*a* en *e* quand ils sont adjectifs ou substantifs : *Ses fauteurs ou* ADHÉRENTS, *le Danube et ses* AFFLUENTS, *le* RÉSIDENT *de France à Genève*, etc.

Remarques sur le participe présent.

856. — Lorsque le participe présent est précédé de la préposition *en*, il doit en général, se rappor-ter au sujet du verbe :

EN FAISANT *des heureux un roi l'est à son tour.*

(Volt.)

Pour cette raison la phrase suivante est vicieuse : *Cet enfant a été guéri* EN *lui* FAISANT *prendre un vo-mitif*. Il fallait : *On a guéri cet enfant*, etc.

Cependant l'usage permet de dire : *Le pluriel se*

---

(1) Le mot *excédant* peut s'employer comme participe, comme adjectif, et comme substantif; mais il conserve toujours l'*a*.

forme, EN AJOUTANT *une s au singulier.* — *Se forme*
est mis ici pour *on forme.*

Le participe présent peut aussi quelquefois se
rapporter à un complément pourvu qu'il n'y ait
point d'équivoque :

EN DISANT *ces mots, les larmes lui vinrent aux yeux.*
(Fénélon.) — *Disant* se rapporte à *lui.*

. . . . *Et déjà les vallons*
Voyaient l'ombre EN CROISSANT *tomber du haut des monts.*
(La Font.)

Suivant cette observation, Boileau ne semble pas
s'exprimer clairement quand il dit :

Si son astre EN NAISSANT *ne l'a formé poëte,*
Dans son génie étroit il est toujours captif.

D'après la construction de la phrase, *naissant* paraîtrait
se rapporter plutôt à *astre* qu'au pronom *le.*

Il y a même des phrases autorisées par l'usage
dans lesquelles le participe présent ne se rapporte
à aucun mot énoncé : *L'appétit vient* EN MANGEANT.
(La Font.) *Il nous fit descendre à la première hôtel-*
lerie EN ENTRANT. (Le Sage.)

Il faut néanmoins être réservé dans l'emploi de
ce tour, qui peut facilement jeter de l'obscurité
dans la phrase. Ainsi La Fontaine ne s'exprime
pas clairement quand il dit en parlant d'un arbre :

J'ôte le superflu, dit l'autre; EN L'ABATTANT
Le reste profite d'autant.

857. — Le pronom *en* placé avant la préposition
en forme une cacophonie qu'il faut éviter. Bernardin de St-Pierre n'est pas à imiter quand il dit de
la poésie *qu'elle rend les objets sensibles en les isolant,*
et en EN *exprimant les modulations successives.*

§ II. PARTICIPE PASSÉ.

Participe sans auxiliaire.

858. — Un participe passé ne peut avoir un complément direct qu'autant qu'il forme un temps com-

posé, c'est à-dire qu'il est accompagné d'un auxiliaire : *Dieu* A CRÉÉ LE MONDE *en six jours, et* S'EST
REPOSÉ *le septième.*

Il faut en excepter les expressions *y compris, non
compris, supposé, passé, excepté, vu, attendu,* qui
avant leurs compléments peuvent être considérées
comme prépositions, et qui, pour cette raison, restent alors invariables. Mais on les fait accorder en
genre et en nombre quand elles sont précédées
d'un substantif :

PASSÉ *cette semaine* (cette semaine *passée*), *il ne sera
plus temps.*

Ils ont tous péri, EXCEPTÉ *cinq ou six personnes* (cinq
ou six personnes *exceptées*).

Il en est de même des participes *approuvé, colla-
tionné, enregistré, lu, payé, reçu,* que l'on emploie
dans le style administratif et commercial : APPROU-
VÉ *l'écriture ci-dessus.* — *L'écriture ci-dessus* AP-
PROUVÉE, etc.

859. — *Ci-joint, ci-inclus* restent invariables au
commencement des phrases : CI-JOINT OU CI-INCLUS
copie, la copie du contrat.

Ci-joint, ci-inclus, ne varient pas non plus au milieu des phrases quand le substantif qui suit est
employé sans article : *Vous trouverez* CI-JOINT OU
CI-INCLUS *copie du contrat.*

On écrira donc avec accord : *Les lettres* CI-JOINTES,
CI-INCLUSES ; *vous trouverez* CI-JOINTE, CI-INCLUSE *la
copie de ma lettre.*

Participe accompagné de l'auxiliaire **AVOIR.**

860. — Le participe passé, quand il s'accorde, a
généralement pour complément direct un des pronoms : QUE, ME, TE, SE, LE, LA, LES, NOUS, VOUS :

La mémoire des malheureux QU'on A SOULAGÉS *donne un
plaisir qui renaît sans cesse.* (J. J. ROUSS.)

La plus grande merveille de l'Égypte n'est pas l'ouvrage des hommes; la nature seule L'A CRÉÉE : *c'est le Nil.*

(De Ségur.)

Ce complément direct peut être aussi énoncé par un substantif précédé de QUEL, QUELQUE, ou d'un des cinq adverbes de quantité COMBIEN, QUE, PLUS, MOINS, AUTANT.

QUELLES LEÇONS *nous* AURIONS PERDUES *si ce grand homme s'était livré à l'oisiveté au lieu de consacrer son loisir à l'étude de la sagesse!* (Bauzée parlant de Cicéron.)

QUELQUES DÉCOUVERTES *que* (1) *l'on* AIT FAITES *dans le pays de l'amour-propre, il y reste encore bien des terres inconnues.* (La Rochef.)

COMBIEN DE GÉNÉRAUX, QUE D'*illustres* GUERRIERS *le fer* A MOISSONNÉS !

861. — Après les adverbes de quantité *combien, que, plus, moins, autant,* le substantif est quelquefois remplacé par le pronom *en,* et alors le participe varie ou reste invariable indifféremment, par la raison que le substantif dont le pronom *en* tient la place pourrait se placer soit avant, soit après le participe.

On peut écrire en parlant de jours : COMBIEN *vous* EN AVEZ PERDUS OU PERDU ! parce qu'en exprimant le substantif on pourrait dire : COMBIEN DE JOURS *vous* AVEZ PERDUS, et COMBIEN *vous* AVEZ PERDU DE JOURS !

Dans la phrase suivante l'accord est préférable : AUTANT DE SERVICES *j'ai* REÇUS, AUTANT *j'en ai* RENDUS. Ici le pronom *en* remplace un substantif placé avant un participe. Pour la raison contraire on

---

(1) *Que* après *quelque* est toujours conjonction quand le verbe suivant est au subjonctif Il n'en est pas de même dans la phrase suivante, où l'on emploie l'indicatif : *J'en ai agi de même avec* QUELQUES *députés* QUE *j'ai* CONNUS *à l'assemblée nationale.* (De Lévis). Dans cette phrase *que* est pronom relatif, et *quelques* a le sens de *plusieurs.*

écrirait sans accord : AUTANT *j'ai* REÇU *de services,* AUTANT *j'*EN *ai* RENDU.

862. — En résumé, le pronom *en* ne permet l'accord du participe passé que quand le mot dont il rappelle l'idée peut se placer avant le participe. On écrira donc sans accord : *Tout le monde m'a offert des services, et personne ne m'*EN *a* RENDU. (Mme de Maintenon.) De même en parlant de jours on écrira : *Vous* EN *avez beaucoup* PERDU, *vous* EN *avez tant* PERDU, etc., c'est-à-dire *vous avez perdu beaucoup de jours, vous avez perdu tant de jours.*

863. — OBSERV. — *Que* suivi de *en* peut s'employer de trois manières :

1° Comme pronom relatif : *Mes amis m'ont écrit : voici les lettres* QUE *j'*EN *ai* REÇUES. (*Que* pour *lesquelles.*)

2° Comme adverbe de quantité lorsqu'il a le sens de *combien.* J. J. Rousseau a dit en parlant des hommes : QUE *j'*EN *ai déjà* PASSÉS, *et combien j'en puis encore atteindre !*

3° Comme conjonction quand il est le corrélatif des mots *plus, moins, autant* :

Il a élevé plus de monuments QUE *d'autres n'*EN *ont* DÉTRUIT (Acad.), c.-à-d. *il a élevé des monuments plus que.*

J'aurai MOINS *de complaisance* QU'*ils n'*EN *ont* EU. (Id.)

Je ne lui croyais pas AUTANT *de prudence* QU'*il* EN *a* MONTRÉ.

Participe suivi d'un adjectif.

864. — L'adjectif qui suit le participe ne peut empêcher l'accord que quand il a le sens d'une proposition entière. Dans ce cas, l'adjectif est toujours suivi de la préposition *de* et d'un infinitif actif. Ex :

Voilà les conseils que j'ai JUGÉ NÉCESSAIRE (utile, essentiel, important, indispensable, à propos) *de vous donner,* (c'est-à-dire j'ai jugé qu'*il était nécessaire de* vous donner lesquels.)

Telles sont les précautions que j'ai CRU CONVENABLE *de prendre.* (J'ai cru qu'il *était convenable de* prendre lesquelles.)

Ce sont des choses qu'ils se sont CRU PERMIS *de faire.* (Ils ont cru qu'il *était permis à eux de* faire lesquelles.)

Participe des verbes neutres.

865. — Le participe des verbes neutres conjugués avec l'auxiliaire *avoir* reste nécessairement invariable, et le *que* relatif qui les précède quelquefois est un complément indirect. Ex :

Les six mois QUE *ce procès a* DURÉ *nous ont semblé bien longs.* (Les six mois *pendant lesquels.*)

Les années QU'*elle a* VÉCU *se sont écoulées rapidement.* (Les années *pendant lesquelles.*)

Les deux heures QU'*elle a* DORMI *l'ont soulagée.* (Les deux heures *pendant lesquelles.*)

Participes tantôt neutres, tantôt actifs.

866. — COUTER et VALOIR, qui sont neutres quand ils marquent le *prix* ou la *valeur* des objets, sont employés activement quand ils signifient *procurer, occasionner.* Ex:

Les vingt mille francs que cette maison m'a COÛTÉ. (Acad.) — *Voici les cent louis que mon cheval a* VALU.

La peine QUE *ce travail m'a* COÛTÉE. (1) — *La gloire* QUE *lui ont* VALUE *ses exploits est immortelle.*

867. — PESER est neutre quand il signifie *avoir un certain poids*, et actif quand il signifie *examiner la pesanteur d'une chose, la valeur d'un mot.* Ex :

Évaluez les cent kilos que ce ballot a PESÉ. — *Quel est le prix des ballots* QUE *vous avez* PESÉS?

868. — AIDER est neutre quand il signifie *partager les*

---

(1) L'Académie laisse ce participe invariable parce qu'elle regarde le verbe *coûter* comme neutre dans tous les sens. Mais avec les auteurs et la généralité des grammairiens nous croyons qu'il doit être considéré ici comme actif à cause de son analogie avec *valoir*, que l'Académie elle-même regarde comme actif dans ce sens.

efforts de quelqu'un, et actif quand il signifie simplement. *assister, seconder, servir*. Ex :

Il nous a AIDÉ *à descendre* (il a aidé à nous). — *Il nous a* AIDÉS *dans nos besoins* (il a aidé nous.)

869. — APPLAUDIR est neutre et actif, tant au propre qu'au figuré. Ex :

Messieurs, on vous a APPLAUDI (ou *on vous a* APPLAUDIS.) — *Il a fait des discours auxquels on a vivement* APPLAUDI (ou *que l'on a vivement* APPLAUDIS.)

870. — INSULTER est neutre dans le sens de *manquer d'égards*, et actif quand il signifie *outrager de fait* ou de *parole*. Ex :

Cet homme ne nous a-t-il pas INSULTÉ *par son luxe ?* (Il a insulté à nous.)

Il NOUS *a* INSULTÉS *grossièrement* (il a insulté nous.)

871. — MANQUER est neutre quand il signifie *manquer d'égards, faire défaut*, et actif quand il signifie *ne pas réussir, ne pas rencontrer*. Ex :

Il nous a MANQUÉ *essentiellement* (il a manqué à nous). — *Cet homme* NOUS *a* MANQUÉS *d'un quart d'heure* (il a manqué nous.)

872. — SERVIR est neutre dans le sens de *être utile à..*, *tenir lieu de...*, et actif quand il s'agit *d'un service de domesticité*. Ex :

Ce livre nous a bien SERVI (a servi à nous). — *A quoi nous ont* SERVI *tous ces discours ?*

Ce domestique NOUS *a bien* SERVIS (a bien servi nous).— QUE DE PAUVRES *n'a-t-elle pas* SERVIS *avec dévouement !*

873. — OBSERV. — Beaucoup d'autres verbes neutres tels que *courir, fuir, travailler, pleurer, souffrir*, etc., peuvent être employés activement, et alors ils sont soumis à la règle générale. Ex : *Tu frémiras en apprenant* QUELS DANGERS *j'ai* COURUS *par mon imprudence.* (J. J. Rouss.) LES AVEZ-*vous* FUIS *ces hommes pervers ? Ces devoirs, vous ne* LES AVEZ *pas assez* TRAVAILLÉS.

Participe des verbes pronominaux.

874. — Le participe des verbes pronominaux étant soumis à la même règle que celui des verbes

actifs, toute la difficulté consiste à savoir si le second pronom est complément direct ou indirect.

Il y a une distinction à faire entre les verbes pronominaux : les uns le sont essentiellement, les autres accidentellement.

875. — I. Le participe des verbes *essentiellement* pronominaux s'accorde toujours avec le second pronom : *Les troupes* SE *sont* EMPARÉES *de la ville; les ennemis* SE *sont* ENFUIS; *elle s'est peu* SOUCIÉE, *elle s'est même* MOQUÉE *de nos remontrances.*

876. — II. Un grand nombre de verbes sont considérés comme essentiellement pronominaux dans un sens, quoiqu'ils ne le soient pas dans un autre; tels sont : *S'apercevoir, s'attaquer, s'attendre, s'aviser, se dédire, s'émouvoir, s'endurcir, se jouer, se railler, se taire, se servir de...* etc. : *Elle s'est* APER-ÇUE *de son erreur; ils ne s'y étaient pas* ATTENDUS; *nous* NOUS *sommes* RAILLÉS *de lui.*

877. — III. Les verbes pronominaux employés dans un sens passif suivent aussi la même règle que les verbes essentiellement pronominaux; c'est-à-dire que l'accord a toujours lieu avec le second pronom : *Cette bibliothèque s'est bien* VENDUE (a été bien vendue); *ces nouvelles* SE *sont* TROUVÉES *fausses* (ont été trouvées).

878. — IV. Le participe des verbes *accidentellement* pronominaux s'accorde ou ne s'accorde pas suivant la fonction du pronom qui les précède. Pour s'assurer si le second pronom est un complément direct, il suffit de changer l'auxiliaire *être* en auxiliaire *avoir*, et de faire la question *qui* ou *quoi* après le participe : *Nous* NOUS *sommes* ASSURÉS *du fait* (nous avons assuré *qui? nous*); *nous nous sommes* ASSURÉ *la faveur du prince* (nous avons assuré *quoi? la faveur.* A *qui?* à *nous.*)

Certains législateurs se sont CRUS *ou se sont* DITS *inspi-*

rés des dieux. (Volt.) — Ils ont cru, ils ont dit *qui?* se mis pour *eux.*

Ils s'étaient PERSUADÉ *qu'on n'oserait les contredire.* (Acad.) — Ils avaient persuadé *quoi?* qu'on n'oserait, etc. A *qui?* à *eux.*

Les trois cents Spartiates des Thermopyles ne succombèrent qu'après s'être LASSÉS *de tuer.* (Fénélon). — Après avoir lassé *qui? eux.*

Le commerce et l'industrie se sont OUVERT *des routes nouvelles.* — Se sont ouvert *quoi?* des *routes.*

879. — V. Les participes des verbes *s'imaginer* et *se figurer* ne s'accordent jamais avec leur second pronom *me, te, se, nous, vous,* qui sont toujours compléments indirects. Ex :

Quelques auteurs modernes se sont IMAGINÉ *qu'ils surpassaient les anciens.* (d'Olivet.)

Les Étoliens s'étaient FIGURÉ *qu'ils domineraient dans la Grèce.* (Montesquieu.)

880. — VI. Le participe d'un verbe pronominal formé d'un verbe neutre reste invariable ; tels sont les verbes *se convenir, se nuire, se parler* (1), *se ressembler, se sourire, se succéder, se suffire.* Dans ces verbes l'auxiliaire *être* se change facilement en *avoir,* et, par ce moyen, il est aisé de voir que le second pronom est complément indirect : *Nous nous sommes* CONVENU (nous avons convenu à nous); *vous vous êtes* NUI (vous avez nui à vous) ; *ils se sont* SUCCÉDÉ (ils ont succédé à eux).

A ces verbes il faut ajouter *se plaire, se complaire, se déplaire,* et *se rire,* dont le participe reste aussi invariable, quoique l'auxiliaire ne puisse guère se remplacer par le verbe *avoir : Nous nous sommes*

---

(1) Le verbe *se parler* employé passivement est susceptible d'accord : *La langue française s'est* PARLÉE *dans tous les États.* — Il s'emploie aussi comme actif : *L'évêque de Meaux a créé une langue* QUE *lui seul a* PARLÉE.

(Châteaub).

PLU, *vous vous êtes* COMPLU OU DÉPLU, *ils se sont* RI *de nous.*

881. — *Exception.* — Les trois verbes *se douter, s'échapper, se prévaloir,* bien que formés d'un verbe neutre, sont considérés comme essentiellement pronominaux, et le participe de ces verbes s'accorde toujours avec le second pronom : *Nous* NOUS *en sommes* DOUTÉS ; *vous* VOUS *êtes* ÉCHAPPÉS; *elles* SE *sont* PRÉVALUES *de notre indulgence.*

Participe des verbes unipersonnels.

882. — Le participe des verbes *unipersonnels* ne varie jamais. Ex :

Voyez les pluies qu'il y a EU, *qu'il a* FAIT.

Savez-vous les inconvénients qu'il en est RÉSULTÉ ?

Ce *que* relatif n'est pas le complément, mais le sujet réel des verbes unipersonnels *a eu, a fait, est résulté.* — Qu'est-ce qu'il y a eu ? *lesquelles* (pluies) ; qu'est-ce qui en est résulté ? *lesquels* (inconvénients).

Il s'est GLISSÉ *beaucoup de fautes dans cet ouvrage.*

Se est bien complément direct du participe ; cependant le participe ne varie pas, parce que *se,* représentant *il,* est masculin singulier.

Les deux jours qu'il a PLU, *qu'il a* NEIGÉ. (*Que,* mis pour *pendant lesquels,* est compl. indir.)

Il a fait tous les sacrifices qu'il a FALLU.

Dans ce dernier exemple *que* est complément direct du verbe *faire* sous-entendu.

Participe suivi d'un infinitif.

883. — Quand le participe est suivi d'un infinitif et précédé d'un complément direct, ce complément appartient tantôt à l'infinitif, tantôt au participe lui-même.

L'infinitif qui suit le participe empêche l'accord toutes les fois que l'action qu'il exprime n'est pas faite par la personne ou la chose dont il s'agit. Il suffit de faire la question *qui est-ce qui* avec l'infinif en le supposant à l'imparfait de l'indicatif (1):

Que de richesses ils se sont VU *ravir!* — *Qui est-ce qui* ravissait? Ce n'était pas les *richesses*; point d'accord.

Les ennemis se sont LAISSÉ *surprendre.* — *Qui est-ce qui* surprenait? Ce *n'était* pas les *ennemis*; point d'accord.

Cette petite fille, je l'ai ENTENDU *gronder.* — *Qui est-ce qui* grondait? Ce n'était pas la *petite fille*; point d'accord.

Si, au contraire, l'action est faite par la personne ou la chose dont on parle, le complément direct appartient au participe, et alors il doit y avoir accord. Ex:

Les gens QUE *vous avez* VUS *arriver.* — *Qui est-ce qui* arrivait? les *gens*; accord.

Ces enfants SE *sont* LAISSÉS *tomber.* — *Qui est-ce qui* tombait? les *enfants*; accord.

La maison QUE *j'ai* VUE *s'écrouler.* — *Qui est-ce qui* s'écroulait? *la maison*; accord.

Les avocats QUE *j'ai* ENTENDUS *plaider.* — *Qui est-ce qui* plaidait? les *avocats*; accord.

Dans cette phrase: *La dame que j'ai* VU *peindre,* le participe varie ou reste invariable suivant le

---

(1) Ce moyen étant d'une application générale et facile, nous le croyons préférable à celui que donnent ordinairement les grammairiens, et qui consiste à voir si l'on peut placer le complément direct entre le participe et l'infinitif. Quand on dit: *Je* LES *ai* VUS *arriver; les orateurs* QUE *j'ai* ENTENDUS *parler,* les élèves sont embarrassés pour savoir si l'on doit dire: *J'ai vu* EUX *arriver* ou *j'ai vu arriver* EUX; *j'ai entendu* LES ORATEURS *parler* ou *j'ai entendu parler* LES ORATEURS. En effet le sens permet souvent de s'exprimer des deux manières, et il y a même des cas où le complément direct du participe se place mieux après un infinitif neutre. Ainsi on ne dira pas: *Elle a senti sa* FUREUR *croître,* mais bien: *Elle a senti croître sa* FUREUR.

sens. *Qui est-ce qui* peignait ? Si c'est *la dame*, accord ; si ce n'est pas *la dame*, point d'accord.

Par les exemples qui précèdent on peut remarquer que le complément appartient toujours au participe lorsque l'infinitif est *neutre* ou *pronominal*.

884. — OBSERV. — Quoique l'usage permette quelquefois de donner à *lui, leur,* le sens de *le, la, les,* ces pronoms ne pouvant pas être considérés comme compléments directs, le participe reste invariable. Ainsi, au lieu de dire en parlant d'une femme : *Voici ce que je* L'ai ENTENDUE *raconter,* on dit plutôt : *Voici ce que je* LUI *ai* ENTENDU *raconter,* De même cette phrase : *C'est une question que je* LEUR *ai* LAISSÉ *démêler* (J. J. Rouss.), est mise pour celle-ci : *C'est une question que je* LES *ai* LAISSÉS *démêler.*

On peut aussi, dans certains cas, regarder *nous* et *vous* soit comme compléments directs, soit comme compléments indirects : *On* NOUS *a* LAISSÉS ou LAISSÉ *démêler cette question,* c'est-à-dire *on a laissé* NOUS *démêler,* ou *on a laissé démêler* A NOUS.— *Telles sont les difficultés qu'on* VOUS *a* LAISSÉS ou LAISSÉ *entrevoir,* c'est-à-dire *on a laissé* VOUS *entrevoir* ou *entrevoir* A VOUS.

885. — *Exception.* — Le participe *fait* suivi d'un infinitif reste toujours invariable, à cause de la liaison intime qu'il y a entre ce participe et l'infinitif. Dans ce cas les sujets et les compléments appartiennent aux deux verbes réunis. Ex :

Je les ai FAIT *partir ; vous nous avez* FAIT *attendre.*

Les est complément direct de *fait partir, nous* complément direct de *fait attendre,* et les infinitifs *partir* et *attendre* n'ont d'autres fonctions que de s'identifier avec *ai fait* et *avez fait.*

Infinitif sous-entendu.

886. — L'infinitif est quelquefois sous-entendu, et alors le participe reste invariable, le pronom qui précède étant complément direct de l'infinitif. Ex :

J'ai fait tous les efforts que j'ai PU (sous-ent. *faire.*)

J'ai eu pour lui tous les égards que j'ai DÛ (sous-ent. *avoir*).

Il a dicté toutes les conditions qu'il a VOULU (sous-ent. *dicter.*)

Pu est toujours invariable. *Dû* et *voulu* s'accordent dans les phrases où l'on ne peut sous-entendre un infinitif. Ex :

Toutes les sommes qu'il a DUES, *il les a payées.*

Elle veut ardemment les choses qu'elle a une fois VOULUES.

Participe suivi d'une préposition et d'un infinitif.

887. — Quand le participe est suivi d'une préposition et d'un infinitif, le complément direct qui précède le participe appartient tantôt à l'infinitif, tantôt au participe lui-même : *La vérité* QU'*il a* NÉGLIGÉ *de suivre; il* NOUS *a* EMPÊCHÉS *de partir*.

OBSERV. — Le participe *proposé* suivi de la préposition *de* et d'un infinitif est toujours invariable : *Elle s'est* PROPOSÉ *de vous accompagner* (elle a proposé *à elle de...*) — Suivi de la préposition *pour*, il s'accorde : *Elle s'est* PROPOSÉE *pour vous accompagner* (elle a proposé *elle* pour...)

Eu, donné, envoyé, laissé.

888. — Les participes *eu, donné, envoyé, laissé*, suivis de la proposition *à* et d'un infinitif, s'accordent généralement avec le complément qui les précède, par la raison que ce complément appartient au participe et non à l'infinitif, qui alors a un sens passif. Ex :

Voilà les ennemis QUE *la reine a* EUS *à combattre* (Bossuet), c'est-à-dire *pour être combattus.*

On écrira de même avec accord : *Les livres qu'il m'a* DONNÉS *à lire* (pour être lus), *les ouvrages que j'ai* ENVOYÉS *à relier* (pour être reliés), *les affaires qu'il m'a* LAISSÉES *à débrouiller* (pour être débrouillées).

Néanmoins quelques grammairiens, regardant l'infinitif comme complément direct, laissent ces participes invariables.

OBSERVATIONS PARTICULIÈRES.

Collectif.

889. — Le participe précédé d'un collectif suit la même règle que le verbe, et s'accorde avec le mot qui fixe le plus l'attention. Ex :

QUELLE FOULE *d'enfants* s'est AMASSÉE !

*Quelle foule d'*AFFAIRES *il a* TERMINÉES !

QUEL DÉLUGE *de maux n'avait-il pas* RÉPANDU *sur la terre !* (Massillon.)

Que voit-il dans cette longue suite de JOURS QU'il *a* PASSÉS *sur la terre ?* (Id.)

Comment pourrai-je arrêter ce TORRENT *de larmes* QUE *le temps n'a pas* ÉPUISÉ, QUE *tant de sujets de joie n'ont pas* TARI *?* (Bossuet.)

*Télémaque s'avance tout couvert du sang d'une multitude d'*ENNEMIS QU'il *a* ÉTENDUS *sur la poussière.*

(Fénélon.)

OBSERV. — Après le mot *sorte* pris dans un sens indéterminé, le participe est toujours en rapport avec le substantif qui suit : *Il n'est sorte de* SOINS QUE *je ne lui aie* DONNÉS ; *il n'est sorte de* RECOMMANDATIONS QUE *je ne lui aie* FAITES. (Acad.)

Le peu.

890. — *Que* précédé de *le peu* se rapporte ou au mot *peu* ou au *substantif* qui le suit. Il se rapporte au substantif lorsque le sens permet la suppression de *le peu*, et alors le participe prend le genre et le

nombre du substantif; dans le cas contraire il reste au masculin singulier. Ex :

*Le peu d'*ATTENTION QU'*il a* APPORTÉE *lui a valu des éloges.*

LE PEU *d'attention* QU'*il a* APPORTÉ *lui a valu des réprimandes.*

Dans le premier cas on peut dire, en supprimant *le peu : L'attention qu'il a apportée lui a valu des éloges,* et dans le second on ne pourrait dire : *L'attention qu'il a apportée lui a valu des réprimandes.*

Il y a néanmoins des cas où la suppression de *le peu,* quoique non absolument nécessaire, altérerait l'idée; et alors c'est avec *le peu* lui-même, et non avec le mot qui le suit, que doit s'accorder le participe. Ex :

LE PEU *de monnaie* QUE *vous m'avez* DONNÉ *n'a pas suffi aux frais de mon voyage.*

LE PEU *d'instants* QUE *j'ai* PASSÉ *à la ville ne m'a pas suffi pour terminer mes affaires.*

L' mis pour *le.*

891. — Lorsque le participe passé a pour complément direct *l'* mis pour *cela* ou une proposition entière, il reste invariable. Ex :

La chose était plus sérieuse que nous ne L'*avions* PENSÉ *d'abord.* (Le Sage.)

Elle n'est pas aussi jeune que je L'*avais* CRU. (Acad.)

Dans ces exemples *l'* est mis pour *le* ou *cela;* et le moyen de s'en assurer, c'est de tourner la phrase de manière à faire disparaître l'élision : *La chose était plus sérieuse que nous ne* LE PENSIONS ; *elle n'est pas aussi jeune que je* LE CROYAIS.

Au contraire, *l'* mis pour *elle* dans les phrases suivantes exige la variabilité du participe :

Elle est toujours telle que vous L'*avez* VUE.

Elle n'est pas telle que je L'*avais* TROUVÉE.

En tournant par le pluriel on pourrait dire : *Elles sont toujours telles que vous* LES *avez* VUES, etc.

12

Autres difficultés.

892. — Les difficultés que l'on rencontre dans les phrases suivantes se résolvent par les règles établies pour l'accord de l'adjectif, ou du verbe avec son sujet. Ex:

SYNONYMIE : *L'*AMÉNITÉ, *la* DOUCEUR QU'*il a* MONTRÉE *nous a charmés.*

GRADATION : *L'*ESPRIT, *le* TALENT QU'*il a* DÉPLOYÉ *décèle un homme supérieur.*

EXCLUSION : *C'est ma* SŒUR *ou ma* COUSINE QUE *vous avez* VUE.

DIVISION SANS EXCLUSION : *Un épervier voit de loin une* ALOUETTE *ou un* MOINEAU QU'*un homme n'aurait pas* APERÇUS.

UN DE : *C'est* UN DE *mes enfants* QUE *vous avez* RENCONTRÉ.

UN DES : *C'est* UN DES *meilleurs généraux* QU'*ait* PRODUITS *la France.*

ADVERBE PRIS SUBSTANTIVEMENT : *Le* TROP *de modestie qu'il a* EU *l'a empêché de réussir.*

MOTS EXCLUSIFS : *C'est une* SATIRE, *et non un livre,* QU'*il a* COMPOSÉE.

(Id.) *C'est un* LIVRE, *et non une satire,* QU'*il a* COMPOSÉ.

(Id.) *C'est sa* GLOIRE, *plutôt que le bonheur de la nation,* QU'*il a* AMBITIONNÉE. (Bescher.)

(Id.) *C'est moins son intérêt que votre* FÉLICITÉ QU'*il a* EUE *en vue.* (Id.)

SYNTAXE DE L'ADVERBE.

Dessus, dessous, dedans, dehors.

893. — L'adverbe n'admettant pas de complément, on ne doit pas dire : *Dessus la cheminée, dessous la table;* mais : SUR *la cheminée,* SOUS *la table.*

Cependant on peut donner un complément à ces adverbes quand on en met deux de suite en opposition : *Il n'est ni* DESSUS *ni* DESSOUS *la table.* (Acad.) *Il l'a cherché* DEDANS *et* DEHORS *la ville.*

Davantage.

894. — *Davantage,* malgré son analogie avec l'adverbe *plus,* ne peut être suivi d'un adjectif. Ainsi l'on ne dira pas : *La vertu est* DAVANTAGE *estimable que la science,* mais PLUS *estimable.* Si l'on remplace l'adjectif par le pronom *le,* il faut employer *davantage* : *La science est estimable, mais la vertu* L'*est bien* DAVANTAGE. (Acad.)

De même *davantage* ne peut être employé comme adverbe de quantité qu'avec le pronom *en : Quoique vous ayez reçu beaucoup de lettres, j'*EN *ai reçu bien* DAVANTAGE.

Cet adverbe ne peut être suivi de la préposition *de* ni de la conjonction *que.* On ne dira donc pas :

J'ai eu DAVANTAGE DE *plaisir* QUE *vous,* mais *j'ai eu* PLUS DE *plaisir,* etc.

Il n'y a rien que je déteste DAVANTAGE QUE *de blesser la vérité* (Pascal.), mais *il n'y a rien que je déteste* PLUS, etc. (1).

Davantage peut être suivi de *de* ou de *que* si ces mots dépendent du verbe qui précède. Ex :

L'état de société, qui nous rapproche DAVANTAGE DE *la Divinité, est un état supérieur à celui de nature.*

(Châteaub.)

Il déclara qu'il ne souffrirait pas DAVANTAGE QU'*on reçût chez lui des étrangers.* (Le Sage.)

Plus, le plus ; moins, le moins.

895. — *Davantage* est synonyme de *plus,* mais il

---

(1). Cependant quand il y a un certain nombre de mots entre *davantage* et *que,* l'emploi de cet adverbe n'a rien de choquant, et est autorisé par des exemples de nos auteurs :

Rien ne découvre DAVANTAGE *une étrange faiblesse d'esprit* QUE *de ne pas connaître quel est le malheur de l'homme sans Dieu.* (Pascal.)

ne l'est pas de *le plus ;* il ne faut donc pas l'employer quand le sens demande ce dernier. On doit dire : *De tous les vices, l'orgueil est celui que je déteste* LE PLUS, et non pas *davantage.*

Cependant les auteurs ne se sont pas toujours conformés à cette distinction, surtout quand l'euphonie préfère *davantage* à *le plus.* Ex :

Dans ce plan que je me traçais, j'oubliais ma famille, mon enfance, ma jeunesse, mes voyages, et mon exil : ce sont pourtant les récits où je me suis plu DAVANTAGE. (Châteaub.), et non *où je me suis* PLU LE PLUS.

Observez que les animaux nuisibles à l'homme sont les moins féconds, et que les plus utiles sont ceux qui se multiplient DAVANTAGE. (Fénélon.)

De même *plus* ne doit pas s'employer pour *le plus,* ni *moins* pour *le moins.* Il y a entre ces mots la même différence qu'entre *plus* et *davantage.* — *Plus, moins, davantage,* marquent une simple comparaison, et *le plus, le moins,* ont une signification plus étendue. Ainsi la phrase suivante est incorrecte :

Les plus grands pécheurs sont quelquefois ceux qui désirent PLUS *leur conversion.* (Massillon.) — Il aurait fallu dire *le plus.*

Aussi et si.

896. — *Aussi,* exprimant la comparaison, se joint aux adjectifs, aux participes pris adjectivement, et aux adverbes :

Il est AUSSI *sage que vaillant ; il est* AUSSI *estimé qu'admiré ; jamais il n'avait parlé* AUSSI *éloquemment.*

Si, exprimant l'extension, se joint aux mêmes mots :

Le vent est SI *grand qu'il rompt tous les arbres.* (Acad.)

Quoi ! disait Télémaque, tant de tourments horribles dans les enfers après avoir été SI *agité,* SI *envié,* SI *travaillé dans une vie* SI *courte !* (Fénélon.)

La vertu n'irait pas SI *loin si la vanité ne lui tenait compagnie.* (La Rochef.)

Remarque. — Certains grammairiens prétendent que l'adverbe *si* ne peut modifier une locution adverbiale, telle que *à propos, en peine, en colère,* etc., et qu'il faut dire *si* FORT *à propos, si* FORT *en peine,* etc. Cependant on en trouve des exemples dans les écrivains :

Le médecin ordonna ses remèdes SI A PROPOS *qu'il guérit tous ceux qui se mirent dans ses mains.* (Montesquieu.)

Stéphanie avait été SI EN PEINE *de moi qu'elle fut charmée de mon retour.* (Le Sage.)

Autant et tant.

897. — *Autant* se joint aux verbes et aux participes passifs : *On l'aime* AUTANT *qu'on l'estime ; il est* AUTANT *aimé qu'estimé.*

Néanmoins *autant* suivi de la conjonction *que* peut se placer entre deux adjectifs : *Il est prudent* AUTANT *qu'intrépide.*

Le Sage n'est donc pas à imiter quand il dit : Il *passa la nuit à faire des réflexions* AUTANT *tristes qu'agréables.* La correction exige *tristes* AUTANT *qu'agréables.*

Autant se répète élégamment au commencement de deux membres de phrase : AUTANT *l'esclavage me répugne,* AUTANT *la liberté m'effraye.*

(Marmontel.)

Tant peut modifier un verbe, un participe passif, et un adjectif :

L'Angleterre a TANT *changé, qu'elle ne sait plus elle-même à quoi s'en tenir.* (Bossuet.)

Tel fut le sort de ce maître du monde, TANT *célébré pour sa gloire et pour son bonheur.* (J. J. Rouss.)

TANT *est rare une amitié fidèle !*

Les guerres TANT *intérieures qu'extérieures.*

Aussi et autant.

898. — *Aussi* et *autant* expriment la comparaison dans les propositions affirmatives et négatives :

La langue du singe a paru aux anatomistes AUSSI *par-*

faite que celle de l'homme. (Buffon.) — *Ce prince n'était
pas* AUSSI *prudent que brave.*

Il travaille AUTANT *que vous; ce diamant ne vaut pas*
AUTANT *que ce rubis.*

Si et tant.

899. — *Si* et *tant* s'emploient quelquefois pour
aussi et pour *autant,* c'est-à-dire qu'ils peuvent servir à exprimer une comparaison, mais seulement
dans les phrases négatives : *Il n'est pas si riche que
vous.* (Acad.) *Rien ne m'a* TANT *fâché que cette nouvelle.* (Id.)

900. — OBSERV. — Ce serait aujourd'hui une grave incorrection d'employer *comme* au lieu de *que* pour exprimer la comparaison, et de dire: *Nous arriverons aussi
vite* COMME *vous,* au lieu de: *Nous arriverons aussi vite*
QUE *vous.*

Ne pas, ne point.

901. — On dit également : *Il* N'a POINT *d'esprit, il*
N'a PAS *d'esprit; il* NE *lit* POINT, *il* NE *lit* PAS. Mais *point*
a plus d'énergie, et s'emploie surtout pour dési-
gner une chose habituelle, permanente, et *pas* pour
une chose accidentelle, passagère.

Hors le besoin d'énergie, il faut éviter d'employer
point à la fin d'une phrase; il vaut mieux dire: *Il
ne le veut* PAS, *nous n'irons* PAS, que *il ne le veut*
POINT, *nous n'irons* POINT.

Au contraire, on peut employer élégamment *pas*
et *point* au commencement des phrases : *Pas* avant
un substantif précédé de *un, une; point* lorsqu'on
supprime *un, une* : PAS *un ne le dit,* PAS *un ne le
croit.* PAS *une expérience ne lui a réussi.* — POINT *de
nouvelles;* POINT *d'argent,* POINT *de Suisse;* POINT *de
travail qui le rebute.* (Acad.)

Emploi de la négation *ne* seule.

902. — Dans les propositions où se trouvent les mots négatifs *nul, aucun, guère, jamais, personne, rien, ne que* signifiant *seulement,* on supprime *pas* et *point* :

Nul n'*est exempt de mourir.* (Acad.) Il ne *prend* aucun *soin de ses affaires.* (Id.) Il n'*y a* guère *de gens tout à fait désintéressés.* (Id.)

903. — La conjonction *ni* demande aussi la suppression de *pas* ou de *point* : 1° quand elle est répétée dans une phrase : *Il n'a* ni *foi* ni *loi* (Acad.); 2° quand elle unit deux sujets : *Les prières* ni *les raisons* ne *trouvaient aucune ouverture pour entrer dans son cœur* (Fénélon); 3° quand elle est placée entre deux propositions négatives : *Je* ne *l'estime* ni ne *l'aime.* (Acad.)

904. — Cependant, par énergie, l'emploi des particules *pas* et *point* a quelquefois lieu avec certains mots négatifs, tels que *nul,* et *ni* répété :

Avant que les Romains eussent englouti toutes les républiques, il n'y avait presque point *de rois* nulle *part.*

(Montesquieu.)

Nous nous séparerons de ces mondains prévaricateurs : ni *le nombre* ni *la qualité de leurs personnes* ne *nous ébranleront* pas. (Bourdaloue.)

Une noble pudeur à tout ce que vous faites
Donne un prix que n'ont point ni *la pourpre* ni *l'or.*

(Racine.)

905. — *Pas* et *point* se suppriment encore quand la phrase renferme une expression équivalente à une négation. Ainsi l'on dit :

C'est un homme qui ne *voit* goutte *dans ses affaires* (Acad.), pour *qui ne voit pas.*

De ma vie *je n'ai vu pareille chose* (id.), pour *jamais.*

Il n'y avait âme vivante *dans cette maison* (id.), pour *aucune personne.*

Les particules *pas* et *point* se sous-entendent dans un grand nombre de locutions que l'usage fera connaître ; telles sont ces phrases :

Je NE *dis mot ; je* NE *sortirai de trois jours ; je* N'ai *d'autre but, d'autre désir que celui de vous être utile ; je* N'ai *de volonté que la tienne ; il* N'est *sorte de recommandations que je* NE *lui aie faites.* (Acad.)

906. — *Ne* s'emploie quelquefois seul, par élégance, avec les verbes *bouger, cesser, oser, pouvoir,* et *savoir* dans le sens de *pouvoir :*

Je N'ai BOUGÉ *du lit tout l'hiver* (Mme de Scudéri.) — *Il* NE CESSE *de parler.* — *Vous* N'OSERIEZ *le faire.* — *Je* NE PUIS *me taire.* — *Je* NE SAURAIS *en venir à bout* (1).

On supprime également *pas* et *point* dans quelques phrases interrogatives et exclamatives :

Y-a-t-il un homme dont elle NE *médise ?*

Avez-vous un ami qui NE *soit des miens ?*

Que N'êtes-vous *arrivé plus tôt ?*

Que N'est-il *à cent lieues de nous !*

On dit avec un verbe au passé : *Il y a six mois que je* NE *lui ai parlé,* et avec un autre temps : *Il y a six mois que nous* NE *nous parlons* POINT.

907. — Quelquefois la suppression de *pas* ou de *point* change le sens de la phrase :

Il a peur qu'on NE *le sache*

Il a peur qu'on NE *le sache* PAS.

Ces deux phrases ne signifient pas la même chose. Dans la première on voudrait qu'on ne sût pas la chose dont il s'agit ; dans la seconde, au contraire, on désirerait qu'elle fût sue.

Il y a la même différence entre ces deux phra-

---

(1) Après *savoir* précédé de la négation, et signifiant *être incertain,* le mieux est de supprimer *pas* ou *point.* *Il* NE *sait ce qu'il dit.* Mais il faut les employer quand *savoir* est pris dans son vrai sens : *Je* NE *sais* PAS *l'anglais.*

(Acad.)

ses : *De crainte qu'il* NE *vienne* (on souhaite qu'il ne vienne pas), et *de crainte qu'il* NE *vienne* PAS (on souhaite qu'il vienne).

OBSERVATION.

908. — *Jamais, aucun, nul, rien,* et *personne,* ne sont pas toujours des mots négatifs ; et dans ce cas ils ne doivent pas être accompagnés de *ne.*

Fut-il JAMAIS *des lois sans législateur?* (L. Rac.). — Ici *jamais* signifie *quelquefois.*

De tous ceux qui se disaient mes amis, AUCUN *m'a-t-il secouru?* (Acad.) *Aucun* a ici le sens de *quelqu'un,* et non de *nul.*

Je ne crois pas qu'il y ait NULLE *part au monde des époux plus unis.* (J. J. Rouss.) *Nulle part* signifie *quelque part.*

La religion nous défend de RIEN *faire, de* RIEN *dire qui soit contraire à la foi que nous professons.* (Bourda-loue.) — *Rien* est mis pour *quelque chose.*

Non content de n'être pas sincère, il ne souffre pas que PERSONNE *le soit* (La Bruy.), c'est-à-dire *que quelqu'un,* etc.

Ne dubitatif.

909. — Outre *ne,* adverbe de négation, il faut distinguer un autre *ne* qu'on peut appeler *dubitatif,* et qui s'emploie pour marquer le doute, l'incertitude.

Mots qui exigent toujours *ne* dubitatif.

910. — Les locutions conjonctives *à moins que, de peur que, de crainte que,* exigent toujours l'emploi de *ne :*

Servez le Seigneur avec crainte, DE PEUR QUE *sa colère* NE *s'enflamme, et* QUE *vous* NE *périssiez en vous égarant des voies de la justice.* (Psaume cité par Fénélon.)

Les verbes *empêcher* et *éviter* demandent aussi le *ne* dubitatif. Il en est de même des verbes *prendre garde, se garder,* dans le sens de *éviter.* Ex :

Les fautes d'Homère n'ont pas EMPÊCHÉ *qu'il* NE *fût sublime.* (Boileau) (1).

Loin d'être attentif à ÉVITER *qu'Émile* NE *se blesse, je serais fâché qu'il ne se blessât jamais.* (J. J. Rouss.)

GARDEZ *qu'une voyelle, à courir trop hâtée,*
NE *soit d'une voyelle en son chemin heurtée.* (Boileau.)

PRENDS GARDE *que jamais l'astre qui nous éclaire*
NE *te voie en ces lieux mettre un pied téméraire.* (Rac.)

Mais on dirait dans un sens différent : *Il faut* PRENDRE GARDE *que les lois soient conçues de manière qu'elles ne choquent point la nature des choses.* (Montesquieu.) — *Prendre garde* signifie *faire en sorte.*

911. — OBSERV. — Après le verbe *défendre*, malgré son analogie avec *empêcher*, l'usage ne permet pas l'emploi de *ne* : *Il* DÉFENDIT *qu'aucun étranger entrât dans la ville.* (Volt.)

Mots comparatifs.

912. — Avec les mots qui expriment une comparaison d'inégalité, comme *plus, moins, mieux, pire, moindre, autre, autrement,* etc., on emploie généralement *ne* quand la première proposition est affirmative ; si, au contraire, elle est négative, on ne fait pas usage de *ne* dans la seconde. Ex :

On se voit d'un AUTRE *œil qu'on* NE *voit son prochain.*
(La Font.)

Je pris PLUS *de villes en Espagne que je* N'*y demeurai de jours.* (Fénélon.)

Je NE *serai pas* PLUS *faible que* JE L'AI *été.* (J. J. Rouss.)

On NE *peut* MIEUX *user de sa fortune* QUE FAIT *Périandre.* (La Bruyère).

Si le *ne*, au lieu d'être dubitatif, était négatif, la règle ne serait plus applicable, comme le prouvent les exemples suivants :

---

(1) L'Académie dit qu'on peut aussi supprimer *ne* avec le verbe *empêcher* accompagné d'une négation, mais elle ajoute que l'emploi de cette particule est plus ordinaire.

Le singe n'est pas PLUS *de notre espèce que nous* NE
sommes de la sienne. (Buffon.)

L'existence de Scipion NE *sera pas* PLUS *douteuse dans
dix siècles qu'elle* NE *l'est aujourd'hui.* (Dalembert.)

Marmontel établit une différence entre les deux
phrases qui suivent :

Il ne sait pas PLUS *le grec* QUE JE SAIS *le latin.*

Il ne sait pas PLUS *le grec que je* NE *sais le latin.*

La première signifie qu'il sait le grec autant que
je sais le latin, et la seconde qu'il ne sait pas le
grec ni moi le latin.

Verbes qui expriment la crainte.

913. — Avec les verbes *craindre, appréhender,
trembler, avoir peur,* on suit pour l'emploi de *ne* la
même règle que pour les mots comparatifs, c'est-
à-dire qu'on fait usage de *ne* après ces verbes
quand il ne se trouve pas dans le premier membre
de phrase :

Je CRAINS *qu'un songe* NE *m'abuse.* (Rac.)

Vous NE *devez pas* APPRÉHENDER *que* JE LE LOUE.

(La Bruyère.)

Quand la phrase est interrogative, on emploie ou
l'on supprime *ne* selon le sens. On emploie *ne* si
l'interrogation est une véritable question qui demande une réponse ; on ne l'emploie pas si c'est
un tour oratoire équivalant à une négation :

CRAIGNEZ-VOUS *qu'il* NE PERDE *son procès?*

Peut-on CRAINDRE *que la terre* MANQUE *aux hommes?*

*Il y en aura toujours beaucoup plus qu'ils n'en pourront
cultiver.* (Fénélon.)

Peut-on craindre équivaut à *on ne peut craindre.*

Verbes qui expriment le doute ou la négation.

914. — Les verbes *douter, nier, disconvenir, con-
tester, désespérer, se dissimuler,* et, en général, les
expressions qui marquent le doute ou la négation,

suivent pour l'emploi de *ne* une règle précisément contraire à la précédente ; c'est-à-dire que quand la première proposition est négative, on emploie *ne* dans la seconde, et que si, au contraire, la première est affirmative, on n'emploie pas *ne* dans la seconde. Ex :

Je DOUTE *qu'*ELLE VOUS *aime.* (Corneille.)

Je NIE *qu'*IL SOIT *venu.* (Laveaux.)

Je NE DOUTE PAS *que la vraie dévotion* NE *soit la source du repos.* (La Bruyère.)

Je NE NIE PAS *que ce pays* N'*ait été longtemps barbare.*

(J. J. Rouss.) (1).

On NE PEUT SE DISSIMULER *que la barbarie* NE *commence à se répandre.* (Palissot.)

Cependant si le sens de la phrase excluait toute idée de doute, on pourrait supprimer *ne* :

L'homme vertueux NE DOUTE POINT *qu'*IL Y AIT *un Dieu à la vue de ses moissons.* (B. de St-Pierre.)

Quand la phrase est interrogative, on emploie *ne* si l'interrogation est l'équivalent d'une négation ; dans le cas contraire on n'en fait pas usage.

Peut-on NIER *que le luxe* NE *soit diamétralement opposé aux bonnes mœurs ?* (J. J. Rouss.)

DOUTEZ-VOUS *que* JE SOIS *malade ?* (Acad.)

Peut-on nier que équivaut à *on ne peut pas nier que* etc. — La seconde phrase est une véritable question qui demande une réponse.

Verbes unipersonnels *il tient, il s'en faut.*

915. — Les verbes unipersonnels *il tient à.... il s'en faut...* suivent la même règle que les verbes qui expriment le doute :

---

(1) **L'Académie** dit qu'après *nier* et *disconvenir* accompagnés d'une négation on peut indifféremment employer ou supprimer *ne.* Avec ce dernier verbe elle fait aussi usage du mode indicatif : *Vous ne sauriez* DISCONVENIR *qu'il vous a parlé.*

IL TIENT *à moi que* CELA SE PASSE. (Boniface.)

IL NE TENAIT PAS *à lui qu'on* N'*oubliât ses victoires et ses triomphes.* (Masc. parl. de Turenne.)

IL S'EN FAUT *bien que l'innocence* TROUVE *autant de protecteurs que le crime.* (Laharpe).

PEU S'EN FALLUT *que je* NE *me crusse parent du duc de Lerme.* (Le Sage.) — Ici *peu* équivaut à une négation.)

Avec la forme interrogative ces expressions demandent aussi l'emploi de *ne* : *A quoi* A-T-IL TENU *que Carthage* N'*ait détruit Rome ?* (Volt.)

Cependant si l'interrogation était une véritable question, on pourrait supprimer *ne* : TIENT-IL *à vous seul que l'affaire* RÉUSSISSE ?

916. — Si le second membre de phrase présentait un sens négatif, on devrait faire usage de *ne*, même après une proposition affirmative :

IL S'EN FAUT *bien que les faits décrits dans l'histoire* NE *soient la peinture exacte des mêmes faits tels qu'ils sont arrivés* (J. J. Rouss.)

IL S'EN FAUT *bien que les choses* NE *soient égales.*

(Massillon,)

Ce tour équivaut à : *Les faits décrits dans l'histoire* NE SONT PAS *la peinture,* etc., et *les choses* NE SONT PAS *égales, il s'en faut bien.*

Ne affirmatif.

917. — Après plusieurs locutions *négatives* ou *interrogatives* on emploie souvent un *ne* qui n'est ni dubitatif ni négatif, mais qui ne sert qu'à affirmer avec plus de force ce que l'on veut dire :

IL N'Y AVAIT PAS *jusqu'à ses chagrins et ses peines qu'elle* NE *comptât pour des avantages.* (J. J. Rouss.)

IL N'Y POINT *d'homme de lettres et de goût qui* NE *sente la différence des styles.* (Volt.)

IL NE DIT PAS *un mot qui* NE *soit à propos.* (Acad.)

EST-IL *une difficulté que* NE *surmonte un travail opiniâtre ?*

Après cette locution *ce n'est pas que* on emploie *ne* quand on donne un sens affirmatif à la seconde proposition, et on ne l'emploie pas quand on lui donne un sens négatif :

CE N'EST PAS QUE *Socrate* N'*eût très-bien étudié la nature* (B. de St-Pierre), *c'est-à-dire Socrate avait très-bien étudié la nature.*

CE N'EST PAS QUE *je* ME PIQUE *de tous vos festins de roi* (La Font.), *c'est-à-dire je ne me pique pas.*

La même différence existe entre ces deux phrases : *Est-il possible que* CELA NE SOIT, *est-il possible que* CELA SOIT ? Par la première on affirme que la chose existe, ce qui n'a pas lieu dans la seconde.

On dira de même : *Il est impossible* QU'IL NE VIENNE PAS (c.-à-d. *il viendra*) ; *il est impossible* QU'IL VIENNE (c.-à-d. *il ne viendra pas.*)

Avant que, sans que.

918. — L'usage général est de ne pas employer *ne* après les conjonctions *avant que, sans que :*

Il ne faut pas vendre la peau de l'ours AVANT QU'ON L'*ait pris.* (Acad.)

Je ne puis parler SANS QU'IL M'*interrompe* (1).

Cependant avec ellipse des mots *avant* et *sans* on doit faire usage de *ne :*

Il ne faut pas vendre la peau de l'ours QU'ON NE *l'ait pris.*

Je ne puis parler QU'IL NE *m'interrompe.*

EMPLOI DE CERTAINES LOCUTIONS ADVERBIALES.

Non-seulement, mais encore.

919. — Lorsque les locutions adverbiales *non-*

---

(1) Néanmoins l'emploi de l'adverbe dubitatif est préférable quand on a une idée d'incertitude à exprimer.

Hâtez-vous de donner le signal vous-même AVANT QUE *vos trompettes* NE *vous échappent et* NE *le donnent malgré vous.* (Marmontel.)

Elle ne voyait aucun être souffrant SANS QUE *son visage* N'*exprimât la peine qu'elle en ressentait.* (B. de St-Pierre.)

seulement, mais, mais aussi, mais encore, sont en opposition, elles doivent se trouver avant des mots correspondants, c'est-à dire que si *non-seulement* est suivi d'un nom, d'un adjectif, ou d'un verbe, *mais, mais aussi, mais encore,* doivent l'être également :

Un chrétien doit aimer NON-SEULEMENT *ses amis,* MAIS MÊME *ses ennemis.* (Acad.)

La charité est NON-SEULEMENT *l'objet de l'Écriture sainte,* MAIS *elle en est* AUSSI *la porte.* (Pascal.) Si l'auteur eût dit *mais aussi,* la phrase eût été incorrecte.

La patience est NON-SEULEMENT *nécessaire,* MAIS *utile.*
(Diderot.)

NON-SEULEMENT *il ne tombe pas un cheveu de notre tête, ni un moineau d'un arbre,* MAIS *un caillou n'est pas roulé sur le rivage de la mer sans la permission de Dieu.*
(B. de St-Pierre.)

D'après ces observations, la **phrase** suivante pèche contre la correction :

Vous avez NON-SEULEMENT *la permission de courir la campagne,* MAIS ENCORE *on vous y sollicite.* (N. Landais.)

Non-seulement devrait être placé avant *vous avez* auquel il se rapporte, et non avant *permission* auquel il ne se rapporte pas. On aurait pu dire correctement : *Vous avez* NON-SEULEMENT *la permission,* MAIS ENCORE *le droit,* etc.

Ici et là.

920. — Les deux adverbes *ici* et *là* s'emploient souvent en opposition et avec élégance pour marquer la différence des lieux :

Le peintre avait rassemblé dans un même tableau plusieurs objets différents : LÀ *une troupe de bacchantes,* ICI *un groupe de jeunes gens ;* LÀ *un sacrifice,* ICI *une réunion de philosophes.* (Acad.)

Autres locutions.

921. — Il y a un grand nombre de locutions adverbiales qu'on emploie surtout dans le style fami-

lier, et qui contribuent souvent à l'énergie de la pensée. En voici quelques exemples :

A BÂTONS ROMPUS. — *Ecrire à —* (avec de fréquentes interruptions.)

A BRAS-LE-CORPS. — *Saisir quelqu'un à —* (avec les deux bras.)

A BRAS RACCOURCI. — *Il tomba sur son adversaire —* (de toute sa force.)

A BRÛLE-POURPOINT. — *Il lui a dit ses vérités —* (en face.)

A LA BOULE VUE. — *Faire quelque chose —* ou à BOULE VUE (précipitamment.)

A COR ET À CRI. — *Demander une chose —* (à toute force.)

A REBOURS. — *Il fait tout —* ou AU REBOURS *de ce qu'on lui dit* (en sens contraire.)

A TIRE D'AILE. — *Voler à —* (avec rapidité.)

A TUE-TÊTE. — *Crier à —* (à tout rompre.)

AU FUR ET À MESURE. — *Payer —* ou à FUR ET MESURE (à mesure que l'ouvrage se fait.)

A VAU-L'EAU. — *La barque allait —* (suivant le courant de l'eau.)

A VOL D'OISEAU. — *De Paris à Rouen, il n'y a que vingt lieues —* (en ligne droite.)

D'ARRACHE-PIED. — *Travailler —* (sans relâche.)

DE SENS RASSIS. — *Il a fait cela —* (sans être ému, sans être troublé.)

D'ESTOC ET DE TAILLE. — *Frapper —* (de la pointe et du tranchant.)

DE PIED EN CAP. — *Il est armé —* (depuis les pieds jusqu'à la tête.)

DE TURC À MORE. — *Traiter quelqu'un —* (avec rigueur.)

PAR MONTS ET PAR VAUX. — *Courir —* (de tous côtés; *vaux* est mis pour *vallées.*)

SENS DESSUS DESSOUS. — *Cette boîte est —* (le sens de dessus est dessous.)

SENS DEVANT DERRIÈRE. — *Il a mis sa perruque. —* (le sens de devant se trouve derrière.)

SYNTAXE DE LA PRÉPOSITION.

Répétition des prépositions.

922. — Les prépositions *à, de, en, chez,* se répètent, en général, avant chaque complément :

Racine et Corneille enseignèrent à *la nation* à *penser,* à *sentir, et* à *s'exprimer.* (Volt.)

Les connaissances sont l'aliment de la pensée ; mais, au défaut des connaissances, elle se nourrit D'*idées vagues,* D'*opinions,* DE *préjugés, et* D'*erreurs.* (Condillac.)

M. de Turenne me paraît toujours le même EN *Hollande,* EN *Italie,* EN *Catalogne,* EN *Allemagne,* EN *France, et* EN *Flandre.* (Mascaron.)

La chevalerie a commencé à *la fois* CHEZ *les Maures et* CHEZ *les chrétiens sur la fin du huitième siècle.*

(Châteaub.)

923. — Cependant on omet quelquefois de répéter *à* ou *de* avant deux ou plusieurs infinitifs quand ces infinitifs expriment à peu près la même idée, ou qu'il y a une grande liaison entre eux. Ex :

*Il y a une multitude de professions inutiles, dont plusieurs ne servent qu'*à CORROMPRE *et* GÂTER *les mœurs.*

(J. J. Rouss.)

D'où vient ce grand effet de la poésie DE FORMER *et* FIXER *enfin le génie des peuples et de leur langue ?* (Volt.)

Dans la phrase suivante et dans les phrases analogues, l'usage permet de supprimer la préposition *de,* quoiqu'il soit mieux de l'employer : *Vous le croyez votre dupe ; s'il feint de l'être, qui est plus dupe,* DE *lui ou* DE *vous ?* (La Bruyère) ou bien *lui ou vous.*

L'omission de ces prépositions se fait aussi quelquefois, par euphonie, dans les phrases énumératives. Ex :

*Pendant environ deux siècles les Grecs de l'Asie ne furent occupés qu'*à PORTER, USER, BRISER, *et* REPRENDRE *leurs chaînes.* (Barthélemy.)

*Platon, dans sa République, qu'on croit si austère, n'élève les enfants qu'*EN FÊTES, JEUX, CHANSONS, PASSE-TEMPS.

(J. J. Rouss.)

Répétition et omission des autres prépositions.

924. — On ne répète pas ordinairement les prépositions avant les mots synonymes ou équivalents :

Cette immortalité tant vantée sera ensevelie DANS *les* RUINES *et les* DÉBRIS *de l'univers.* (Massillon)

Le vrai chrétien ne cherche d'appui contre la malignité des hommes que DANS L'INNOCENCE *et la* DROITURE *de sa conduite.* (Girard.)

Il est aussi aimable PAR *la* DOUCEUR *et la* FACILITÉ *de ses mœurs que par ses talents.* [Volt.)

Dans tous les autres cas, c'est le goût et l'euphonie qui décident de l'omission ou de la répétition des prépositions. Il faut remarquer seulement qu'en général la répétition des prépositions ajoute à l'énergie de l'expression :

Ils étaient punis pour avoir cherché les richesses PAR *des* FRAUDES, *des* TRAHISONS, *et des* CRUAUTÉS. (Fénélon.)

Où voyez-vous Dieu exister, m'allez-vous dire ? Non-seulement DANS *les cieux qui roulent,* DANS *l'astre qui nous éclaire; non-seulement* DANS *moi-même, mais* DANS *la brebis qui paît,* DANS *l'oiseau qui vole,* DANS *la pierre qui tombe,* DANS *la feuille qu'emporte le vent.* (J. J. Rouss.)

Arme-toi de courage CONTRE *toi-même,* CONTRE *tes passions, et* CONTRE *les flatteurs.* (Fénélon.)

SANS *les lois et* SANS *les magistrats qui les font exécuter, que deviendrait le genre humain ?* (B. de St-Pierre.)

925. — Quand deux adjectifs sont placés avant un substantif, il faut suivre la même règle que pour l'article, et répéter la préposition avant chaque adjectif s'ils ne qualifient pas le même objet.

On dira donc : DANS *la bonne et* DANS *la mauvaise fortune;* D'*utiles et* DE *frivoles occupations,* tandis qu'on dirait : DANS *les belles et fertiles plaines;* DE *longs et cruels malheurs.*

Quand le substantif auquel se rapportent les adjectifs est remplacé par le pronom *en,* il est nécessaire de répéter la préposition : *A des meubles anciens et riches, ils* EN *ont substitué* DE *simples et* DE *commodes.* (J. J. Rouss.)

926. — Avec les adjectifs numéraux, l'euphonie permet de supprimer la préposition :

La lumière parcourt jusqu'à trente millions de lieues EN SEPT *ou* HUIT *minutes.* (Marmontel.)

Pensant à la contrariété des esprits, des goûts, et des sentiments, je suis étonné de voir JUSQU'À SEPT *ou* HUIT *personnes se rassembler sous un même toit.* (La Bruyère.)

927. — Avec l'adjectif *certain* employé au pluriel on peut omettre ou exprimer indifféremment la préposition *de:* CERTAINS *philosophes* OU DE CERTAINS *philosophes,* parce qu'au singulier on dit : CERTAIN *philosophe* OU UN CERTAIN *philosophe.*

928. — Dans la citation des titres de fables, d'histoires, de tragédies, etc., on ne doit pas répéter la préposition. On dira : *Le roman* DE *Paul et Virginie; la fable* DU *Chêne et le Roseau.* — *Du* est mis pour *de le.*

Je parvins à déchiffrer et chanter sans faute le premier acte de la cantate D'*Alphée et Aréthuse.* (J. J. Rouss.)

La répétition de la préposition dans ces phrases donnerait à entendre qu'il s'agit d'ouvrages différents.

929. — Dans la conversation et le style familier on peut omettre *de* après les prépositions *près, proche, hors, vis-à-vis :* PRÈS *le palais* OU PRÈS DU *palais,* PROCHE *l'église* OU PROCHE DE *l'église,* HORS *la barrière* OU HORS DE *la barrière,* VIS-À-VIS *mes fenêtres* OU VIS-À-VIS DE *mes fenêtres,* etc.

930. — OBSERV. — La plupart des grammairiens blâment l'emploi de *vis-à-vis* dans le sens de *envers;* cependant on en trouve quelques exemples : *Le souverain n'a qu'un seul devoir à remplir* VIS-À-VIS *de l'État, c'est de faire observer la loi.* (Napoléon.)

L'Académie ne lui donne que le sens de *en face, à l'opposite.*

SYNTAXE DE LA CONJONCTION.

Inversion de la conjonction.

931. — Quelquefois, par inversion, une conjonction, quoique destinée à unir deux propositions, se trouve au commencement de la phrase. Ex :

TANT QUE *vous serez dans la prospérité, vous compterez beaucoup d'amis ; mais* SI *la fortune cesse de vous être propice, vous resterez dans le délaissement.* (Traduit d'Ovide.)

Cette tournure revient à celle-ci : *Vous compterez beaucoup d'amis* TANT QUE *vous serez dans la prospérité ; mais vous resterez dans le délaissement* SI *la fortune cesse de vous être propice.* Cette disposition, qui, à la vérité, est la même pour le sens, est inférieure à la première en élégance et en énergie.

Quelques conjonctions, au contraire, se trouvent souvent au commencement des phrases pour les unir avec les précédentes. Telles sont: *Ainsi, cependant, car, donc, mais, en effet,* etc.

Conjonctions surannées.

932. — Certaines conjonctions ont vieilli et ne sont plus en usage. Ainsi l'on remplace :

Auparavant que *par avant que.*
A cause que — *parce que.*
Cependant que — *pendant que.*
D'abord que — *dès que.*
Devant que — *avant que.*
Durant que — *tandis que.*
Encore que — *bien que.*
Malgré que — *quoique.*
Sur le point que — *sur le point de.*

933. — Cependant *malgré que* n'est pas une faute dans la phrase suivante et dans les phrases analogues :

Nous ne sentons point notre petitesse ; et, MALGRÉ QU'ON EN AIT, *nous voulons être comptés dans l'univers.* (Montesquieu), c.-à-d. en dépit des autres.

Cette locution ne s'emploie qu'avec le verbe *avoir*: MALGRÉ *que j'en aie*, MALGRÉ QUE *tu en aies*, MALGRÉ QU'*il en ait*, etc., c'est-à-dire *en dépit de moi, en dépit de toi, en dépit de lui*, etc.

Ni au lieu de *et*.

934. — Après une proposition négative, *ni* s'emploie à la place d'une autre proposition négative, et donne plus de concision à la phrase :

Les lions NE *font* PAS *la guerre aux lions,* NI *les tigres aux tigres* (Fénélon), c'est-à-dire *et les tigres ne la font pas aux tigres.*

Soyons bons premièrement, et puis nous serons heureux. N'exigeons PAS *le prix avant la victoire,* NI *le salaire avant le travail* (J. J. Rouss.), c'est-à-dire *et n'exigeons pas le salaire,* etc.

935. — Cependant après une proposition négative les auteurs préfèrent souvent *et* à *ni*, soit par euphonie, soit à cause de la liaison intime qui existe entre les idées :

Corneille ne s'est pas toujours assujetti au goût des Grecs ET *à leur grande simplicité.* (La Bruyère.)

Rien N'*est plus grand* ET *plus digne de respect sur la terre que la véritable vertu.* (Massillon.)

Tous les étrangers ne sont pas barbares, ET *tous nos compatriotes ne sont pas civilisés; de même toute campagne n'est pas agreste,* ET *toute ville n'est pas polie.* (La Bruy.)

936. — *Ni* sert aussi à unir deux ou plusieurs parties d'une proposition négative :

Ainsi de la vertu les lois sont éternelles :
Les hommes NI *les rois ne peuvent rien contre elles.*

(Rac.)

On ne trouve point dans les hommes NI *les vertus* NI *les talents qu'on y cherche.* (Fénélon.)

Et, ni avec *sans.*

937. — Au lieu de répéter la préposition *sans* avant deux mots, on peut faire usage de *ni* avant le second :

Sans crainte NI *pudeur, sans force* NI *vertu.* (Rac.)

On pourrait également dire : Sans *crainte et* sans *pudeur*, sans *force et* sans *vertu*; mais on ne dirait pas : *Sans crainte* ni *sans pudeur, sans force* ni *sans vertu.*

Cependant ce dernier tour se trouve dans les auteurs avec *ni* répété :

Il n'était ni *sans esprit* ni *sans lettres.* (J. J. Rouss.)

Le comité des Seize n'avait été ni *sans audace* ni *sans génie.* (Châteaub.)

Son règne, qui ne fut ni *sans vertu* ni *sans éclat, ne fit néanmoins qu'augmenter la puissance des Russes.* (Volt.)

938. Avec les verbes *empêcher, défendre*, et la préposition *sans*, on peut faire usage de *ni*, quoique la proposition ne soit pas négative :

Bientôt ils dépendront *de peindre la Prudence,*
De donner à Thémis ni *bandeau* ni *balance.* (Boil.)

Sans *m'étonner de sa force prodigieuse* ni *de son air brutal, je poussai ma lance contre sa poitrine* (Fénélon), c'est-à-dire *ne m'étonnant pas.*

Ni peut aussi tenir la place de *sans que : Dans les rêves les sensations se succèdent* sans que *l'âme les compare* ni *les réunisse.* (Buffon.)

Dans l'interrogation, quand elle tient lieu d'une négation, on emploie aussi quelquefois *ni.*

Et voit-on, comme lui, les ours ni *les panthères*
S'effrayer sottement de leurs propres chimères ? (Boil.)

Omission de *et* avec *plus, moins, autant.*

939. — Quand *plus, moins, autant*, sont opposés entre eux, il ne faut pas employer la conjonction *et*, qui marque toujours une liaison ; car dans ces sortes de phrases, bien loin qu'il y ait liaison, il y a opposition. Ex :

Plus *je m'efforce de contempler l'Essence infinie*, moins *je la conçois; mais* moins *je la conçois*, plus *je l'adore.*

(J. J. Rouss.)

Regardez ces tyrans adorés dans leur vie :
Plus *ils étaient puissants*, plus *Dieu les humilie.* (Volt.)

Cependant on doit employer *et* quand deux de ces adverbes se trouvent liés et opposés à un troisième :

PLUS *je rentre en moi* ET (1) PLUS *je me consulte*, PLUS *je lis ces mots écrits dans mon âme : Sois juste et tu seras heureux.* (J. J. Rouss.)

PLUS *nos soins seront consacrés au bonheur d'autrui*, PLUS *ils seront éclairés et sages*, ET MOINS *nous nous tromperons sur ce qui est bien ou mal.* (J. J. Rouss.)

Tantôt répété.

940. — Lorsqu'on oppose *tantôt* à lui-même, on ne doit pas non plus faire usage de la conjonction *et* : *Il se porte* TANTÔT *bien*, TANTÔT *mal* (Acad.) ; *il est* TANTÔT *d'un avis*, TANTÔT *d'un autre* (id) ; *il est* TANTÔT *gai*, TANTÔT *triste.* (Id.)

Même dans le cas où il n'y a pas opposition, l'omission de *et* est encore préférable. Il vaut mieux dire : *Il aime à errer* TANTÔT *sur le bord des rivières*, TANTÔT *au fond des bois*, que *et tantôt*, etc.

Répétition des conjonctions.

941. — Comme les prépositions, les conjonctions *et, ou, ni, mais*, etc., se répètent souvent pour donner plus d'énergie à la pensée. Ex :

Les hommes sont aveugles ET *sur le bien* ET *sur le mal.*
                                                    (Fénélon.)

ET *le riche*, ET *le pauvre*, ET *le faible*, ET *le fort*,
Vont tous également des douleurs à la mort. (Volt.)

Le caractère des écrivains est OU *dans la pensée*, OU *dans le style*, OU *dans l'un et l'autre.* (Dalembert.)

---

(1) C'est ainsi que l'auteur aurait dû placer la conjonction *et*, qu'il a, mais à tort, mise avant le troisième membre de phrase. Quoique cette règle se trouve assez souvent violée par les écrivains, elle ne nous en paraît pas moins juste ni moins fondée.

" Ni *les déserts ne sont assez profonds* ni *les mers assez vastes pour dérober l'homme aux douleurs qui le poursuivent.* (Châteaub.)

Mais *les bois,* mais *les eaux,* mais *les ombrages frais,*
Tout ce luxe innocent ne fatigue jamais. (Delille.)

Soit, soit que.

942. — *Soit* et *soit que* sont des conjonctions alternatives qui tantôt se répètent, tantôt se remplacent par la conjonction *ou :* Soit *bonté,* soit *faiblesse;* soit qu'*il le fasse,* soit qu'*il ne le fasse pas.* On peut aussi dire : Soit *bonté* ou *faiblesse,* soit qu'*il le fasse* ou qu'*il ne le fasse pas.* (Acad.)

La fortune, soit *bonne* ou *mauvaise,* soit *passagère* ou *constante, ne peut rien sur l'âme du sage.* (Marmontel.)

Il serait incorrect de placer *ou* avant *soit* et de dire : Soit *bonté* ou soit *faiblesse.*

Que avec ellipse de certaines conjonctions.

943. — *Que* s'emploie élégamment pour éviter la répétition des conjonctions *quand, comme, si, puisque, quoique, lorsque, soit que,* etc.

Si *les hommes étaient sages, et* qu'*ils suivissent les lumières de la raison, ils s'épargneraient bien des chagrins.*

(Gir.-Duv.)

Quoique *vous ayez de la naissance,* que *votre mérite soit connu, et* que *vous ne manquiez pas d'amis, vos projets ne réussiront pas sans l'aide de Plutus.* (La Bruyère.)

944. — *Que* sert encore à remplacer plusieurs conjonctions telles que *si* ou *quand — pourquoi — si ce n'est — afin que — sans que — lorsque — depuis que — de peur que — avant que — soit que.* Ex :

Qu'*on remonte de siècles en siècles, on verra que plus notre langue a été barbare, plus nous avons été éloignés de connaître la langue latine* (Condillac), *c'est-à-dire* si *l'on remonte.*

Que *ne se corrige-t-il?* Que *n'est-il plus soigneux?* (Acad), *c'est-à-dire pourquoi.*

Il ne peut rien résulter de vos projets QUE *des fautes et des malheurs* (id), *c'est-à-dire si ce n'est.*

Approchez QUE *je vous parle* (id.), *pour afin que.*

Il ne fait point de voyage QU'*il ne lui arrive quelque accident* (id.), *pour sans que.*

Il était à peine sorti QUE *la maison s'écroula* (id.), *pour lorsque.*

Il y a dix ans QUE *je ne l'ai vu* (id.), *pour depuis que.*

Retirez-vous, QU'*il ne vous maltraite* (id.), *pour de peur que.*

Je n'irai point là QUE *tout ne soit prêt* (id.), *pour avant que.*

Qu'on l'approuve, qu'on le blâme, tout lui est égal (id.), *c'est-à-dire* SOIT QU'*on l'approuve,* SOIT QU'*on le blâme,* etc.

SYNTAXE DE L'INTERJECTION.

945. — Outre les interjections ordinaires, il y a encore certaines expressions qu'on peut ranger dans cette classe de mots, et qui contribuent soit à la grâce soit à l'énergie du style. Telles sont ces locutions : *Malheur, miracle, adieu, salut, bonjour, bonsoir, allons, courage, Dieu merci, de grâce, grâce à Dieu, fi, soit, diable, paix, silence, oui, non,* etc :

MALHEUR *à la créature qui se plaît en soi-même, et non pas en Dieu!* (Bossuet.)

MIRACLE! *criait-on, venez voir dans les nues*
    Passer la reine des tortues. (La Font.)

Le lait tombe : ADIEU *veau, vache, cochon, couvée.* (Id.)

Ciel, pavillon de l'homme, admirable nature,
    SALUT *pour la dernière fois!* (Gilbert.)

Si par là on juge l'affaire, j'ai l'œil bon, DIEU MERCI.
                                        (La Font.)

FI *du plaisir que la crainte peut corrompre.* (Id.)

Vous le voulez, eh bien SOIT. (Acad.)

Où DIABLE *prend-on que ces épîtres ne vont pas au fait?*
                                        (Volt.)

SILENCE! SILENCE! *voici l'ennemi, disait le grand Condé à l'auditoire quand Bourdaloue montait en chaire.*

13

Toutes ces expressions sont elliptiques et tiennent ordinairement lieu d'un verbe.

Malheur à... c'est-à-dire *malheur arrivera.*

Miracle !... pour *c'est un miracle.*

Adieu équivaut à *elle perd.*

Salut... mis pour *recevez le salut.*

Fi... pour *je fais fi.*

Soit... c'est-à-dire *que cela soit.*

Silence ! équivaut à *faites silence.*

REMARQUES DÉTACHÉES.

946. — A, DE, AVANT UN INFINITIF. — Après *contraindre, s'engager, s'empresser, se hasarder, obliger, solliciter, souffrir, tarder,* on emploie *à* ou *de* :

Il a fallu une loi pour régler l'extérieur de l'avocat, et le CONTRAINDRE *ainsi à être plus grave et plus respecté.*

(La Bruyère.)

Deux horribles naufrages CONTRAIGNIRENT *les Romains* D'*abandonner l'empire de la mer aux Carthaginois.*

(Bossuet.)

947. — Après *détester, se rappeler, désirer, espérer, souhaiter,* il est indifférent d'employer ou de ne pas employer *de* :

Je DÉTESTE RESTER *longtemps à table* ou DE *rester.*

Je me RAPPELLE *l'avoir vu* ou DE *l'avoir vu.*

948. — A, OU, ENTRE DEUX NOMBRES. — On ne doit pas employer *à* mais *ou* entre deux nombres qui n'admettent pas d'intermédiaire :

Cinq OU *six personnes, sept* OU *huit maisons,* et non pas *cinq à six personnes.* Mais on dit : *Douze à quinze personnes, cinq à six cents vaisseaux, deux à trois lieues, sept à huit heures.* — On met aussi quelquefois *ou* entre des nombres qui admettent un intermédiaire : *Il recevait huit* OU *dix mille francs d'appointements.* (de Fontanes.)

949. — ACCOUTUMER demande *à,* excepté quand il est employé neutralement :

Descends du haut des cieux, auguste Vérité,

Que l'oreille des rois S'ACCOUTUME *à t'entendre.* (Volt.)

Ce cerf N'AVAIT PAS ACCOUTUMÉ DE *lire.* (La Font.)

950. — AIDER QUELQU'UN, c'est l'assister, lui donner des conseils, de l'argent : *Ils se sont appauvris pour* AIDER LES PAUVRES. (Bossuet.)

AIDER A QUELQU'UN, c'est partager sa peine, ses efforts : *Quand mon thème était fait, je* LUI AIDAIS *à faire le sien.*
(J. J. Rouss.) (1).

951. — AIMER suivi d'un infinitif demande la préposition *à*, excepté avec l'adverbe *mieux* : IL AIME à *lire. Il* AIME *mieux* LIRE *que de se promener, ou bien il aime mieux lire que se promener.*

952. — ANOBLIR, donner des lettres de noblesse : *Il y avait autrefois des charges qui* ANOBLISSAIENT. (Acad.)

ENNOBLIR, donner de l'éclat, du prix, de la valeur : *La véritable piété élève l'esprit,* ENNOBLIT *le cœur, affermit le courage.* (Massillon.)

953. — AQUATIQUE. — Une plante — est celle qui vient dans les terrains marécageux, comme le roseau, le jonc.

AQUATILE. — Une plante — est celle qui ne peut venir que dans l'eau ou à sa surface, comme le nénuphar, la nymphéa, etc.

954. — ARTIFICIEL, qui se fait par art. Il est opposé à *naturel* : *Une plante* ARTIFICIELLE, *des fleurs* ARTIFICIELLES.

ARTIFICIEUX, plein d'artifices, de ruse : *Un esprit* ARTIFICIEUX, *des paroles* ARTIFICIEUSES.

955. — ASSURER demande un complément indirect quand il signifie *affirmer, certifier* : *Il* LEUR ASSURA *que la chose était vraie.*

Dans le sens de *témoigner* on lui donne un complément direct : ASSUREZ-LE *de mon respect, de mon dévouement.*

956. — A TERRE et PAR TERRE sont, d'après l'Académie, deux expressions qui peuvent indifféremment s'em-

---

(1) Cette distinction n'est pas toujours observée par les auteurs ni même par l'Académie : *Cela fait, il se leva, et je* L'AIDAI *à s'habiller.* (Le Sage). — *Un tel prépare ses bons mots, et il a un compère qui* L'AIDE *à les amener dans la conversation.* (Acad.)

ployer l'une pour l'autre : *Il s'est jeté* A TERRE OU PAR TERRE. Cependant *par terre* semble plus énergique et doit être préféré quand on veut exprimer une chute lourde : *Mon cheval a fait un écart, et m'a jeté* PAR TERRE.

957. — ATTEINDRE A QUELQUE CHOSE suppose des efforts.

ATTEINDRE QUELQUE CHOSE n'en suppose pas.

Il vaut mieux exceller dans le médiocre que de s'égarer en voulant ATTEINDRE AU *grand et* AU *sublime.*

(Boileau.)

Cependant on dit également *atteindre un but* et *atteindre à un but.*

Quand il s'agit d'attraper en courant, on donne aussi un complément direct à *atteindre.*

On use sa vie à poursuivre le bonheur, et l'on meurt sans L'AVOIR ATTEINT. (J. J. Rouss.)

On dit encore *atteindre quelqu'un*, et non *atteindre à quelqu'un.*

958. — AUPRÈS DE, AU PRIX DE. — *Auprès de* renferme l'idée d'une simple comparaison et s'entend des choses que l'on compare par rapprochement, c.-à-d. en les supposant l'une à côté de l'autre : *La terre n'est qu'un point* AUPRÈS DU *reste de l'univers.* (Acad.)

Au prix de exprime une idée d'appréciation, d'estime, et se dit des choses qui ne peuvent être rapprochées : *L'intérêt n'est rien* AU PRIX DU *devoir* (Marmontel.) (1).

959. — AUPRÈS DE, PRÈS DE. — *Auprès de* exprime une plus grande proximité que *près de*, et en outre renferme souvent une idée d'assiduité et de sentiment que n'exprime pas son synonyme.

On dira : *Sa maison est* AUPRÈS DE *la mienne*, si l'on veut dire que les maisons sont très-voisines.

*Cet enfant ne se plaît qu'*AUPRÈS DE *sa mère.* Ici il y a idée de sentiment, et *près de* ne serait pas convenable.

960. — AUSSI, NON PLUS. — *Non plus* se met ordinairement pour *aussi* dans les propositions négatives, pourvu qu'elles ne soient pas en même temps interrogatives :

(1) Cependant les auteurs et l'Académie confondent quelquefois ces deux expressions.

Vous partez pour la campagne. — *Et moi* AUSSI.
Nous n'irons pas nous promener. — *Ni moi* NON PLUS.
Les enfants d'Ephraïm n'ont-ils point AUSSI *des fêtes?*

(J. J. Rouss.)

961. — AU TRAVERS, A TRAVERS. — *A travers* ne peut être suivi d'un complément indirect; c'est le contraire pour *au travers.*

A TRAVERS *la prairie.* — AU TRAVERS DE *la forêt.*

Cependant on peut dire dans le sens partitif: A TRAVERS DES *champs,* A TRAVERS DE L'*herbe,* à TRAVERS DU *blé.* Dans ces phrases *du, des, de la,* signifiant *quelque,* les substantifs ne peuvent être considérés comme compléments indirects. C'est dans ce sens que Voltaire a dit : *On ne pouvait aborder dans cette île qu'*A TRAVERS DES *forêts sans route et* DES *marais profonds.*

Il y a aussi une différence d'énergie entre ces deux prépositions. *Au travers,* à cause de la préposition dont il est toujours suivi, est plus énergique que *à travers,* et marque mieux la rapidité: *Un ruisseau coule* A TRAVERS *la prairie; un torrent se précipite* AU TRAVERS DES *rochers.*

962. — AVANT et DEVANT. — *Avant* a rapport au temps, et quelquefois à une priorité d'ordre; *devant,* au rang, à la place; il signifie aussi *en présence de.*

Les auteurs du dix-septième siècle employaient *devant* pour *avant;* aujourd'hui ce serait une faute de dire comme Bossuet : *Isaïe prophétisa* DEVANT *Jérémie.*

963. — AVEUGLEMENT ne s'emploie pas pour désigner la perte de la vue; il n'a que le sens figuré.

Dans le sens propre on fait usage du mot *cécité,* qui cependant n'est pas du style familier : *La seule incommodité à laquelle les Lapons soient sujets est la* CÉCITÉ. (Buffon.)

964. — AVOIR L'AIR est une expression ordinairement synonyme de *paraître,* qui se dit des personnes et des choses. Dans ce cas l'adjectif s'accorde, non avec le mot *air,* mais avec le sujet du verbe : ELLE *a l'air* CONTENTE, *toute* TROUBLÉE, *fort* EMBARRASSÉE. (Acad.) *Cette* ROBE *a l'air bien* FAITE. (Fabre.) *Cette* SOUPE *a l'air* BONNE.

(Laveaux.)

Cependant on fait aussi accorder l'adjectif avec le mot *air* lui-même quand on veut parler seulement de la mine,

de l'air du visage : *Cette femme a l'*AIR BON, *l'*AIR MÉ-
CHANT. (Acad.)

On dit aussi, et peut-être mieux dans ce dernier cas,
avoir UN *air* : *Cette femme a* UN AIR BON, GRACIEUX.

(Picard.)

965. — AVOIR RAPPORT A, c'est être relatif à quelque
chose : *Ceci n'a pas* RAPPORT *à notre affaire.*

AVOIR DU RAPPORT AVEC, être ressemblant à quelque
chose : *La langue anglaise* A DU RAPPORT AVEC *la langue
française.*

966. — BAILLER se dit du mouvement involontaire des
mâchoires : BÂILLER *d'ennui, de sommeil.*

Au figuré, s'entr'ouvrir, être mal joint : *Les ais de cette
cloison* BÂILLENT ; *une porte qui* BÂILLE.

BAYER, c'est tenir la bouche ouverte en regardant longtemps quelque chose : BAYER *aux corneilles* ; *il ne fait
que* BAYER *pendant tout le jour.*

967. — BEAUCOUP et DE BEAUCOUP. — Après un comparatif et un verbe d'excellence tel que *l'emporter, sur-
passer, dépasser*, etc., *beaucoup* doit être précédé de la
préposition *de* : *Vous êtes plus savant* DE BEAUCOUP ; *vous
l'emportez* DE BEAUCOUP. (Acad.)

Avant le comparatif on peut indifféremment exprimer
ou omettre la préposition : *Vous êtes* BEAUCOUP OU DE
BEAUCOUP *plus savant.*

Il ne faut pas confondre ces deux locutions : *Il s'en faut
beaucoup* et *il s'en faut* DE *beaucoup.* La première exprime
simplement la différence, la seconde est relative à la quantité : *Le cadet n'est pas si sage que l'aîné, il s'en faut*
BEAUCOUP. — *Vous croyez m'avoir tout rendu, il s'en faut*
DE BEAUCOUP.

968. — BÉNIR a deux participes passés : *Béni, bénie*, et
bénit, bénite ; ce dernier ne doit s'employer qu'en parlant
des cérémonies de la religion : *Du pain* BÉNIT, *de l'eau*
BÉNITE. Cependant avec l'auxiliaire *avoir* on écrit toujours
béni : *Le prêtre* A BÉNI *l'assistance* (Acad.), quoiqu'on écrive
avec l'auxiliaire *être* : *Les drapeaux* ONT ÉTÉ BÉNITS (1).

---

(1) Nous croyons que l'Académie a fait une double erreur dans les deux phrases suivantes :

969. — BISE, vent du nord : *J'entends souffler la* BISE.

BRISE signifie ordinairement un vent doux et périodique : *La* BRISE *du matin, la* BRISE *du soir*.

970. — CAPABLE et SUSCEPTIBLE. — *Capable*, avec un complément, signifie *qui est en état de...* et se dit des personnes et des choses : *Serez-vous* CAPABLE *de porter ce fardeau ?* (Acad.) *L'esprit de l'homme n'est pas* CAPABLE *de concevoir l'infini.* (Id.)

Capable se dit des choses pour marquer la contenance : *Cette salle est* CAPABLE *de contenir tant de personnes*.

SUSCEPTIBLE signifie *qui peut recevoir : Il est* SUSCEPTIBLE *de bonnes et de mauvaises impressions.*

Capable et *susceptible* s'emploient quelquefois sans complément en parlant des personnes, et alors *capable* signifie *habile, intelligent ;* SUSCEPTIBLE, *qui se fâche facilement.*

971. — CASUEL, fortuit, accidentel : *C'est un événement bien* CASUEL. (Laveaux.)

CASSANT, qui est exposé à se briser facilement. C'est donc une faute de dire : *Cet objet est* CASUEL *dans le sens de cassant.*

972. — CE QUI PLAIT signifie *ce qui est agréable :* CE QUI *lui* PLAÎT, *c'est l'étude de la grammaire.*

CE QU'IL PLAIT, pris unipersonnellement, veut dire *ce qu'on veut*, et renferme une ellipse : *Ce capricieux enfant ne veut faire que* CE QU'IL *lui* PLAÎT (sous-ent. de faire.)

Ainsi l'on doit répondre à quelqu'un qui nous offre quelque chose : CE QU'IL *vous* PLAIRA, et non CE QUI *vous* PLAIRA.

973. — C'EST A VOUS A... exprime une idée de tour ; C'EST A VOUS DE... une idée de droit ou de convenance :

C'EST A VOUS A *parler* (votre tour est venu.)

C'EST A VOUS DE *parler* (il vous appartient de.)

Le pallium est un ornement de laine blanche semé de croix blanches, et BÉNI *par le pape* (Dict. au mot *pallium*.)

Médaille se dit d'une pièce d'or, d'argent, ou de cuivre, qui représente un sujet de dévotion, et que le pape a BÉNITE (Dict. au mot *médaille*.)

Les écrivains n'observent pas toujours cette distinction.

974. — CHANGER signifiant faire un échange prend *pour* ou *contre* : *Il a changé sa vieille vaisselle* POUR *de la neuve.* (Acad.) *Il a changé ses tableaux* CONTRE *des meubles.* (Id.)

CHANGER dans le sens de convertir prend *en* :
Comment EN *un plomb vil l'or pur s'est-il changé ?*

(Racine.)

975. — COLÈRE et COLÉRIQUE. — *Colère* employé adjectivement ne se dit que des personnes, et signifie *sujet à la colère* : *Un homme* COLÈRE, *une femme* COLÈRE.

(Acad.)

COLÉRIQUE se dit des personnes et des choses, et signifie *qui est enclin, qui porte à la colère* : *Une personne* COLÉRIQUE, *une humeur* COLÉRIQUE.

976. — COLORER, donner de la couleur : *Le soleil* COLORE *les fruits ; on* COLORE *le verre.*

COLORIER est un terme technique qui ne se dit que de la peinture : COLORIER *un tableau.*

977. — COMMENCER *à* quand il s'agit d'actions susceptibles de progrès :
Le sommeil sur ses yeux COMMENCE *à s'épancher.* (Boil.)
Ainsi l'on dit d'un enfant : *Il* COMMENCE *à parler, il* COMMENCE *à marcher.*

COMMENCER *de* quand il s'agit d'une action qui peut être ou n'être pas continuée : *Cet orateur* COMMENÇA DE *parler à quatre heures et ne finit qu'à dix.* (Gir.-Duv.)

On emploie aussi *à* dans ce dernier sens, mais *de* semble préférable.

978. — COMPARER *à* suppose un rapport de ressemblance : *Pierre le Grand* COMPARAIT *les sciences et les arts* AU *sang qui coule dans les veines.* (Volt.)
Comparer avec ne suppose pas de rapport entre les objets : *Comparez la docilité, la soumission du chien* AVEC *la fierté et la férocité du tigre.* (Buffon)
Enfin on emploie le complément direct quand on suppose qu'il y a entre deux objets des rapports que l'on ne connaît pas, et qu'on cherche à découvrir ; comme quand

on dit : COMPARER *Cicéron et Démosthène, Bourdaloue et Massillon ;* COMPARER *deux morceaux d'étoffe.*

979. — COMPTER POUR RIEN et NE COMPTER POUR RIEN se disent également. Il y a seulement cette différence que *compter pour rien* signifie compter pour peu de chose, et NE *compter pour rien,* ne compter pour nulle chose.

Les hommes COMPTENT *presque* POUR RIEN *toutes les vertus du cœur, et idolâtrent les talents du corps et de l'esprit.* (La Bruyère.)

NE COMPTEZ-VOUS POUR RIEN *Dieu qui combat pour nous ?*
(Rac.)

980. — CONSIDÉRABLE se dit des personnes éminentes, dignes de considération, des choses qui ont de l'importance pour la grandeur, le nombre : *Personnage fort* CONSIDÉRABLE, *ouvrage* CONSIDÉRABLE, *somme* CONSIDÉRABLE.

CONSÉQUENT, qui est d'accord avec ses principes, ou qui se déduit rigoureusement : *Un homme* CONSÉQUENT ou INCONSÉQUENT, *un raisonnement* CONSÉQUENT.

CONSÉQUENT dans le sens de considérable n'est pas français. Il ne faut donc pas dire : *Une affaire* CONSÉQUENTE, *une somme* CONSÉQUENTE, *une maison* CONSÉQUENTE. Cependant on dit : *Une affaire de* CONSÉQUENCE.

981. — CONSOMMER se dit particulièrement des denrées, et de tout ce qui se dépense dans un ménage : *Nous avons* CONSOMMÉ *beaucoup de bois cet hiver.*

CONSUMER se dit du feu, et, figurément, du temps, des maladies : *Cette cheminée* CONSUME *beaucoup. — Il définissait la vieillesse une phthisie naturelle qui nous dessèche et nous* CONSUME. (Le Sage.)

982. — COUPLE, PAIRE. — *Une couple* se dit de deux choses accidentellement unies : *Une* COUPLE *d'œufs, de pommes,* etc.

Une paire se dit de deux objets dont l'un ne sert pas ordinairement sans l'autre : *Une* PAIRE *de souliers, de bas,* etc.

Ainsi l'on dira : *Une* PAIRE *de bœufs* pour désigner deux bœufs attelés à la charrue, et *une* COUPLE *de bœufs* pour désigner deux bœufs destinés à être menés ensemble à la boucherie.

983. — DÉJEUNER *de*, DINER *de*. — L'Académie dit :
DÉJEÛNER D'*un pâté*, DINER D'*un poulet*, D'*un morceau de
bœuf*, etc.

Cependant elle dit aussi : DÉJEÛNER AVEC *du beurre et
des radis* (Dict. au mot *radis*), et *il* DÉJEÛNE *tous les
matins avec du chocolat* (Dict. au mot *matin*.)

Bernardin de Saint-Pierre a dit de même : *Il* DÉJEÛNA,
à la manière des créoles, AVEC *du café mêlé avec du riz
cuit à l'eau*.

984. — DEMANDER *à* quand il signifie *aspirer* : *Ses yeux
baignés de pleurs* DEMANDAIENT *à vous voir*. (Rac.)

DEMANDER *de* quand il signifie *prier* : *On ne vous* DE-
MANDE *pas* DE *vous récrier : C'est un chef-d'œuvre*.

(La Bruyère.)

985. — DE SUITE et TOUT DE SUITE. — *De suite* signifie *sans interruption* : *Il ne saurait dire deux mots* DE
SUITE. (Acad.)

On donne aussi quelquefois ce sens à *tout de suite*,
dont cependant la signification ordinaire est *sur-le-champ*.

On ne doit pas dire : *Je vais* DE SUITE, *venez* DE SUITE,
mais : *Je vais* TOUT DE SUITE, *venez* TOUT DE SUITE.

986. — DURANT, PENDANT. — *Durant* exprime la durée,
et est plus énergique que *pendant*, qui désigne une simple époque : *Le jeune Caton* DURANT *son enfance semblait
un imbécile dans la maison*. (J. J. Rouss.)

Il a voyagé DURANT *l'hiver* fait entendre qu'il a voyagé
tout l'hiver ou une partie de l'hiver. *Il a voyagé* PEN-
DANT *l'hiver*, c'est-à-dire dans la saison de l'hiver.

987. — ÉGALER, dans le sens de *rendre égal*, se dit des
personnes et des choses : *La mort* ÉGALE *tous les hommes,
tous les rangs*. (Acad.)

ÉGALISER ne se dit que des choses, et ne s'entend guère
que des surfaces : ÉGALISER *un terrain, un chemin, une
rue*.

988. — ÉMINENT, IMMINENT. — Danger *éminent*, très-
grand; danger *imminent*, très-proche :

*Un vaisseau en proie à une violente tempête est exposé à
un péril* ÉMINENT. — *Un vaisseau qui s'entr'ouvre met les
passagers dans un péril* IMMINENT.

Éminent se dit aussi des hommes et des qualités : *Un homme* ÉMINENT, *une vertu* ÉMINENTE.

989. — EMPRUNTER *à* EMPRUNTER *de.* — En parlant des personnes on dit plutôt *emprunter à* que *emprunter de : J'ai* EMPRUNTÉ *deux mille francs à mon frère.*

(Laveaux.)

En parlant des choses, c'est tout le contraire : *Les magistrats* EMPRUNTENT *toute leur autorité* DE *la justice.*

(Acad.)

Virgile a EMPRUNTÉ D'*Homère quelques comparaisons, quelques descriptions.* (Volt.)

D'Homère signifie des ouvrages d'Homère.

990. — EN et DANS. — *En* désigne le temps qu'on emploie à faire quelque chose : *Il arrivera* EN *trois jours* (dans l'espace de trois jours.)

Dans désigne simplement l'époque : *Il arrivera* DANS *trois jours* (au bout de trois jours.)

991. — EN CAMPAGNE, A LA CAMPAGNE. — *Être en campagne,* c'est être hors de chez soi pour ses affaires, et, par extension, être à la guerre : *Mettre ses gens* EN *campagne.* (Acad.)

> *Le bruit cesse, on se retire ;*
> *Rats* EN CAMPAGNE *aussitôt.* (La Font.)

Le roi met les armées EN CAMPAGNE. (Acad.)

Être à la campagne, c'est être dans les champs : *Il parle d'une maison qu'il a à la ville, et bientôt d'une terre qu'il a à* LA CAMPAGNE. (La Bruyère.)

992. — EN PLAINE CAMPAGNE, c'est-à-dire dans un terrain plat, uni, sans inégalités : *La bataille s'est donnée en* PLAINE *campagne.* (Acad.)

EN PLEINE CAMPAGNE, c'est-à-dire dans les champs, loin des habitations : *Nous étions en* PLEINE *campagne lorsque la pluie vint nous surprendre.*

993. — ENNUYANT, ENNUYEUX. — *Ennuyant* se dit de ce qui chagrine, importune, ou contrarie actuellement ; *ennuyeux,* de ce qui ennuie habituellement.

994. — ENTENDRE RAILLERIE, c'est ne pas se fâcher quand on est l'objet d'une raillerie.

ENTENDRE LA RAILLERIE, c'est savoir railler.

N'ENTENDRE PAS RAILLERIE se dit d'un homme sévère qui ne pardonne rien.

995. — ENTRE, PARMI. — *Entre* exprime une idée de distinction, de partage, de choix.

On dira donc : *Partager une somme* ENTRE *vingt personnes; semer la discorde* ENTRE *les frères; choisir un ami* ENTRE *mille.*

Parmi, abréviation de *par le milieu*, exprime une idée de confusion. Il ne se met qu'avec un pluriel indéfini, qui signifie plus de deux ou trois, ou avec un singulier collectif : *Se glisser* PARMI *la foule*, PARMI *les spectateurs.*

Les jours de Cresus coulaient dans les délices, et PARMI *les plus agréables spectacles.* (Fénélon.)

996. — ENVIER, PORTER ENVIE. — On ne pourrait appliquer *porter envie* aux choses, tandis qu'au contraire, en parlant des personnes on l'emploie de préférence : *Il* ENVIE *votre bonheur.* — *Il ne* PORTE ENVIE *à personne.*

997. — EN VILLE, A LA VILLE. — *Être en ville*, c'est n'être pas actuellement chez soi; et *être à la ville*, c'est n'être pas à la campagne:

Il ira souper EN VILLE. — *Il a passé l'hiver à* LA VILLE.

998. — ÉRUPTION se dit des volcans, des maladies de peau, etc : *La rougeole s'annonça par une légère* ÉRUPTION.

IRRUPTION se dit des ennemis, des eaux, etc. : *La terre élevée au-dessus du niveau de la mer est au-dessus de ses* IRRUPTIONS. (Buffon.)

999. — ÊTRE, ALLER. — *Il a été* et *il est allé* ne sont pas deux expressions synonymes.

Il a été ou *ils ont été* suppose le retour; *il est allé* ou *ils sont allés* suppose qu'ils y sont encore.

Cette distinction ne peut se faire qu'à la 3e personne, et cette différence ne peut exister entre *je suis allé* et *j'ai été.*

1000. — ÊTRE EN HUMEUR désigne la disposition du moment : *Étes-vous* EN HUMEUR *de vous aller promener ?*

ÊTRE D'HUMEUR marque une disposition habituelle : *Je ne suis pas* D'HUMEUR *à souffrir vos injures.*

1001. — FAIRE. — Le verbe *faire* peut servir quelquefois à remplacer un autre verbe :

L'avare dépense plus mort en un seul jour qu'il ne FAI-
SAIT *vivant en dix années, et son héritier plus en dix mois
qu'il ne* FAISAIT *lui-même en toute sa vie.* (La Bruyère.)
Mais il faut éviter en cela, comme en tout le reste, ce qui
peut nuire à la clarté :

On regarde une femme savante comme on FAIT *une belle
arme.* (Id)

Ce complément direct *une belle arme* rendant la phrase
équivoque, il vaudrait mieux dire : *Comme on* REGARDE
une belle arme.

1002. — FAIRE EAU se dit d'un navire qui reçoit l'eau
par quelque ouverture.

FAIRE DE L'EAU s'entend des marins qui vont chercher
de l'eau pour en approvisionner le navire.

1003. — FAUTE D'ATTENTION, FAUTE D'INATTENTION.
— *Faute de* est une locution prépositive signifiant *manque de.* Il faut donc dire : *Faute d'attention,* et non pas
faute d'inattention : C'est FAUTE D'ATTENTION *que cet enfant commet tant d'inexactitudes.*

Au contraire, on dira : *C'est* UNE FAUTE D'INATTENTION,
et non pas *d'attention,* comme on dirait : *C'est une faute
de l'inattention.*

1004. — FLEURIR dans le sens propre fait à l'imparfait
fleurissait et au participe présent *fleurissant.*

Quand on l'applique aux choses, c.-à-d. aux sciences,
aux lettres, aux arts, on dit aussi *fleurissaient* et mieux
florissaient, mais on dit toujours *florissant* et non *fleurissant : Les sciences et les beaux-arts* FLORISSAIENT *sous le
règne de ce prince.*

Quand on l'applique aux personnes, à une ville, à un
État, on dit toujours *florissait, florissaient, florissant :
Ronsard* FLORISSAIT *én France à la fin du XVIᵉ siècle;
Athènes* FLORISSAIT *sous Périclès.*

1005. — FORTUNÉ, RICHE. — Quoiqu'on emploie *fortune* dans le sens de richesses, on ne doit pas employer
fortuné dans le sens de *riche.* — *Fortuné* signifie seulement *heureux.*

1006. — FOURCHÉ et FOURCHU. — *Fourché* divisé en
deux ou plusieurs parties : *Cheveux* FOURCHÉS, *animaux
qui ont les pieds* FOURCHÉS.

Fourchu divisé seulement en deux parties : *Arbre, che-min, menton* fourchu, *barbe* fourchue.

1007. — FUNÉRAIRE se dit de ce qui ne concerne que l'extérieur, de ce qui ne frappe que les yeux : *Une urne* funéraire, *des arbres* funéraires.

Funèbre se dit de ce qui parle au cœur et y rappelle le souvenir de la mort : *Une oraison* funèbre, *une céré-monie* funèbre.

1008. — HABILETÉ signifie capacité, intelligence.

Habilité est un terme de jurisprudence qui signifie aptitude : Habilité *à succéder.*

1009. — HORS, HORS de. — *Hors* signifiant *excepté* n'ad-met la préposition qu'avant les infinitifs : Hors *l'Église romaine toutes les autres sympathisent avec les incrédules.*

Ton esprit, fasciné par les lois d'un tyran,
Pense que tout est crime, hors *d'être musulman.* (Volt.)

Hors exprimant une idée de sortie doit être suivi de la préposition *de* : Hors de *la ville,* hors de *procès,* etc. *La vraie gloire ne se trouve point* hors de *l'humanité.*

(Fénélon.)

1010. — IMAGINER, c'est créer, inventer : *Celui qui* ima-gina *les premiers caractères de l'alphabet a bien des droits à la reconnaissance des hommes.* (Gir.-Duv.)

S'imaginer, c'est croire, se persuader : *Il y avait à Athènes un fou qui* s'imaginait *que tous les vaisseaux qui arrivaient dans le port étaient à lui.* (Laveaux.)

1011. — IMPOSER, c'est imprimer du respect : *Que le faste ne vous* impose *pas : il n'y a que les petites âmes qui se prosternent devant la grandeur.* (Mme de Lambert.)

En imposer, c'est mentir, tromper (1) : *L'air composé d'un hypocrite* en impose. (Gir.-Duv.)

1012. — INFESTER, c'est ravager.

Infecter, c'est répandre une mauvaise odeur, et figu-rément corrompre.

Des armées de sauterelles infestent *souvent l'intérieur*

---

(1) Quelque juste que paraisse cette distinction, les écrivains ont souvent confondu *imposer* et *en imposer*.

des terres en Afrique... Les pays qui bordent la Gambie sont INFECTÉS *d'une sorte de punaises qui causent de grands ravages.* (Laharpe.)

1013. — INSULTER *quelqu'un,* c'est lui dire des injures. Dans ce sens il ne peut se dire que des personnes :

N'INSULTEZ *pas ici* CEUX *qui vous ont sauvés.* (Volt.)

INSULTER *à quelqu'un,* c'est manquer aux égards qu'il mérite : *Il ne faut pas* INSULTER AUX *misérables.* (Acad.)

1014. — JOINDRE signifiant *ajouter, unir,* veut la préposition *à* ou *avec.* Cependant *à* parait préférable. Ex : *Joignez cette maison* A *la vôtre.* (Acad.)

La chose la plus rare est de joindre la raison AVEC *l'enthousiasme.* (Id.)

JOINDRE, en grammaire, veut indifféremment *à* ou *avec* : *On joint quelquefois ce verbe* AU *pronom personnel, ou* AVEC *le pronom personnel.* (Acad.)

1015. — MAL PARLER, c'est médire.

PARLER MAL, c'est s'exprimer incorrectement.

Cette distinction ne peut se faire qu'à l'infinitif et aux temps composés.

1016. — MANQUER *à* quand il signifie *omettre : On mésestime celui qui* MANQUE *à remplir ses devoirs.* (Wailly.)

MANQUER *de* quand il ne sert qu'à fortifier le sens d'un autre mot : *Qui cherche Dieu de bonne foi ne* MANQUE *jamais* DE *le trouver.* (Bossuet.)

1017. — MATINAL signifie qui s'est levé matin.

MATINEUX, qui est dans l'habitude de se lever matin. On pourrait donc dire à quelqu'un : *Quoique vous soyez* MATINEUX, *vous n'avez pas été* MATINAL *aujourd'hui.*

MATINIER est un terme d'astronomie : *L'étoile* MATINIÈRE, *ou du matin.*

1018. — MÉDICAL qui appartient à la médecine : *Ouvrage* MÉDICAL, *question* MÉDICALE, etc.

MÉDICINAL, propre à guérir : *Herbe, plante* MÉDICINALE, *eaux* MÉDICINALES.

1019. — MÊLER *à* signifie simplement *unir* et se dit surtout des choses morales: *Dieu* MÊLE *sagement* AUX *douceurs de ce monde des amertumes salutaires.* (Fléchier.)

MÊLER *avec* signifie un mélange proprement dit, une confusion : MÊLER *de l'eau* AVEC *du vin.*

1020. — MEMBRÉ, qui a des membres bien faits, bien proportionnés. Il ne s'emploie guère qu'avec l'adverbe *bien : Il est bien* MEMBRÉ. (Acad.)

MEMBRU, qui a les membres fort gros : *Il est bien* MEMBRU. (Id.)

1021. — MONTAGNEUX, où il y a beaucoup de montagnes : *Province, contrée* MONTAGNEUSE.

MONTUEUX, inégal, coupé par des montagnes, par des collines : *Terrain, sol* MONTUEUX.

1022. — MOUSSEUX se dit des liqueurs qui moussent : *Un vin* MOUSSEUX.

MOUSSU, des objets couverts de mousse : *Un arbre* MOUSSU. — *Cette carpe était si vieille qu'elle avait la tête toute* MOUSSUE. (Acad.)

1023. — NE FAIRE QUE exprime une action continue, ou signifie *seulement :*

> *En toute affaire* ILS NE FONT QUE *songer*
> *Au moyen d'exercer leur langue.* (La Font.)

Ce qu'on obtient vaut presque toujours moins qu'il ne valait quand on NE FAISAIT QUE *l'espérer.* (Fontenelle.)

NE FAIRE QUE DE marque qu'une chose vient de se faire : *Abraham naquit environ 350 ans après le déluge; Noé* NE FAISAIT QUE DE *mourir; Sem vivait encore.*

(Bossuet.)

Il NE *fait* QUE *s'éveiller* signifie qu'il s'éveille à chaque instant, et *il* NE *fait* QUE DE *s'éveiller* signifie qu'il vient de s'éveiller.

OBSERV. — Avec le verbe *faire* et un infinitif, on emploie généralement *lui, leur,* quand il y a dans la phrase un complément direct, et *le, la, les,* dans le cas contraire : *Je* LUI *ai* FAIT *apprendre à lire; nous* LEUR *avons* FAIT *voir votre lettre.*

Mais on dira : *Je* L'*ai* FAIT *lire; nous* LES *avons* FAIT *partir.*

1024. — OBLIGER *à* ou *de* quand il indique un devoir : *Dieu nous a caché le moment de notre mort pour nous* OBLIGER D'*avoir* (ou *à avoir*) *attention à tous les moments de notre vie.* (La Rochef.)

OBLIGER *de* quand il signifie faire plaisir : *Vous m'o-*
BLIGERIEZ *beaucoup* DE *me recommander à vos juges.*

(Acad.)

1025. — S'OCCUPER *à* quelque chose, c'est y travailler :
Il s'occupe à *son jardin, à l'étude des belles-lettres.*

S'OCCUPER *de* quelque chose, c'est y penser, chercher
les moyens d'y réussir : *Il* S'OCCUPE DE *son jardin, il ne*
S'OCCUPE *que* DE *bagatelles.*

1026. — OISEUX appliqué aux personnes désigne le
goût, l'habitude : *Des gens* OISEUX.

Appliqué aux choses, il signifie *inutile, vain, qui n'est*
bon à rien : Des goûts OISEUX, *des questions* OISEUSES.

OISIF appliqué aux personnes désigne une inaction momentanée, accidentelle : *Un homme* OISIF; *les gens* OISIFS
sont le fléau des gens occupés.

Oisif se dit de certaines choses dont on ne fait pas
usage : *La valeur est* OISIVE *pendant la paix; il y a bien*
des talents OISIFS. (Acad.)

1027. — OUBLIER *à* signifie *désapprendre : Vous* OU-
BLIEZ à *écrire.*

OUBLIER *de,* omettre quelque chose par oubli : *Vous*
avez OUBLIÉ D'*écrire.*

1028. — PARTICIPER *à,* prendre part à : *C'est* PARTICI-
PER, *en quelque sorte,* AU *crime que de ne pas l'empêcher*
quand on le peut. (Acad).

PARTICIPER *de,* tenir de la nature de : *L'enthousiasme*
de cet homme PARTICIPE DE *la folie.* (Id.)

1029. — PASSAGER, qui passe rapidement.

PASSANT, où l'on passe fréquemment.

Il ne faut pas dire d'une rue qu'elle est *passagère,* mais
passante ou *fréquentée.*

On dira bien de la fortune et de la prospérité qu'elles
sont *passagères.*

1030. — PIS, PIRE. — *Pis* est adverbe, et *pire* est adjectif. Il ne faut donc pas dire : *Cette chose est* PIS, mais
PIRE.

C'est encore une plus grossière incorrection de dire :
Tant PIRE, il faut dire *tant pis.*

Cependant *pis* peut se joindre aux pronoms pris dans un

sens vague, et l'usage admet les expressions suivantes : *Il n'y a rien de* PIS; *c'est encore bien* PIS.

Pis s'emploie aussi substantivement : *Ce ne fut pas* LE PIS. (La Font.) LE PIS *qui puisse arriver.* (Acad.)

1031. — SE PLAINDRE. — On dit également *se* PLAINDRE *que, se* PLAINDRE *de ce que;* mais il y a cette différence que la première locution demande le subjonctif à cause de l'idée de doute qui l'accompagne, tandis que, pour la raison contraire, *se plaindre de ce que* demande l'indicatif.

IL SE PLAINT QU'*on l'ait calomnié.* (Acad.)

IL SE PLAINT DE CE QU'*on l'a calomnié.* (Id.)

1032. — PRÈS *de* sur le point de :

L'oiseau PRÈS DE *mourir, se plaint en son ramage.*

(La Font.)

PRÊT *à,* disposé à.

L'ignorance toujours est PRÊTE *à s'admirer.* (Boil.)

Les bons auteurs du dix-septième et du dix-huitième siècle emploient *prêt de,* dans le sens de *près de.* Aujourd'hui l'on ne fait plus usage que de la dernière expression.

1033. — PRÉTENDRE *quelque chose,* c'est demander, réclamer comme un droit : *La France* PRÉTENDAIT *avec plus de justice la prééminence sur les autres puissances.* (Volt.)

PRÉTENDRE à une chose, c'est y aspirer : *Je* PRÉTENDS à *cette charge.*

1034. — PRIER *à,* PRIER *de.* — *Prier à* ne peut s'employer que dans le sens de *inviter à.*

On *prie* quelqu'un *à* dîner quand on lui en fait l'invitation d'avance. Mais on *prie* quelqu'un *de* dîner quand il se trouve dans la maison au moment du dîner.

1035. — PROPRE avant le substantif ne sert guère qu'à exprimer la possession par un pléonasme énergique : *Je l'ai vu de mes* PROPRES *yeux, je l'ai entendu de mes* PROPRES *oreilles.*

Dans ce sens il ne se place pas ordinairement après le substantif. Cependant l'usage autorise ces phrases : *Remettez-le-lui en mains* PROPRES; *j'en fais mon affaire* PROPRE.

1036. — RAISONNER, faire un raisonnement (ne se dit que des personnes.)

RÉSONNER faire du bruit (ne se dit que des choses.)

1037. — RENOMMÉ PAR, RENOMMÉ POUR. — Avec le mot *renommé* on emploie *par* lorsqu'il s'agit d'un objet permanent, d'une qualité inhérente. Ex :

Baréges est RENOMMÉ PAR *ses eaux minérales.*

Ce prélat est RENOMMÉ PAR *sa sainteté.*

Quand la cause du renom est passagère ou dépend de la vogue et du caprice, on fait usage de la préposition *pour:*

Moulins et Châtellerault sont RENOMMÉS POUR *leur coutellerie.*

Épernay est RENOMMÉ POUR *ses vins.*

La différence qui existe entre *par* et *pour* se retrouve dans la phrase suivante : *Cette fleur charme* PAR *sa beauté,* PAR *son odeur; on la cultive* POUR *sa rareté.*

1038. — RÉUNIR, UNIR. — *Réunir* quand il signifie *posséder en même temps*, ne doit pas être suivi de *à*, mais de *et* :

Caton RÉUNISSAIT *la vaillance* ET *la sagesse.*

Ou bien : *Caton* UNISSAIT *la vaillance à la sagesse.*

Mais quand on donne à *réunir* le sens de *joindre*, on peut employer *à* ou *avec* :

Assaradon RÉUNIT *le royaume de Babylone à celui de Ninive.* (Bossuet.)

Quelques docteurs de Sorbonne voulurent avoir la gloire de RÉUNIR *l'église grecque* AVEC *l'église latine.* (Volt.)

1039. — REVENIR, RETOURNER. — *Revenir* s'entend du lieu d'où l'on était parti, et *retourner* du lieu où l'on était allé.

On *revient* dans sa patrie. On *retourne* dans son exil. On dit aussi *revenir* à la vertu, *retourner* au crime.

Mme de Sévigné a fait une faute contre cette distinction dans la phrase suivante : *Après ces observations, Mademoiselle* RETOURNA *sur les bonnes qualités et sur la bonne maison de M. de Lauzun.*

Il fallait dire : *revint*, parce qu'elle avait déjà parlé des bonnes qualités, etc.

1040. — SAIGNER DU NEZ s'emploie au propre pour signifier un écoulement de sang par le nez, et au figuré dans le sens de *manquer de courage. Il fit d'abord le fanfaron; puis il* SAIGNA DU NEZ. (Acad.)

Saigner au nez ne pourrait se dire que d'une égratignure ou d'une écorchure au nez.

1041. — SAVAMMENT, d'une manière savante : *Il parle* SAVAMMENT *sur un grand nombre de sujets.*

SCIEMMENT, avec connaissance de ce que l'on fait, avec réflexion : *Il a fait cela* SCIEMMENT.

1042. — SECOND et DEUXIÈME. — *Deuxième* suppose un troisième. On ne dira donc pas *le deuxième étage* en parlant d'une maison qui n'en a que deux.

SECOND s'emploie dans les deux cas.

1043. — SERVIR DE RIEN exprime mieux la nullité absolue :

Il (l'avare) *met toute sa gloire et son souverain bien
A grossir un trésor qui ne lui* SERT DE RIEN. (Boil.)

SERVIR A RIEN, une nullité momentanée : *Vous pouvez prendre mon cheval ; car il ne me* SERT A RIEN *aujourd'hui.*
(Gir.-Duv.)

Cependant on donne souvent à la première expression le sens de la seconde.

1044. — SOURD-MUET, SOURD et MUET. — *Sourd-muet* convient à celui chez qui le mutisme est la conséquence de la surdité, et qui n'est muet que parce qu'il est sourd : *M. l'abbé de l'Épée est le fondateur de l'école des* SOURDS-MUETS ; et non pas *des sourds et muets.*

SOURD ET MUET désigne une personne chez qui la surdité et le mutisme sont indépendants, et qui serait muette quand même elle entendrait.

1045. — SUCCOMBER A, se laisser aller à : SUCCOMBER A *la tentation, à la douleur.*

SUCCOMBER SOUS, être accablé par : SUCCOMBER SOUS *le poids des années, sous le faix des affaires.*

1046. — SUPPLÉER *quelque chose*, c'est ajouter à quelque chose ce qui lui manque : *M. l'abbé Massieu a* SUPPLÉÉ TOUT ce *qui manquait à la traduction de Démosthène.* (Hist. de l'Académie.)

SUPPLÉER *à quelque chose*, c'est remplacer une chose par une autre chose différente : *On vit saint Louis* SUPPLÉER *par sa vertu à l'inégalité du nombre.* (Fléchier.)

Dans ce sens, le verbe *suppléer* étant neutre ne doit pas

s'employer au passif. Ainsi, au lieu de dire comme La Bruyère : *La finesse doit être* SUPPLÉÉE *par la prudence,* il faut dire : *La prudence doit* SUPPLÉER *à la finesse.*

On dit *suppléer quelqu'un,* et non pas *suppléer à quelqu'un.*

1047. — TEL QUE, QUEL QUE. — *Tel que* ne doit pas s'employer pour *quel que.*

Après *tel que* on se sert de l'indicatif, parce que cette expression renferme quelque chose de positif : *Paraissons* TELS QUE *nous* SOMMES. (Laveaux.)

Après *quel que,* au contraire, qui suppose l'indécision, on emploie le subjonctif :

La loi dans tout état doit être universelle :
Les mortels, QUELS QU'*ils* SOIENT, *sont égaux devant elle.*
(Volt.)

1048. — TOUS LES DEUX, TOUS DEUX. — *Tous deux* s'entend quelquefois d'une chose faite simultanément par deux personnes, idée que n'exprime pas *tous les deux.*

On dira de deux personnes qui font route ensemble : *Ils sont partis* TOUS DEUX. *Ils sont partis* TOUS LES DEUX ferait entendre qu'ils sont partis, chacun, de leur côté.

Mais *tous deux* peut s'employer dans les deux sens pourvu qu'il n'y ait pas d'équivoque à craindre.

1049. — TOUT A COUP, TOUT D'UN COUP. — *Tout à coup,* subitement, au moment où l'on ne s'y attend pas : *Cette maison est tombée* TOUT A COUP.

TOUT D'UN COUP, en une seule fois : *L'art d'écrire ne s'apprend pas* TOUT D'UN COUP. (J. J. Rouss.)

1050. — VÉNÉNEUX, VENIMEUX. — *Vénéneux* se dit des végétaux : *La ciguë est* VÉNÉNEUSE.

Venimeux se dit des animaux et des choses que l'on croit infectées du poison de quelque animal : *Le serpent à sonnettes est très-*VENIMEUX.

On dit que les herbes sur lesquelles le crapaud et la chenille ont passé sont VENIMEUSES.

Au figuré : *C'est une langue* VENIMEUSE, pour désigner une personne médisante et maligne, dont les propos font du mal.

1051. — VOICI, VOILA. — Ces prépositions, qui sont toules deux composées du verbe *voir* (vois ici, vois là), diffèrent sous un double rapport.

Quand on s'en sert pour montrer des objets, *voici* convient à ce qui est plus près, et *voilà* à ce qui est plus éloigné :

Voilà *les Apennins*, et voici *le Caucase.* (La Font.)

En outre *voici* a rapport à ce qu'on va dire, et *voilà* à ce qu'on a déjà dit :

Voilà *les périls*, et voici *les moyens de les éviter.*

(Massillon.)

1052. — VOLE, VOLTE. — On dit, en termes de jeu de cartes : *Faire la* vole, et non la *volte.* — *Faire la volte* est un terme de manége et d'escrime.

LOCUTIONS VICIEUSES.

1053. — A. — On doit dire : *La clef est à la porte*, et non *après* la porte.

On écrit : *Vous aurez fort* a faire *dans cette entreprise*, et non *fort affaire.*

1054. — ACCULER. — Il ne faut pas confondre *acculer* et *éculer.* — *Acculer*, c'est pousser quelqu'un dans un coin ; *éculer* se dit des bottes et des souliers qui s'abaissent sur le talon.

1055. — AÉRÉ, du latin *aer*, signifie exposé à l'air. Le mot *airé* n'est pas français.

1056 — AGIR. — On dit : *Vous avez mal* agi *envers moi*, et non *vous* en *avez mal* agi. On peut dire : *Vous* en usez *bien ou mal avec moi.*

1057. — ANGORA, ville d'Asie, dont les animaux ont le poil long et soyeux : *Un chat* angora (1), *une chèvre* angora, et non pas *angola. Angola* est un royaume d'Afrique dont les animaux n'ont point cette propriété.

1058. — APPARITION, DISPARITION, et non *apparution, disparution*, mais on dit *comparution* et non *comparition.*

1059. — BROUILLAMINI, désordre, confusion. Voltaire

_____

(1) *Angora*, adjectif des deux genres, s'emploie substantivement en parlant du chat : *Un bel* angora.

dit quelque part *embrouillamini;* mais il n'est pas à imiter.

1060. — BRUINER, verbe unipersonnel, désigne la chute d'une petite pluie fine (1). C'est une faute de dire *il brouillasse.*

1061. — BUT. *On dit* ATTEINDRE *un but,* et non *remplir un but.*

1062. — CORPULENCE, grandeur et grosseur du corps; il ne faut pas dire *corporence.*

1063. — COU-DE-PIED, partie supérieure du pied, et non pas *coude-pied.*

1064. — CRASSANE, sorte de poire. On dit aussi *cresane,* mais moins exactement.

1065. — CURER, c'est nettoyer quelque chose de creux comme un fossé, un puits, un canal. — *Écurer,* c'est nettoyer, éclaircir : ÉCURER *de la vaisselle, des poêlons, des chenets.*

1066. — DANS. — *Lire* DANS *un journal,* et non SUR *un journal;* DANS *un livre,* et non SUR *un livre;* au lieu qu'on dirait *écrire* SUR *un registre,* SUR *une feuille,* etc.

1067. — DE. — On dit :
1° *La moitié de dix est cinq,* et non *la moitié de dix est* DE *cinq.*
2° PLUS D'*à moitié,* et non *plus* QU'*à moitié.* — PLUS D'*à demi mort,* et non PLUS QU'*à demi mort.* — PLUS DE *dix francs,* et non PLUS QUE *dix francs.*
3° *Une tabatière* D'*or,* D'*argent,* et non *une tabatière* EN *or,* EN *argent; un pont* DE *pierre,* et non EN *pierre; une porte* DE *bois* et non EN *bois; une robe* DE *soie,* et non EN *soie.*
4° *La maison* DE *mon père,* et non *la maison* A *mon père; le livre* DE *Pierre,* et non *le livre* A *Pierre.*

1068. — DÉCESSER n'est pas français. Il ne faut donc pas dire : *Il ne* DÉCESSE *de parler,* mais : *Il ne* CESSE *de parler,* ou *il ne* DÉPARLE *point.*

---

(2) *Bruiné,* participe n'est usité qu'en parlant des blés. *Les blés ont été* BRUINÉS, c.-à-d. ont été gâtés par la bruine.

1069. — DÉFINITIF. — *En* DÉFINITIF n'est pas français ; il faut dire *en définitive* (en résultat).

1070. — DÉSORDRE. — *Rétablir le désordre* est une expression vicieuse employée par Vaugelas et Voltaire ; il faut dire : *Rétablir l'ordre*.

1071. — DISPUTER dans le sens de *être en débat*, en *contestation*, est un verbe neutre : *Ils* DISPUTENT *perpétuellement, il aime à* DISPUTER, mais on ne dirait pas *ils* SE *disputent, il aime à* SE *disputer*. On peut dire alors *ils se querellent*.

On dit bien dans le sens actif : ILS SE SONT DISPUTÉ *la victoire*.

1072. — DISSUADER, et non *dépersuader*. — *Dégrafer*, et non *désagrafer*. — *Enjamber*, et non *ajamber*. — *Émoudre* ou *aiguiser*, et non *émouler* et *rémouler*. — *Marmonner* (murmurer), et non *marronner*. — *Maugréer* et non *bisquer*. — *Saupoudrer*, et non *soupoudrer*. — *Thésauriser*, et non *trésauriser*.

1073 — ÉCLAIRER. — On ne dit plus *éclairer* A *quelqu'un*, mais *éclairer quelqu'un* (se tenir auprès de quelqu'un avec de la lumière).

1074. — EFFRACTION, terme de jurisprudence, signifie *fracture, rupture* : *Il y a eu vol avec* EFFRACTION.

Il ne faut pas dire dans ce sens : *Il a fait* FRACTION, ni INFRACTION.

1075. — EMBARRAS. — On dit *faire de* L'EMBARRAS (se donner de grands airs). Il ne faut pas dire : *Faire* SON *embarras*, ni SES *embarras*.

1076. — ENRAYER, dans le sens propre, signifie arrêter les roues d'une charrette au moyen des *rais* qu'on y passe. Dans le sens figuré, il a une signification tout opposée à celle que lui donnent quelques personnes : Il veut dire *terminer*, et non *commencer*.

*Il est temps d'*ENRAYER, dit J. J. Rousseau, voulant dire par là qu'il est temps de finir.

1077. — S'ENTR'AIDER, ainsi que les verbes *s'entr'égorger, s'entre-détruire*, etc., rejette toute locution exprimant une idée de réciprocité, telle que *mutuellement, réciproquement, l'un l'autre*, etc. D'après cette observation, la phrase suivante est incorrecte : *La morale et les lumières, les lumières et la morale* s'ENTR'AIDENT MUTUELLEMENT.

(Mme de Staël.)

1078. — ESPÉRER ne doit pas être suivi d'un verbe au présent ni au passé; il ne faut pas dire : J'ESPÈRE *qu'il* SERA *venu hier*, mais *je pense*.

Cependant il est difficile de blâmer l'emploi de ce tour dans la phrase suivante : J'ESPÈRE *que vous* AVEZ *fait la route sans accident. Je pense* ne rendrait pas l'idée d'incertitude que l'on veut exprimer.

Châteaubriand a pu, pour la même raison, employer le présent dans cette phrase : *On nous fait* ESPÉRER *que M. Fauriel* S'OCCUPE *d'une histoire des Barbares dans les provinces méridionales de la France.*

PROMETTRE et COMPTER suivent la même règle. C'est s'exprimer incorrectement que de dire : *Je vous* PROMETS *qu'il vous* A DIT *la vérité*; il faut dire : *Je vous* ASSURE.

Voltaire, donnant au verbe *compter* le sens de *être sûr*, a pu dire : COMPTEZ *que vous* AVEZ FAIT *en moi une conquête pour la vie.*

1079. — ÉVITER (fuir) est employé par quelques auteurs dans le sens d'*épargner*; c'est une incorrection. On ne dit pas : ÉVITEZ-*lui cette peine*, mais ÉPARGNEZ-*lui cette peine*.

1080. — EXCUSE. — *Demander excuse* est une tournure de phrase incorrecte. Il faut dire : *Faire des excuses* ou *demander pardon*.

1081. — FIXER ne doit pas être employé dans le sens de *regarder*. On ne dit pas : *Il vous a fixé*, mais *il vous* A REGARDÉ. On peut dire *fixer les regards* ou *les yeux sur quelqu'un*.

1082. — GUET. On dit : *Ce chien aboie à propos; il est de très*-BON GUET, et non pas *de très-bonne guette*.

1083. — HÉRITER. — Quand ce verbe a deux compléments, le nom de chose est le complément direct : *Il a* HÉRITÉ CETTE MAISON *de son père*. Quand *hériter* n'a qu'un complément, ce complément unique doit toujours être indirect : *Il a* HÉRITÉ DE *cette maison*. On dit de même : *La maison* DONT *il a* HÉRITÉ, et *la maison* QU'*il a* HÉRITÉE *de son père*.

14

1084.— INDIGNE, et DIGNE accompagné d'une négation, ne peuvent se dire que de ce qui est un bien, et non de ce qui est un mal: *Il est* INDIGNE *de foi,* INDIGNE *de vivre ; il n'est* PAS DIGNE *de votre attention, de vos bontés.* Il ne faut donc pas dire: *Il est* INDIGNE *de punition, il n'est* PAS DIGNE *de mépris.*

1085. — JET *d'eau,* et non JEU *d'eau.*

1086. — JOUIR. — Il ne faut pas dire : *Il* JOUIT *d'une mauvaise santé,* mais *il a une mauvaise santé.* On ne jouit que de ce qui est un bien.

1087. — JUSTE. Il ne faut pas dire : *Comme* DE JUSTE, mais *comme* IL EST JUSTE, ou *comme* DE RAISON.

1088. — LINCEUL, drap funéraire, et non pas *linceuil.*

1089. — LITEAUX, certaines raies colorées qui se mettent sur le linge : *Des serviettes à* LITEAUX, et non *à linteau.* — *Un linteau* est une pièce de bois qui se place au-dessus d'une porte ou d'une fenêtre.

1090. — MESSIRE JEAN. Des poires de *Messire Jean,* et non pas de *Misser Jean.*

1091. — MOURIR. — Le verbe *faire* employé passivement ne doit pas être suivi d'un infinitif. Ainsi il ne faut pas dire: *Il* A ÉTÉ FAIT *mourir,* mais *on l'a fait mourir.*

1092. — OBSERVER (remarquer). — C'est une incorrection de dire : *Je vous* OBSERVE *que vous vous êtes trompé,* il faut dire : *Je vous* PRIE D'OBSERVER ou *je vous* FAIS OB-SERVER, etc. On peut dire, sans ajouter de pronom com-plément: *Observer que... La cour* OBSERVERA, *s'il lui plaît, que...*

1093. — OUTRE. — On doit dire *outre que* et non *en outre que:* OUTRE qu'elle *est riche, elle est belle et sage.* (Acad.) — On ne dit pas non plus: EN OUTRE DE *cela,* mais *outre cela.*

1094. — PARDONNER est neutre quand il s'agit des per-sonnes. Ainsi il ne faut pas dire: PARDONNEZ UNE PAU-VRE FILLE *au désespoir* (J. J. Rouss.), mais *pardonnez à une pauvre fille.*
Dans le style familier on l'emploie au passif avec cette locution: *Vous êtes tout pardonné.* On dit bien: PAR-

DONNER *une faute*, PARDONNER *les péchés*, etc. Cependant on dit aussi : *Pardonnez* A *ma franchise,* A *mon amitié.*

1095. — PERCLUS fait au féminin *percluse* tandis que *exclu* fait *exclue.* Autrefois on disait *exclus, excluse.*

1096. — PEU. — On dit *un peu*, et non *un petit peu.*

1097. — PRENDRE. — Le verbe *prendre* s'emploie neutralement dans ces locutions : *La fièvre, la goutte* LUI *a pris*, et non L'*a pris.* — On l'emploie aussi unipersonnellement : *Il* LUI A PRIS *une colique, une fantaisie, un dégoût.* (Acad.)

1098. — PROMENER. — Ce verbe ne peut s'employer neutralement ; ainsi il ne faut pas dire : *Nous avons* PROMENÉ ; *voulez-vous venir* PROMENER ? Mais : *Nous nous* SOMMES PROMENÉS ; *voulez-vous venir* VOUS PROMENER ? On peut dire, en supprimant le pronom : *Je l'ai envoyé* PROMENER.

La même observation s'applique aux verbes *baigner, coucher.* On ne dit pas : *Il va* BAIGNER, COUCHER, mais SE *baigner,* SE *coucher.*

Les verbes *fatiguer* et *moucher* s'emploient quelquefois absolument : *Ce cheval* FATIGUE *beaucoup ; cet enfant ne* MOUCHE *pas.*

1099. — QUART. — On dit indifféremment : *Deux heures* ET UN QUART, *deux heures* UN QUART, mais il ne faut pas dire : *Deux heures* ET QUART.

1100. — QUE. — Il ne faut pas employer *que* pour *dont*, comme dans ces phrases : *Les choses* QUE *j'ai besoin,* QU'*il s'agit,* QUE *je lui ai fait part.* Il faut dire : *Les choses* DONT *j'ai besoin,* DONT *il s'agit,* DONT *je lui ai fait part.*

1101. — RANCUNIER. — On dit : *C'est un homme* RANCUNIER et non *rancuneux.* On l'emploie aussi substantivement : *C'est un* RANCUNIER, *une* RANCUNIÈRE.

1102. — SE RAPPELER est un verbe essentiellement actif. Ainsi Florian a fait une faute en disant : *Le berger* SE RAPPELLE DE L'ENFANT. Il faut *se* RAPPELLE L'ENFANT. — On ne dit pas non plus : *Je m'*EN RAPPELLE ; *c'est une chose* DONT *je me rappelle* ; mais *je me* LE *rappelle, c'est une chose* QUE *je me rappelle.* Néanmoins on peut dire correctement à propos d'un fait : *Je m'*EN *rappelle tous les détails, c'est un*

fait DONT *je me rappelle toutes les circonstances,* **parce que**
en et *dont* ne sont plus compléments du verbe se *rappeler.*

1103. — RÉUSSIR. — Ce verbe étant neutre ne peut
avoir de complément direct. On ne dira donc pas : *Il* A
RÉUSSI *son dessein, cette affaire,* mais *il* A RÉUSSI *dans son
dessein, dans cette affaire,* ou bien *ce dessein, cette affaire*
A RÉUSSI.

1104. — OBSERV. — En général, il faut avoir soin de
donner à un verbe le complément qu'indiquent l'usage
et l'Académie. D'après cette observation les phrases suivantes sont incorrectes.

Je ne prends point plaisir à CROÎTRE MA MISÈRE. (Rac.)
On n'osait RIEN DÉLIBÉRER, *rien décider.* (Thiers.)

Croître et *délibérer* étant neutres, ne peuvent avoir de
complément direct.

Le vrai père doit être le consolateur de ses enfants et LES
RÉFUGIER *sous ses ailes comme l'oiseau ses petits pendant
la tempête.* (Fénélon.)

Penses-tu que ton titre de roi me fasse peur ni ME SOU-
CIE? (La Font.)

Les verbes *réfugier* et *soucier* sont essentiellement pronominaux.

*Le vieux maréchal de Wurmser se retirait avec ses qua-
rante mille hommes; il allait* LES REPOSER, *les rallier.*(Thiers.)

On dit bien reposer sa tête, sa vue, son esprit, etc.,
mais non reposer *quelqu'un.*

M. Vaillant A SURVÉCU SON PÈRE *de deux années.* (Hist.
de l'Acad.) Ce verbe ne s'emploie plus aujourd'hui avec
le complém. dir. On doit dire *survivre à quelqu'un,* et non
survivre quelqu'un.

Je LUI EMPÊCHERAI *bien de faire ce qu'il dit.* — Le verbe
empêcher étant essentiellement actif, il faut dire : *Je* L'EM-
PÊCHERAI *bien de...*

1105. — SUCRER. — On ne doit pas dire : *Sucrez-vous,*
mais *prenez du sucre.* Il en est de même du verbe *changer.*
Il est incorrect de dire : *Vous êtes tout mouillé,* CHANGEZ-
VOUS, il faut dire : *Changez d'habit, de linge,* etc.

1106. — TAIE *d'oreiller,* et non *tête d'oreiller.*

1107. — TOUT. — On dit : *Une fois pour* TOUTES, et
non *une fois pour* TOUT.

1108. — TOUT DE MÊME n'est français que dans le sens de *de même* : *Si vous en usez bien, il en usera* TOUT DE MÊME. (Acad.) Il ne l'est pas dans le sens de *néanmoins*. Ainsi il ne faut pas dire : *Si l'on me le défend, je le ferai* TOUT DE MÊME. Il faut dire *néanmoins*.

1109. — TRAMONTANE, vent d'au delà les monts par rapport à l'Italie. Ce mot signifie aussi *l'étoile polaire* en tant qu'elle sert à diriger les navires ; de là l'expression proverbiale : *Perdre la* TRAMONTANE, pour dire perdre la tête, ne savoir plus ce que l'on fait ni ce que l'on dit. Il ne faut pas dire *perdre la* TRAMONTADE ni *la* TRÉMONTADE.

1110. — VASISTAS, carreau de fenêtre, qui s'ouvre et se ferme à volonté. Quelques personnes disent mal à propos *vagislas* ou *vagistas*.

1111. — VOIR GOUTTE. — Ces phrases *je n'y vois goutte, vous n'y voyez pas*, ne sont correctes que dans le sens relatif, c'est-à-dire quand il s'agit d'un lieu : *Cette cave est si noire qu'on n'y voit goutte.* Dans le sens absolu elles sont incorrectes.

1112. — VOIX DE STENTOR (voix forte et retentissante). — Stentor était un soldat grec dont il est question dans l'Iliade, et qui avait, dit-on, une voix si éclatante qu'elle faisait seule plus de bruit que celle de cinquante hommes criant tous ensemble. Il faut bien se garder de dire : *Une voix de* CENTAURE. Les *centaures* étaient des monstres moitié hommes et moitié chevaux, dont il est question dans la mythologie.

ANALYSE LOGIQUE.

Phrase et proposition.

1113. — Analyser logiquement, c'est rendre compte des différentes parties qui composent une *phrase* et une *proposition*.

1114. — Une *phrase* est un assemblage de mots construits ensemble, et formant un sens complet.

1115. — Une *proposition* est une réunion de mots renermant toujours un *sujet*, un *verbe*, et un *attribut*, et quelquefois un ou plusieurs *compléments*.

Quand on dit : *Dieu*, QUI EST JUSTE, *récompense les bons et punit les méchants*, on fait une phrase, mais ces mots *qui est juste* pris isolément ne forment qu'une proposition. La proposition n'a donc pas toujours un sens complet.

Sujet, attribut, et compléments.

1116. — Le sujet et l'attribut sont quelquefois formés de plusieurs mots intimement liés (1). Ex :

*Qu'*UN AMI VÉRITABLE *est* UNE DOUCE CHOSE! (La Font.) — Sujet *un ami véritable*, attribut *une douce chose*.

LA PERTE DU TEMPS *est irréparable.* — Sujet *la perte du temps.*

Le charme des doux loisirs est LE FRUIT D'UNE VIE LABORIEUSE. (J. J. Rouss.) — Attribut *le fruit d'une vie laborieuse.*

1117. — Lorsque le sujet et l'attribut sont qualifiés par un adjectif ou par un substantif ajoutés comme idée accessoire, cet adjectif ou ce substantif forment un *complément modificatif.* Ex :

Cécrops, ÉGYPTIEN, *régna le premier dans Athènes.* — Sujet *Cécrops*, ayant pour complément modificatif *Égyptien.*

ENFANTS DU MÊME DIEU, *vivons du moins en frères.* — Sujet *nous* sous-ent., ayant pour complément modificatif *enfants du même Dieu.*

Un ami, DON DU CIEL, *est le vrai bien du sage.* (Volt.) — Sujet *un ami*, ayant pour complément modificatif *don du ciel.*

Le cygne est l'emblème de la grâce, PREMIER TRAIT *qui*

---

(1) Lorsque le sujet ou l'attribut sont formés de plusieurs mots comme dans cette phrase: *La* VERTU *et le* VICE *sont* DIFFÉRENTS *et même* OPPOSÉS, certains grammairiens les nomment *sujets* et *attributs composés.* De même, suivant qu'ils sont accompagnés ou non d'un ou de plusieurs compléments, ils les nomment *complexes* ou *incomplexes.* Ces distinctions sans utilité ne semblent bonnes qu'à jeter de la confusion dans l'esprit des élèves.

nous frappe même avant ceux de la beauté. (Buffon.) — Attribut *l'emblème de la grâce,* ayant pour complément modificatif *premier trait qui nous frappe,* etc.

On appelle encore *complément modificatif* tout adverbe ou toute locution adverbiale jointe au verbe attributif :

Le tourbillon du monde étourdit TOUJOURS, *et la solitude ennuie* QUELQUEFOIS (Volt.) *Toujours* complément modificatif de *étourdit, quelquefois* complément modificatif de *ennuie.*

1118. — Avec le verbe *unipersonnel* il y a ordinairement deux sujets, l'un *apparent,* l'autre *réel :*

Il *manquait à Boileau* D'AVOIR SACRIFIÉ *aux Grâces.* (Volt.) — Sujet apparent *il,* sujet réel *d'avoir sacrifié aux Grâces.*

IL *faut, autant qu'on peut,* OBLIGER TOUT LE MONDE. (La Font.) — Sujet apparent *il,* sujet réel *obliger tout le monde autant qu'on peut.*

1119. — Une proposition tout entière sert quelquefois de sujet :

Le véritable éloge d'un poëte, c'est QU'ON RETIENNE SES VERS. (Volt.)

Quel est le véritable éloge d'un poëte? *qu'on retienne ses vers,* sujet.

1120. — Une proposition peut aussi servir de complément, soit au sujet, soit à l'attribut. Ex :

Généralement les gens QUI SAVENT PEU *parlent beaucoup, et les gens* QUI SAVENT BEAUCOUP *parlent peu.* (J. J. Rouss.) — Premier sujet les *gens qui savent peu;* second sujet les *gens qui savent beaucoup.*

    On trouva QU'IL NE MANQUAIT RIEN
    A JUPITER QUE LA PAROLE. (La Font.)

Sujet *on,* verbe attributif *trouva* (fut trouvant), ayant pour complément direct la proposition suivante.

Verbe attributif.

1121. — L'attribut se trouve ordinairement renfermé dans le verbe : *J'écris* pour *je suis* ÉCRIVANT, *tu étudieras* pour *tu seras* ÉTUDIANT, etc. On peut donc ainsi décomposer les phrases dans l'analyse logique; mais comme cette décomposition offre quelque chose de barbare, il est mieux d'appeler simplement ces verbes : *Verbes attributifs.* Ainsi cette phrase : *La mort ne surprend point le sage* (La Font.) s'analysera de cette manière : Sujet *la mort*, verbe attributif *surprend*, etc., au lieu de verbe *est*, attribut *surprenant*.

1122. — Avec le verbe *être* employé comme verbe substantif, l'attribut est toujours exprimé séparément. Il en est de même de beaucoup de verbes neutres, tels que *sembler, paraître, devenir, demeurer, rester, naître, partir, revenir,* etc. : *Il semblait* INQUIET, *il demeura* STUPÉFAIT, *il resta* CLOS ET COI, etc. Ces phrases s'analysent ainsi : Sujet *il*, verbe *semblait*, attribut *inquiet*, etc.

> *Et de ses assassins ce grand homme entouré*
> *Semblait* UN ROI PUISSANT *par son peuple adoré.* (Volt.)
> *Baucis devient* TILLEUL, *Philémon devient* CHÊNE.
>
> (La Font.)

Le même cas peut avoir lieu avec les verbes passifs ; *Il a été nommé* GÉNÉRAL, *il fut élu* DÉPUTÉ, etc. — Sujet *il*, verbe *a été nommé*, attribut *général*.

> *Sa peccadille fut jugée* UN CAS PENDABLE. (La Font.)

1123. — Le verbe *être* s'emploie aussi neutralement, c'est-à-dire comme verbe attributif : *La victoire* EST *à nous* : sujet *la victoire*, verbe attributif *est* (mis pour *appartient*). — *Ici* FUT *Troie* : Sujet *Troie*, verbe attributif *fut* (mis pour *exista*).

1124. — L'attribut a quelquefois la forme d'un complément indirect : *Le temps, si précieux, nous est* A CHARGE. (Massillon.) — *A charge* est mis pour *onéreux*.

> *L'homme est* DE GLACE *aux vérités,*
> *Il est* DE FEU *pour les mensonges.* (La Font.)

Ces mots *de glace* et *de feu* équivalant à *glacé* et à *enflammé*, sont les attributs de *homme* et de *il*.

> *Ce que je tiens, dit-il, est-il* EN VIE *ou non* ? (La Font.)
> — *En vie* est mis pour *vivant*

1125. — Il faut se rappeler que souvent, par inversion, l'attribut est placé avant le verbe et le sujet : LE SORT DE L'HOMME *est de souffrir dans tous les temps.* (J. J. Rouss.)

Qu'est-ce qui est le sort de l'homme ? *de souffrir dans tous les temps.* — Sujet *de souffrir dans tous les temps*, verbe *est*, attribut *le sort de l'homme*.

UN GRAND OBSTACLE AU BONHEUR, *c'est de s'attendre à*

un trop grand bonheur. (Fontenelle.) — Sujet *de s'attendre à un trop grand bonheur,* autre sujet par pléonasme *ce,* verbe *est,* attribut *un grand obstacle au bonheur.*

Diverses propositions.

1126. — On distingue quatre sortes de propositions : La *principale,* la *coordonnée,* la *complétive,* et *l'incidente.*

Principale et coordonnée.

1127. — La *principale* est celle qui contient les mots principaux de la phrase, et dont les autres propositions dépendent. On la distingue à cette marque qu'elle ne renferme ni pronom conjonctif ni conjonction, parce que ces mots supposent toujours une certaine dépendance. Quelques conjonctions cependant entrent dans les principales : ce sont celles qui ne marquent que faiblement la subordination, comme *et, ni, ou, mais, donc, en effet, cependant, car,* etc.

1128. — La *coordonnée* est aussi une proposition principale, mais en relation avec une autre qui la précède :

Le trop d'expédients peut gâter une affaire :
On perd du temps au choix ; on tente, on veut tout faire.

(La Font.)

1re prop. princip. *Le trop d'expédients peut gâter une affaire.* Sujet *le trop d'expédients,* verbe attributif *peut,* ayant pour complément direct *gâter une affaire.*

2e prop. coord. : *On perd du temps au choix.* Sujet *on,* verbe attributif *perd,* ayant pour complément direct *du temps,* indirect *au choix.*

3e prop. coord. : *On tente.* — Sujet *on,* verbe attributif *tente.*

4e prop. coord. : *On veut tout faire.* — Sujet *on,* verbe attributif *veut,* ayant pour complément direct *faire tout.*

Le prince de Condé était né général, l'art de la guerre semblait en lui un instinct naturel. (Volt.)

1re prop. princ. : *Le prince de Condé était né général.* — Sujet *le prince de Condé,* verbe *était né,* attribut *général.*

2e prop. coord. : *L'art de la guerre semblait en lui un instinct naturel.* — Sujet *l'art de la guerre,* verbe *semblait,*

ayant pour complément indirect *en lui*, attribut *un instinct naturel.*

1129. — Les propositions principales et les coordonnées
renferment quelquefois deux verbes ayant les mêmes sujets et les mêmes compléments. Ex :

*Aimez et observez la religion : le reste meurt, elle ne
meurt jamais.* (Fénélon.)

1re prop. principale : *Aimez et observez la religion.* — Sujet *vous* sous-ent., verbes attributifs *aimez et observez,*
ayant pour compl. dir. *la religion.*

2e prop. coord. : *le reste meurt.* — Sujet *le reste,* verbe
attributif *meurt.*

3e prop. coord. : *Elle ne meurt jamais.* — Sujet *elle,*
verbe attributif *meurt,* ayant pour compl. modificatif *ne
jamais.*

Complétive.

1130. — La proposition *complétive* est celle qui sert de
complément nécessaire, soit au sujet, soit à l'attribut.
Cette proposition, qui n'est employée que pour compléter
le sens d'un autre mot, ne peut s'analyser séparément
sans dénaturer la pensée de l'auteur. Ex :

Les poëtes QUI PARLENT AU COEUR ET A LA RAISON *sont
relus par tout le monde.* (Laharpe.)

Sujet *les poëtes qui parlent au cœur et à la raison,* verbe
attributif *sont relus,* ayant pour compl. indir. *par tout le
monde.*

L'univers entier est un temple QUE DIEU REMPLIT DE SA
GLOIRE ET DE SA PUISSANCE. (Massillon.)

Sujet *l'univers entier,* verbe *est,* attribut *un temple que
Dieu remplit,* etc.

Quoique la première proposition *l'univers entier est un
temple* ait par elle-même un sens complet, la pensée de
l'auteur est altérée si on la sépare de la seconde, qui, par
conséquent, doit être regardée comme *complétive.*

Le premier pas QUE L'HOMME FAIT DANS LE MONDE *est
aussi le premier* QUI L'APPROCHE DU TOMBEAU. (Massillon.)

Sujet *le premier pas que l'homme fait dans le monde,*
verbe *est,* ayant pour compl. modificatif *aussi,* attribut *le
premier* (pas) *qui l'approche du tombeau.*

1131. — Quelquefois une proposition complétive se trou-

ve elle-même intimement liée à une autre complétive qui
n'en doit pas être détachée. Ex :

Souvenez-vous que ceux QUI CRAIGNENT LES DIEUX *n'ont
rien à craindre des hommes.* (Fénélon.)

Sujet *vous* sous-ent., verbe attributif *souvenez*, ayant
pour compl. dir. *vous*, et indir. *que ceux qui craignent
les dieux*, etc.

Incidente.

1132. — La proposition *incidente* est une réunion de
mots formant un complément modificatif, soit du sujet,
soit de l'attribut.

On la distingue de la *complétive* en ce qu'elle offre une
idée accessoire, qui, par conséquent, peut se retrancher.
Les *incidentes* et les *complétives* commencent par un pronom relatif ou par une conjonction, et quelquefois par
les adverbes conjonctifs *où, quand, comment, comme,
pourquoi*, et par l'adjectif *quel*.

L'ennui, QUI DÉVORE LES AUTRES HOMMES, *est inconnu
à ceux qui savent s'occuper.* (Fénélon.)

Sujet *l'ennui*, ayant pour complément modificatif *qui
dévore les autres hommes*, verbe *est*, attribut *inconnu*,
ayant pour complément indirect *à ceux qui savent s'occuper*.

Petit poisson deviendra grand,
POURVU QUE DIEU LUI PRÊTE VIE. (La Font.)

1re prop. principale : *Petit poisson deviendra grand.* —
Sujet *petit poisson*, verbe *deviendra*, attribut *grand*.

2e prop. incidente : *Pourvu que Dieu lui prête vie.* —
sujet *Dieu*, verbe attributif *prête*, ayant pour compl. dir.
vie, et pour compl. indir. *lui*.

Un ânier, SON SCEPTRE A LA MAIN,
*Menait en empereur romain
Deux coursiers à longues oreilles.* (La Font.)

Sujet *un ânier*, ayant pour complément modificatif *son
sceptre à la main*, verbe attrib. *menait*, ayant pour compl.
dir. *deux coursiers à longues oreilles*, et indir. *en empereur romain*.

1133. — D'après cette méthode, on ne doit analyser sé-

parément que les propositions principales et les coordonnées (1).

Il en faut excepter la proposition *incidente* quand elle
se trouve à la suite d'une principale. Ex :

Un jour deux pèlerins sur le sable rencontrent
Une huître, QUE LE FLOT Y VENAIT D'APPORTER.

(La Font.)

1re prop. principale : *Un jour deux pèlerins sur le sable*
rencontrent une huître. — Sujet *deux pèlerins*, verbe attributif *rencontrent*, ayant pour compl. dir. *une huître*,
modificatif *un jour*.

2e prop. incidente : *Que le flot y venait d'apporter.* —
Sujet *le flot*, verbe attributif *venait*, ayant pour compl.
indir. *d'apporter* (laquelle) *là*.

Proposition implicite.

1134. — On appelle proposition *implicite* un tour de
phrase équivalant à une proposition. Telles sont les interjections, les expressions exclamatives, les locutions *grâce*
à Dieu, Dieu merci, trêve de, malheur à, à mon avis, en un
mot, à propos, pour ainsi dire, etc., les prépositions *voici,*
voilà.

Pour analyser les propositions implicites, il suffit de dire
à quelle proposition réelle elles équivalent. Ex :

Oh! qu'il est cruel de n'espérer plus! (Fénélon.) — *Oh!*
prop. implicite équivalant à : *que l'homme est à plaindre!*

----

(1) Notre méthode a cet avantage qu'elle n'oblige plus
les élèves à cette décomposition barbare et burlesque à
laquelle les astreint souvent l'obligation d'analyser partiel-
lement chaque proposition. Ainsi qu'on analyse, suivant
la formule de certains grammairiens, la phrase suivante :

Tout ce qui a vie dans la nature vit sur ce qui végète.

(Buffon.)

1re prop. TOUT CE VIT SUR CE. — 2e prop. *qui a vie dans*
la nature. — 3e prop. *qui végète.*

L'absurdité de cette décomposition saute aux yeux de
tout homme sensé; en effet, quel sens offre à l'esprit
chaque proposition prise séparément?

MALHEUR A *qui ne sait pas sacrifier un jour de plaisir aux devoirs de l'humanité!* (J. J. ROUS.), c'est-à-dire *il sera malheureux celui qui*, etc.

QUELLE FOLIE *de se donner sans cesse un tourment réel · pour prévenir des maux douteux et des dangers inévitables!* (id.) — *Quelle folie* équivaut à *c'est une grande folie de...*

LA DOUCE CHOSE *de couler ses jours dans le sein d'une tranquille amitié, à l'abri de l'orage des passions impétueuses!* (id.), c'est-à-dire *c'est une douce chose de...*

O MON AIMABLE GROTTE *où le sommeil paisible venait toutes les nuits me délasser des travaux du jour!* (Fén.) — Proposition implicite équivalant à : *Que je regrette mon aimable grotte*, etc.

CELA DIT, *maître loup s'enfuit et court encor.* (La Font.) — *Cela dit* équivaut à *quand cela fut dit.*

EUX VENUS, *le lion par ses ongles compta.* (La Font.) — *Eux venus* équivalant à *quand ils furent venus.*

SOCRATE UN JOUR FAISANT BATIR, *Chacun censurait son ouvrage.* (La Font.) — *Socrate faisant bâtir* équivaut à *comme Socrate faisait bâtir*, etc.

Justice et vérité: VOILA *les premiers devoirs de l'homme.* (J. J. ROUSS.) — *Voilà* équivaut à *ce sont là.*

Les VOILA *aux prises, pieds contre pieds, mains contre mains.* (Fénélon.) — *Voilà* équivaut à *voyez-les.*

OBSERV. — Il est une foule d'autres cas que l'on ne peut expliquer que par *l'inversion, l'ellipse,* le *pléonasme,* la *syllepse,* le *gallicisme.* (Voyez les figures de grammaire.)

1135. — Quand une phrase renferme un gallicisme, on doit, en général, pour l'analyse, faire disparaître ce gallicisme, et chercher l'équivalent. Ex :

CE QUI *fait et fera toujours de ce monde une vallée de larmes,* C'EST *l'insatiable cupidité et l'indomptable orgueil des hommes.* (Volt.)

Cette phrase est équivalente à : *L'insatiable cupidité et l'indomptable orgueil des hommes font et feront toujours de ce monde une vallée de larmes*, phrase dont l'analyse n'offre plus aucune difficulté.

Il en est de même de la phrase suivante : *C'était une chose inouïe dans l'histoire du monde* QU'*un roi de vingt-cinq ans qui abandonnait ses royaumes pour mieux régner.* (Id. parlant de Pierre le Grand.)

L'équivalent de cette phrase est : *Un roi de ving-cinq ans qui abandonnait ses royaumes pour mieux régner était une chose inouïe dans l'histoire du monde.*

Modèles d'analyse logique.

1136. — I. *De cet esprit sublime dont ton orgueil se pique,*
Homme, quel usage fais-tu? (J. B. Rouss.)

Homme pris en apostrophe. (Les mots pris en apostrophe forment des espèces de propositions implicites qui ne s'analysent pas). — Sujet *tu*, verbe attributif *fais*, ayant pour complément direct *quel usage de cet esprit dont ton orgueil se pique.*

II. *Un homme qui a la vengeance en main et qui pardonne, passe partout pour un héros.* (Volt.)

Sujet *un homme qui a la vengeance en main et qui pardonne,* verbe *passe pour* (équivalant à *est*), ayant pour complément modificatif *partout*, attribut *un héros.*

III. *Quiconque est loup agisse en loup.* (La Font.)

Sujet apparent *il* (sous-ent.), sujet réel *que quiconque est loup agisse en loup,* verbe attributif *faut* (sous-ent.)

IV. *Pour celui qui n'aime pas Dieu la sagesse n'est que folie, la vertu qu'un orgueil impie et aveugle.* (Fénélon.)

1re prop. principale : *Pour celui qui n'aime point Dieu la sagesse n'est que folie.* — Sujet *la sagesse*, verbe *est*, ayant pour compl. modif. *ne que*, compl. ind. *pour celui qui n'aime pas Dieu,* attribut *folie.*

2e prop. coordonnée: *La vertu qu'un orgueil impie et aveugle.* — Sujet *la vertu,* verbe sous-ent. *est,* ayant pour compl. modif. *ne que,* attribut *un orgueil impie et aveugle.*

V. *Entre l'hypocrisie et l'impiété il y a un parti honorable, c'est d'être chrétien.* (Bourdaloue.)

1re prop. principale : *Entre l'hypocrisie et l'impiété il y a un parti honorable.* — Sujet apparent *il,* sujet réel *un parti honorable,* verbe attributif *y a* (équivalant à *existe*), ayant pour compl. indir. *entre l'hypocrisie et l'impiété.*

2e prop. coordonnée: *C'est d'être chrétien.* — Sujet *être chrétien,* verbe *est,* attribut *ce* (mis pour *ce parti.*)

VI. *Que ne sait point ourdir une langue traîtresse*
Par sa pernicieuse adresse?
Des malheurs qui sont sortis
De la boîte de Pandore
Celui qu'à meilleur droit tout l'univers abhorre,
C'est la fourbe, à mon avis. (La Font.)

1ʳᵉ prop. principale: *Que ne sait point ourdir une langue traîtresse par sa pernicieuse adresse?* — Sujet *une langue traîtresse*, verbe attributif *sait*, ayant pour compl. modif. *ne point*, compl. dir. *ourdir que* (quelle chose) *par sa pernicieuse adresse*.

2ᵉ prop. coordonnée: Le reste de la phrase excepté *à mon avis*. — L'ordre direct de cette proposition est: *La fourbe est parmi les malheurs qui sont sortis de la boîte de Pandore celui que tout l'univers abhorre à meilleur droit.* — Sujet *la fourbe*, verbe *est*, ayant pour compl. indir. *parmi les malheurs qui sont sortis de la boîte de Pandore*, attribut *celui qu'à meilleur droit tout l'univers abhorre*, et ce attribut par pléonasme.

3ᵉ prop. implicite: *A mon avis*, équivalant à *comme je le pense*.

SUPPLÉMENT A LA PONCTUATION.

Le point.

1137. — Malgré la relation qui existe entre les idées, on peut quelquefois les séparer par un point lorsqu'il s'agit des qualités différentes d'un objet. Ex :

Le bambou proprement dit atteint la hauteur de quatre-vingts à cent pieds. Le feuillage épais que supportent ses branches latérales présente un abri impénétrable aux rayons du soleil. (B. de St-Pierre.)

Cependant lorsque des propositions se succèdent rapidement pour concourir à l'expression d'une même idée, on ne les sépare que par virgule ou point-virgule, quoiqu'il n'y ait pas de dépendance entre elles. Ex :

Il est un Dieu : les herbes de la vallée et les cèdres de la montagne le bénissent, l'insecte bourdonne ses louanges, l'éléphant le salue au lever du jour, l'oiseau le chante sous le feuillage, la foudre fait éclater sa puissance, l'Océan déclare son immensité. (Châteaub.)

La virgule.

1138. — Lorsqu'un verbe a plusieurs sujets, on met une virgule après le dernier comme après tous les autres :

La richesse, le plaisir, la SANTÉ, DEVIENNENT *des maux pour qui ne sait pas en user.* (Pope.)

Cependant lorsque l'accord a lieu avec le dernier sujet, on ne met pas de virgule avant le verbe. Ex :

Chaque pays, CHAQUE DEGRÉ *de température* A *ses plantes particulières.* (Buffon.)

1139. — Parmi les réunions de mots qui peuvent se retrancher, et qui, par conséquent, doivent être séparées du reste de la phrase soit par une, soit par deux virgules, on doit compter :

1° Les petites propositions *dis-je, dit-il, dit-on, reprit-elle, ce semble, il est vrai,* etc. :

On ne dort point, DIT-IL, *quand on a tant d'esprit.*

(La Font.)

2° Les mots pris en apostrophe :

Je crains Dieu, CHER ABNER, *et n'ai point d'autre crainte.*

(Rac.)

3° Certains mots formant pléonasme :

La source de tous les désordres qui règnent parmi les hommes, c'est le mauvais usage du temps. (Massillon.)

4° Ces locutions : *Pour ainsi dire, pour mieux dire, à dire vrai, à mon avis, en vérité, à la vérité, à ces mots, en un mot, en général, bref, sans contredit, au contraire,* etc.

Il est vertueux, généreux ; EN UN MOT, *c'est un homme accompli.* (Acad.)

EN GÉNÉRAL, *les méchants ne prospèrent pas.* (Id.)

5° Les propositions incidentes et les adjectifs employés comme compléments modificatifs :

Le temps, QUI CHANGE TOUT, *change aussi nos humeurs.*

(Boileau.)

L'âme, COMME LE CORPS, *ne se développe que par l'exercice.* (B. de St-Pierre.)

FIER DE SA NOBLESSE, JALOUX DE SA BEAUTÉ, *le cygne semble faire parade de tous ses avantages.* (Buffon.)

6° Toute expression équivalant à une complétive dans l'ordre inverse, ou à une incidente :

JEUNE, *on conserve pour la vieillesse ;* VIEUX, *on épargne pour la mort.* (La Bruyère). — Ces mots *jeune* et *vieux* équivalent à une complétive (quand on est jeune, quand on est vieux.)

Par lui l'homme, le ciel, la terre, tout commence :
Et lui seul, INFINI, n'a jamais commencé. (L. Rac.)
Infini équivaut à une incidente (qui est infini.)

1140. — La complétive ne doit point être séparée par une virgule de la proposition dont elle dépend. Ex :

L'arbrisseau QUI PRODUIT LE CAFÉ *est originaire d'A-rabie.* (B. de St-Pierre.)

Cependant quand la complétive a une certaine étendue, et qu'elle est placée entre les deux parties d'une principale, elle doit en être séparée par une virgule. Ex :

Un de ces étés QUI DÉSOLENT DE TEMPS A AUTRE LES TERRES SITUÉES ENTRE LES TROPIQUES, *vint étendre ici ses ravages.* (B. de St-Pierre.)

La complétive prend encore la virgule quand elle est placée dans l'ordre inverse :

S'IL NE FAUT PAS TOUJOURS DIRE CE QUE L'ON PENSE, *il faut toujours penser ce que l'on dit.* (Mme de St-Lambert).

SI LA DOULEUR EST VRAIE, *on ne doit pas en borner le temps ;* SI ELLE EST FAUSSE, *il ne faut pas en prolonger l'imposture.* (J. J. Rous.)

1141. — On emploie encore la virgule : 1° entre des principales qui ont peu d'étendue ; 2° lorsqu'il y a une grande liaison entre elles ; 3° quand le verbe est sous-entendu dans la seconde :

1° *On lève l'ancre, on part, on fuit loin de la terre.*
(Volt)

2° *Le sort fait les parents, le choix fait les amis.*
(Delille.)

3° *On a toujours raison, le Destin toujours tort.*
(La Font.)

1142. — OBSERV. — Quelques grammairiens mettent encore une virgule après le sujet d'un verbe sous-entendu dans la seconde proposition. Cette règle n'est pas de rigueur ; on trouve des exemples pour et contre ; mais si l'on fait usage de la virgule après ce sujet, les deux propositions doivent être séparées par un point-virgule :

L'austérité est une haine des plaisirs ; et la sévérité, des vices. (Vauvenargues.)

Ces discussions amenèrent le désaccord, et le désaccord les brouilleries. (Acad.)

Ce château, dit l'histoire, avait un parc fort grand ;
Ce parc, un bois ; ce bois, de beaux ombrages. (La Font.)

Les injures s'écrivent sur l'airain, et les bienfaits sur le sable. (Acad.)

1143. — Avec la conjonction *et* on doit employer la virgule :

1° Lorsqu'elle unit plus de deux mots :

Corneille s'était formé tout seul ; mais Louis XIV, Colbert, Sophocle, ET *Euripide, contribuèrent à former Racine.*
(Volt.)

Le bon goût fut enterré à Rome dans les tombeaux de Virgile, d'Ovide, ET *d'Horace.* (Id.)

La vie est un mal pour le méchant qui prospère, ET *un bien pour le juste infortuné.* (J. J. Rouss.)

2° Lorsque le premier des deux mots qu'elle unit est accompagné d'un complément :

La mort est LA FIN DE LA VIE DU MÉCHANT, ET *le commencement de celle du juste.* (J. J. Rouss.)

La même règle s'applique aux conjonctions *ni* et *ou* :

Nul n'est content de sa fortune, NI *mécontent de son esprit.* (Mme Deshoulières.)

Il y a partout un frein imposé au pouvoir arbitraire, par la loi, par les usages, OU *par les mœurs.* (Volt.) (1).

Point-virgule.

1144. — Le point-virgule s'emploie avant les propositions principales coordonnées. Ex :

L'Éternel est son nom ; le monde est son ouvrage. (Rac.)

L'aumône est un gain ; c'est une usure sainte ; c'est un bien qui rapporte ici-bas même au centuple. (Mas.)

Quand les membres d'une énumération ont trop d'étendue, on remplace la virgule par le point-virgule. Ex :

Il y a une fausse modestie, qui est vanité ; une fausse gloire, qui est légèreté ; une fausse grandeur, qui est petitesse ; une fausse vertu, qui est hypocrisie ; une fausse sagesse, qui est pruderie. (La Bruyère.)

---

(1) La liaison des idées et la brièveté des propositions permettent quelquefois de supprimer la virgule avec *et, ni, ou.*

Les deux points.

1145. — On fait usage des deux points :

1° Avant une citation directe :

A la bataille de Lens, Condé dit ces seules paroles : « *Amis, souvenez-vous de Rocroi, de Fribourg, et de Nordlingue.* » (Volt.)

Henri de Larochejaquelein allant pour la première fois au combat, dit à ses soldats : « *Si j'avance, suivez-moi; si je recule, tuez-moi ; si je meurs, vengez-moi.* »

2° Lorsqu'on annonce ou qu'on semble annoncer ce qu'on va dire :

Ce n'est point dans le sein des honneurs, ni dans l'opinion des hommes que nous devons chercher à nous distinguer : c'est dans le tribunal redoutable qui nous jugera tous après la mort. (Barthélemy.)

Telle est la souveraineté naturelle du génie : il n'y a point d'homme qui ne préférât aujourd'hui avoir été Tacite l'historien à Tacite l'empereur. (Châteaub.)

3° Après une maxime suivie d'une énumération, ou après une énumération résumée par une maxime :

LE SAGE DOIT APPRENDRE A PROFITER DE TOUT : *des biens et des maux de la vie, des vices et des vertus des autres, de ses propres fautes et de ses bonnes actions.*

(Bossuet.)

C'est une grande misère que de n'avoir pas assez d'esprit pour bien parler, ni assez de jugement pour se taire : VOILA LE PRINCIPE DE TOUTE IMPERTINENCE. (La Bruy.)

4° On emploie encore les deux points après une phrase finie, mais suivie d'une autre qui en est la conséquence, et alors les deux points tiennent lieu des conjonctions *car, en effet, par conséquent, pour cette raison, aussi,* etc.

Il faut, autant qu'on peut, obliger tout le monde :
On a souvent besoin d'un plus petit que soi. (La Font.)
Le loup et le renard sont d'étranges voisins :
Je ne bâtirai point autour de leur demeure. (Id.)

Point interrogatif.

1146. — Il y a certains tours qui ont quelque ressemblance avec des phrases interrogatives, et qui pourtant ne doivent être suivis que d'une virgule. Ex :

> *Ne* FAUT-IL *que délibérer,*
> *La cour en conseillers foisonne ;*
> EST-IL *besoin d'exécuter,*
> *L'on ne rencontre plus personne.* (La Font.)

Cette manière de parler équivaut à celle-ci : *S'il faut délibérer, s'il est besoin d'exécuter,* etc.

Au contraire, dans certains tours de phrase qui n'ont point la forme interrogative, on doit faire usage du point d'interrogation, parce que le sens l'exige. Ex :

> *Un précepte est aride? il le faut embellir ;*
> *Ennuyeux? l'égayer; vulgaire? l'ennoblir.* (Delille.)

Ce tour est équivalent à : *Un précepte est-il aride? est-il ennuyeux ?*

Autres signes de ponctuation.

1147. — Parmi les signes ordinaires de ponctuation on compte encore le *point suspensif,* le *trait de séparation,* la *parenthèse,* les *guillemets,* et l'*alinéa.*

Point suspensif.

1148. — On emploie le point suspensif quand on fait usage de la figure que les rhéteurs appellent *réticence,* c'est-à-dire quand on n'achève pas sa pensée :

> *O Ulysse, auteur de mes maux, que les dieux puissent te....! Mais les dieux ne m'écoutent point; au contraire, ils excitent mon ennemi.* (Fénélon.)

De même La Fontaine fait dire au loup sous forme de menace :

> *Que quelque jour ce beau marmot*
> *Vienne au bois cueillir la noisette....*

Trait de séparation.

1149. — Le trait de séparation sert à marquer un changement d'interlocuteur, et tient lieu des petites propositions *dit-il, répondit-il,* etc.

Est-ce assez ? dites-moi. N'y suis-je point encore ?
— Nenni.— M'y voici donc ?— Point du tout.— M'y voilà !
— Vous n'en approchez point. La chétive pécore
    S'enfla si bien qu'elle creva. (La Font.)

La parenthèse.

1150. — On met entre *parenthèses* une phrase qui se place au milieu d'une autre, dont elle forme une espèce d'interruption :

    Un lièvre en son gîte songeait
(CAR QUÉ FAIRE EN UN GÎTE A MOINS QUE L'ON NE SONGE?);
Dans un profond ennui ce lièvre se plongeait. (La Font.)

On met aussi entre parenthèses un mot ajouté comme éclaircissement :

Caton se la donna (LA MORT); *Socrate l'attendit.* (Lemierre)

OBSERV. — On ne doit mettre qu'après la parenthèse le signe de ponctuation qui convient aux mots qui précèdent.

Les guillemets.

1151 — On se sert des *guillemets* pour désigner une citation. On peut les placer seulement au commencement et à la fin de la citation, ou bien au commencement de chaque ligne :

Caton le Censeur était déjà très-avancé en âge quand il apprit le grec : « *Il vaut mieux*, disait-il, *être vieux écolier que jeune ignorant.* »

« *On ne fait son bonheur*, disait-elle, *qu'en s'occupant de* « *celui des autres.* » (B. de St-Pierre.)

L'alinéa.

1152. — Faire un *alinéa*, c'est aller à la ligne; ce qui a lieu soit pour passer d'un objet à un autre, soit pour séparer les différentes parties d'un discours, soit pour énumérer longuement différentes qualités d'un objet, etc.

FIN.

RÉSUMÉ

DES MATIÈRES CONTENUES DANS CET OUVRAGE.

PARTIE ÉLÉMENTAIRE. — PREMIÈRE PARTIE.

PARTIE ÉLÉMENTAIRE. — DEUXIÈME PARTIE.

TROISIÈME PARTIE. — SYNTAXE.

Nous nous abstenons de donner une *Table des Matières* plus ample, qui offrirait nécessairement, comme toutes les tables détaillées de Grammaires, de l'embarras et de la confusion, et deviendrait par là inutile et rebutante. Nous avons préféré faire imprimer à part un *Programme* renfermant, avec l'indication du numéro à consulter, toutes les questions traitées dans les trois parties de notre ouvrage. Ce petit volume sera, nous en sommes persuadés, un guide avantageux aux élèves, qui, avec son aide, pourront s'interroger eux-mêmes, distinguer facilement ce qu'ils savent et ce qu'ils ne savent pas, et répondre, le *Questionnaire* à la main, sur un chapitre quelconque de la Grammaire.

www.ingramcontent.com/pod-product-compliance
Lightning Source LLC
Chambersburg PA
CBHW050452270326
41927CB00009B/1705